神田より子◉著

鳥海山修験

山麓の生活と信仰

岩田書院

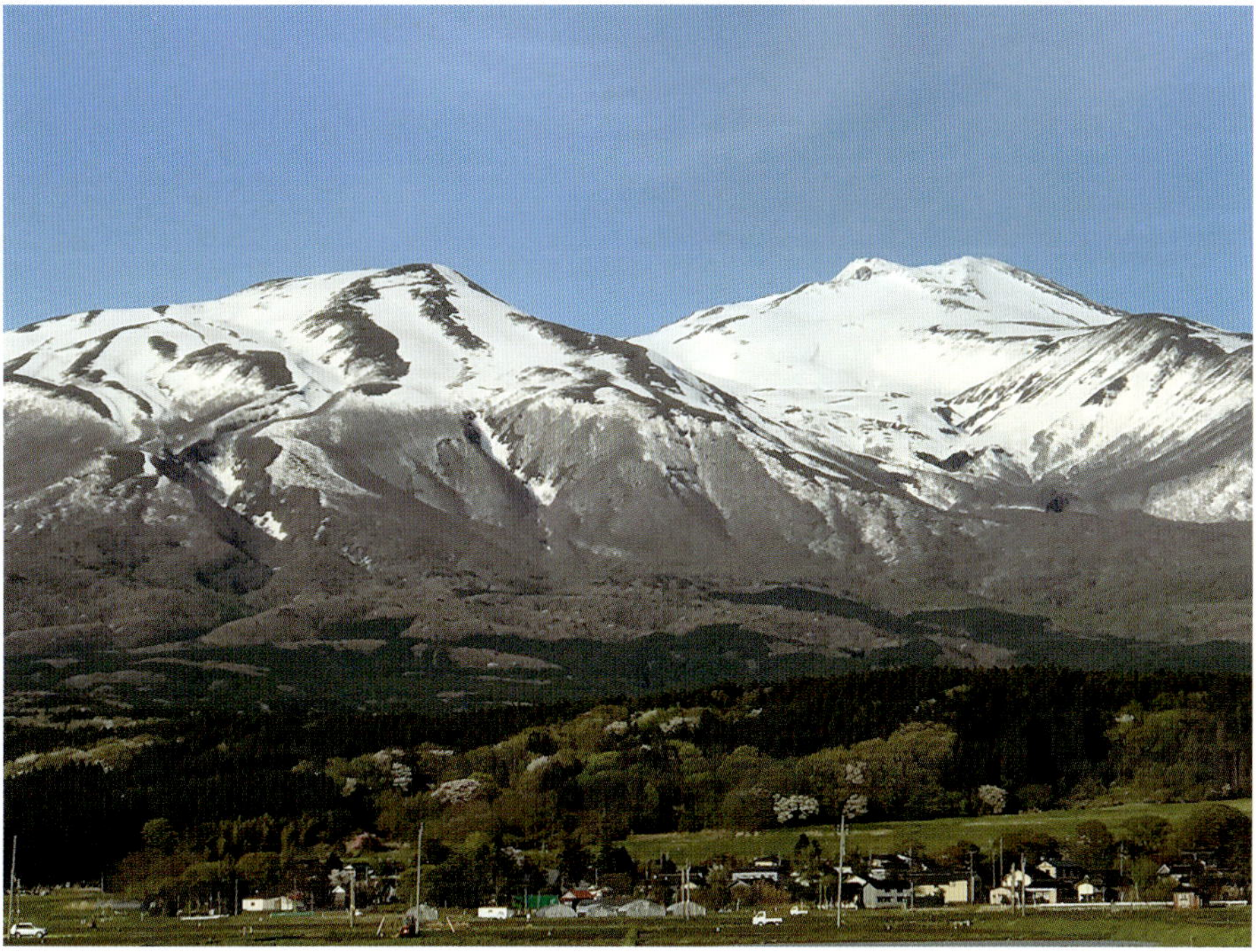

遊佐町から見た５月の鳥海山

鳥海山頂 大物忌神社本殿（遊佐町提供）

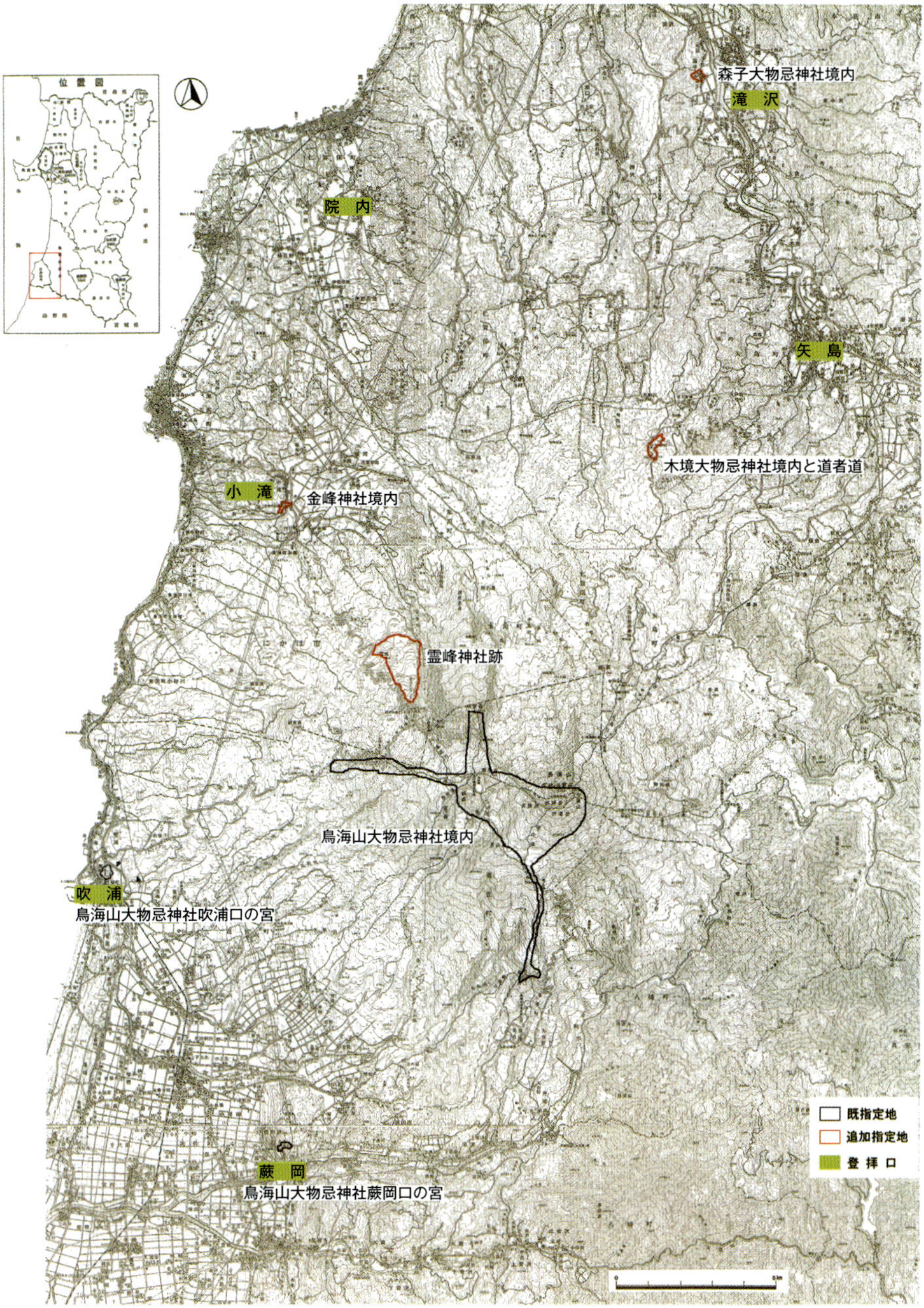

史跡鳥海山の位置及び指定範囲（『史跡鳥海山―国指定史跡鳥海山文化財調査報告書―』秋田県由利本荘市教育委員会・にかほ市教育委員会・山形県遊佐町教育委員会　2014より）

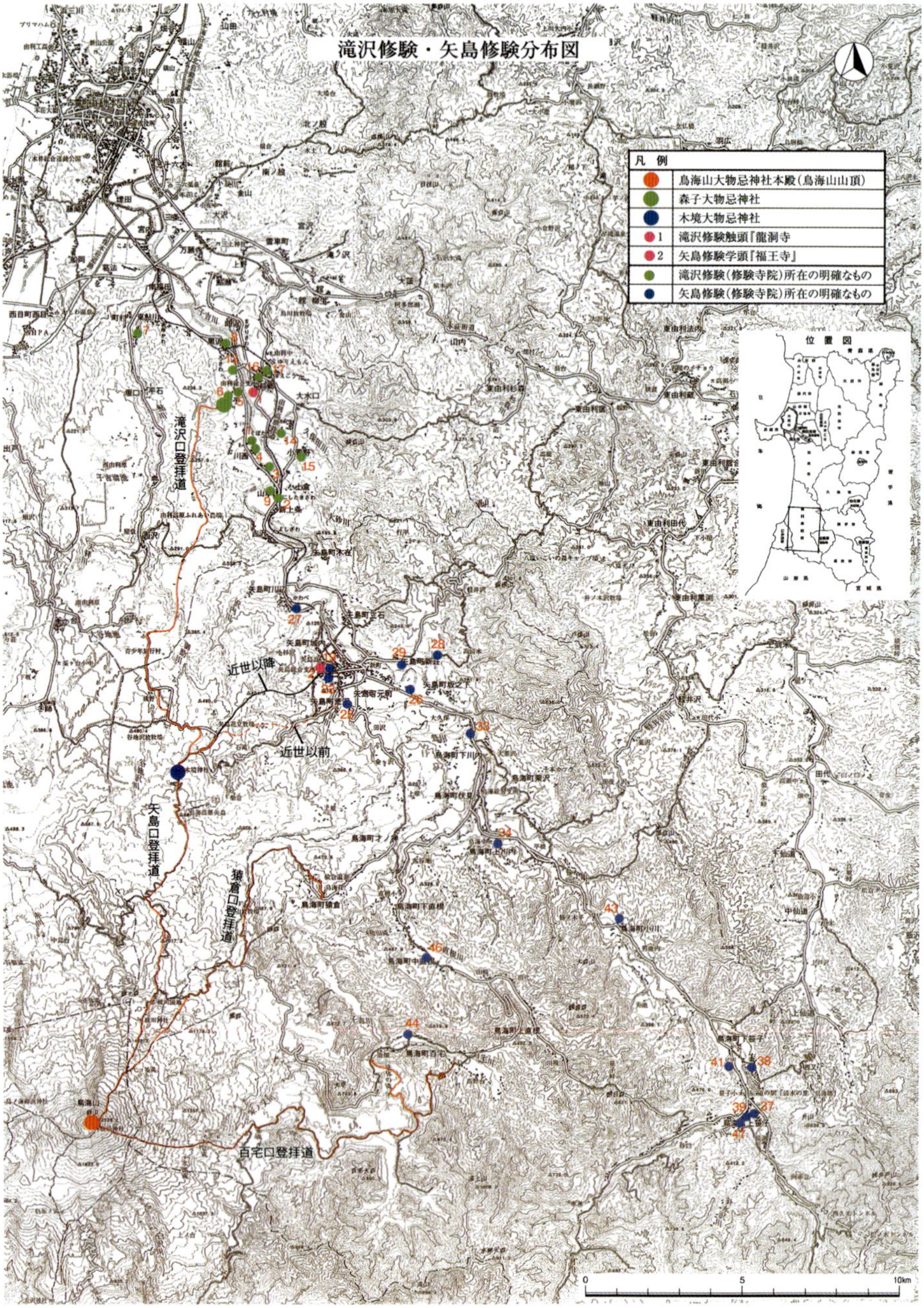

滝沢修験・矢島修験分布図（由利本荘市提供）

滝沢修験・矢島修験一覧

2012.03

	No.	所在地		地図番号	寺院号		現在
滝沢修験	1	由利	米山	● 1	大善院	八幡神社	佐々木（米山）
	2	由利	山本	● 2	宝蔵院	矢の箒社	田村（山本）
	3	由利	奉行免	● 3	和合院	白鳥神社	田村（奉行免）
	4	由利	新屋敷	● 4	永宝院	八幡神社	古川（本荘）
	5	由利	森子	● 5	文殊院	大物忌神社	多田（森子）
	6	由利	森子	● 6	亀福院	田神社	多田（森子）
	7	由利	町村	● 7	大正院	熊野神社	竜山（蒲田）
	8	由利	黒沢	● 8	大宝院	新山神社	今野（黒沢）
	9	由利	上条	● 9	千手院	稲荷神社	河本（西目）
	10	由利	五十土	● 10	法行院	白鳥神社	佐々木
	11	由利	平石	● 11	大行院	平石神社	小林（前郷）
	12	由利	曲沢	● 12	寛祥院	宮比神社	榎本
	13	由利	明法	● 13	吉祥院	稲荷神社	多田（東京）
	14	由利	久保田	● 14	源正院	諏訪神社	照山（久保田）
	15	由利	小菅野	● 15	般若院	柴倉神社	菅野（小菅野）
	16	由利	前郷	● 16	宝光院		佐々木（前郷）
	17	由利	前郷	● 17	土蔵院	土蔵寺	土倉（秋田）
	18	由利	前郷	● 1	龍洞院	龍洞寺（触頭）	

	No.	所在地		地図番号	寺院号		現在
矢島修験	19	矢島	城内	● 19	実相院	照皇山神宮寺	松本（本荘）
	20	矢島	城内	● 20	南光院	熊野山円満寺	小笠原
	21	矢島	城内	● 21	金剛院	東栄山西福寺	大河原（東京）
	22	矢島	城内	● 22	徳性院		
	23	矢島	城内水上	● 23	千手院	御岳山正覚寺	井岡（水上）
	24	矢島	九日町	● 24	福性院	永泉寺	永泉（北海道）
	25	矢島	荒沢矢越	● 25	光明院	八幡寺	矢越（矢越）
	26	矢島	郷内	● 26	大教院	御照山	大杉（郷内）
	27	矢島	杉沢	● 27	明学院	明学山正福寺	松田（川辺）
	28	矢島	新荘	● 28	宝喜院	勝光山弥勒寺	桂（新荘）
	29	矢島	新荘	● 29	正蔵院		正木（新荘）
	30	矢島	中山	● 30	常福院	医王山東福寺	
	31	矢島	豊町	● 31	明王院	川代山	
	32	矢島	坂ノ下	● 32	重学院	八塩山	三森
	33	矢島	城内	● 2		福王寺（学頭）	三船
	34	鳥海	川内矢本	● 33	宝教院	元弘寺	三森（川内矢本）
	35	鳥海	川内提鍋	● 34	持福院	金剛山覚王寺	榊（川内提鍋）
	36	鳥海	下川内	● 35	寿明院		
	37	鳥海	笹子	● 36	和光院		近世廃絶
	38	鳥海	笹子	● 37	大福院		大友（上笹子）
	39	鳥海	笹子	● 38	多宝院	（のちの吉祥院）	大友
	40	鳥海	笹子	● 39	玉宝院	流東寺	篠子
	41	鳥海	笹子	● 40	医王院		
	42	鳥海	笹子下谷地	● 41	万性院	幡性院	佐藤（下笹子）
	43	鳥海	笹子	● 42	周建院		
	44	鳥海	小川	● 43	合掌院	合掌寺（多宝院）	三船（小川）
	45	鳥海	百宅	● 44	宝憧院		梶原（本荘）
	46	鳥海	模渕	● 45		琉璃立山常尊寺	三森
	47	鳥海	直根	● 46	観喜院	南学山観音寺	藤山（中直根）
	48	鳥海	笹子	● 47	常学院	光明院　秋葉神社	三森（笹子）
	49	東由利	下村	● 48	西光院		
	50	東由利	玉米	● 49	一乗院	天護山	佐藤

引用文献　佐藤久治「鳥海山信仰と山麓修験」（月光善弘編『山岳宗教史研究叢書七　東北霊山と修験道』）、同『秋田の山伏修験』、同『秋田の密教寺院』、その他神社棟札・補任状・聞き取り調査による。

（空欄は不明）

（以上は『史跡鳥海山―国指定史跡鳥海山文化財調査報告書―』2014より）

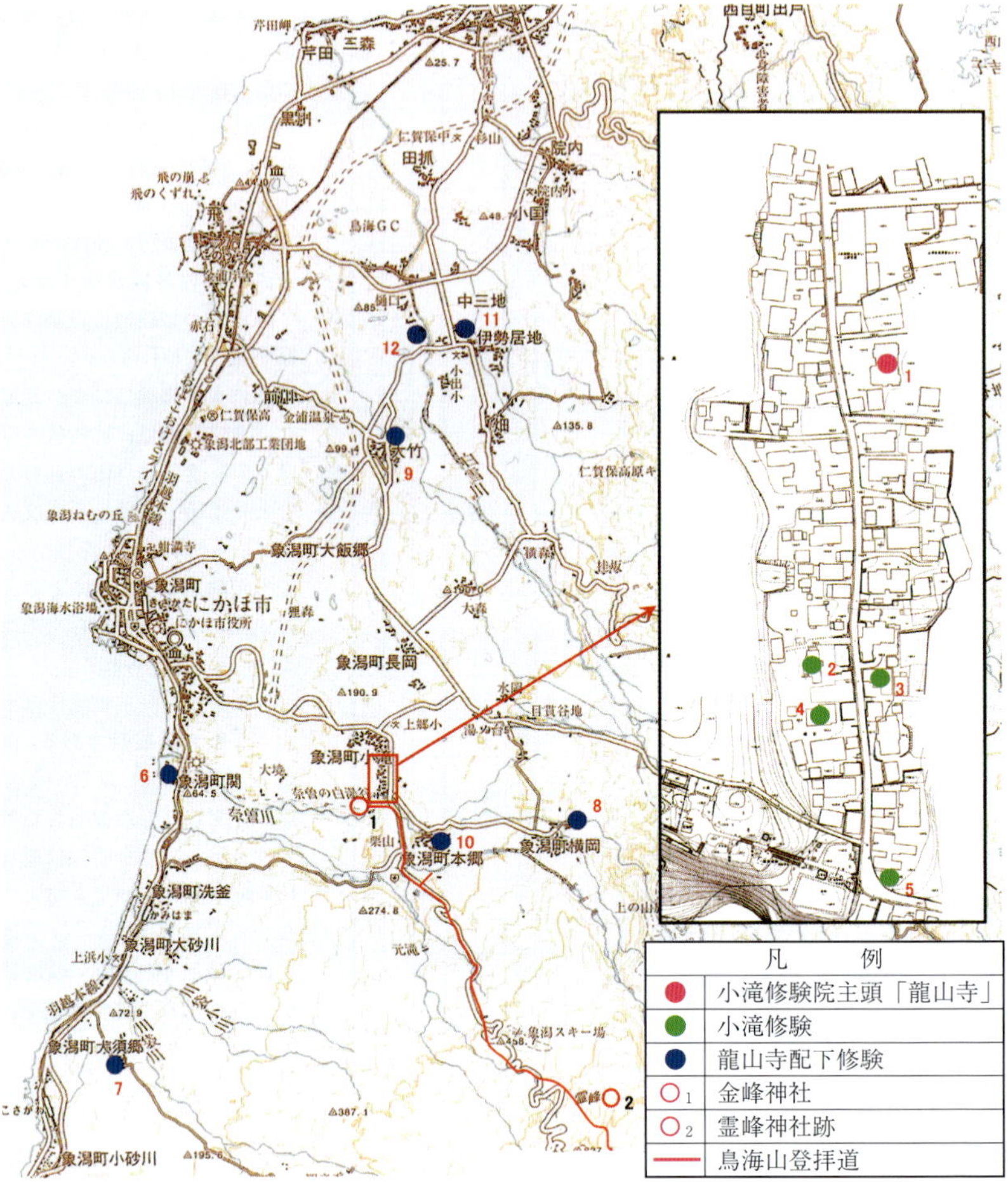

No.	所　在　地		地図番号	寺　院　号	現　在
1	象　潟	小　滝	● 1	龍山寺（院主）	遠藤家（小滝）
2	象　潟	小　滝	● 2	和光院	遠藤家（小滝）
3	象　潟	小　滝	● 3	喜明院	福川家（小滝）
4	象　潟	小　滝	● 4	観行院	小川家（小滝）
5	象　潟	小　滝	● 5	清龍院	松野家（小滝地区内移住のため現在跡地のみ）
6	象　潟	関	● 6	重光院	阿部家（関）
7	象　潟	大須郷	● 7	不動院	須藤家（大須郷）
8	象　潟	横　岡	● 8	宝性院	（横岡）
9	金　浦	大　竹	● 9	金蔵院	（大竹）
10	象　潟	本　郷	●10	威徳院	金家（本郷）
11	仁賀保	中　野	●11	吉祥院	斎藤家（中野）
12	仁賀保	三十野	●12	一明院	小笠原家（三十野）

小滝修験分布図（にかほ市提供）

№１～５は「小滝村絵図」（文政２年）、№６～12は「龍山寺過去帖」（文政５年）より。

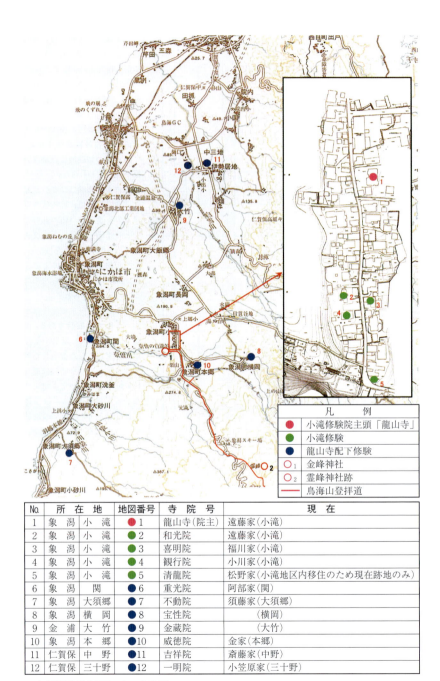

目　次

序章

第一節　鳥海山の修験

はじめに

鳥海山周辺には山形県遊佐町《ゆざ》蕨岡《わらびおか》・吹浦《ふくら》、秋田県にかほ市小滝《こたき》・院内《いんない》、由利本庄市滝沢《たきざわ》・矢島《やしま》の各登山口があり、近世期にはそれぞれ修験集落を形成していた。(1)しかしこれら鳥海山周辺の修験者たちは協力して一山を形成することがなかった。それどころか各地域の修験者たちは相互に自分たちの正当性を主張し合い、相論や衝突をくり返してきた。(2)

それ故、鳥海山周辺各地区の修験集団は、類似点は多々あるものの、それぞれが独自の本山を持ち、独自の修行体系を作り上げてきた。ここでは鳥海山修験の全体像を概観し、以下各論の導入としたい。

一　古代・中世の鳥海山

1　古代の鳥海山

東北の地は古代から蝦夷と対置すべく、大和の国から兵や軍が送り込まれ、それに伴って国家守護の神仏を頼み、宗教者が宗教施設を形成してきた。その境界が東北に進むにつれ、鳥海山も注目されるようになっていった。

とくに鳥海山上に鎮座する大物忌神は、地域や国家の異変に際して、予兆を示す神として、早くから中央に知られていた。それは当時、出羽国およびその周辺の地方が蝦夷との戦乱に明け暮れていたからであった。噴火や石鏃を降らせることなどが、大物忌神の鎮座する山が何らかの異変を知らせるものと捉えられていた。

それ故、鳥海山が歴史書に現れてくるのは比較的早く、承和五年(八三八)五月には、出羽国大物忌神に正五位が授けられた(『続日本後紀』巻七)のを初出として、承和四年七月には出羽国飽海郡大物忌神に従四位(同巻九)、貞観四年一一月には出羽国大物忌神は官社となり(『日本三代実録』巻六)、貞観一三年には出羽国司が、飽海郡山頂にある大物忌神社の噴火活動を報じる(同巻一九)などがある。

貞観一三年(八七一)の記録(前掲書)では、噴火の原因を「山を穢したこと」とし、それに対して「怒りを発し噴火した、大物忌神の怒りを静めるために、鎮謝の法を行った」。『日本三代実録』巻四八の仁和元年(八八五)九月の条には、「六月に秋田城や飽海郡神宮寺西浜に石鏃が降り、陰陽寮は凶狄陰謀兵乱のこと有るべし」と占った。

延長五年(九二七)には『延喜式』が成立し、神祇・名神祭には「出羽国、飽海郡、三座　大二座、小一座、大物忌神社名神大、小物忌神社、月山神社名神大」として、主計には「月山・大物忌神　祭料二〇〇〇束、文殊料二〇〇〇束、神宮寺料一〇〇〇束」として登録された(3)。

これらの記事から見えてくることは、当時すでに鳥海山が中央政権にとって吉凶を予知する重要な山であり、それ故に国史に記録され、『延喜式』にも名神大としてあるいは主計として記載されていた。伊藤清郎によれば、大物忌神は『六国史』に一三回も関連記事が出て、国家からの財政的な保護も厚く、この頃には神宮寺も存在していたとし、この神の性格は古代には国境鎮護の守護神として荒ぶる神であった、御神体は鳥海山だが、辺境鎮護の神である故に、ケガレ(触穢)を嫌った、貞観一三年(八七一)に鳥海山は大爆発を起こし、多くの死者を出した、爆発の原因は「蒙墓

骸骨汗其山水」したため山が怒った、という。[4] 貴族的・中央的な触穢思想がこの地方に入り込み、観念・心象の世界

では中央直結になっていたのである。

2 中世の鳥海山

大物忌神社の祭神は大物忌神と月山神の二神で、伊藤清郎によると、承久二年（一二二〇）には「両所宮」、正平一三年（一三五八）には「両所大菩薩」、永正七年（一五一〇）には「鳥海大明神」と称され、神仏習合が早くから進み、大物忌神の本地仏は薬師如来、月山神の本地仏は阿弥陀如来とされ、神宮寺に安置されていた。大物忌神社が出羽国一宮となった成立年代ははっきりしないが、鎌倉幕府の支配が及ぶと大物忌神社は関東御祈禱所とされ、承久二年には「関東御教書」が出されるなど、幕府・将軍の天下泰平、武運長久を祈禱し、御家人に準じて幕府から保護を受けた。[5]

中世になると、様々な記録が見えてくる。以下は、大物忌神と月山神を祭った吹浦両所宮の神主久永が、両所宮の修造を早急に完成するよう訴えたことから、承久二年（一二二〇）に鎌倉幕府から、北目地頭新留守氏に宛てた催促の記録である。

関東御教書

出羽国両所宮修造事、不終其功之由、神主久永訴申候之間、去健保六年十二月、為催促雖被差遣雑色正家、故右大臣殿御大事出来之間、正家不遂其節帰参、然而有限修造、依不可黙止、為催促所被差遣雑色真光也、無懈怠可終其功之状、依陸奥守殿御奉行、執達如件

承久二年十二月三日　散位　藤原（花押）奉

散位　三善（花押）

北目地頭新留守殿(6)

古代には北方鎮護と異変の予兆を示す役割を担っていた鳥海山だったが、このように中世になっても国家との関わりの中でその存在を示していた。

この当時は鳥海山の山名はまだ無く、飽海郡に鎮座する山、あるいは大物忌神が鎮座する山という認識のされ方であった。鳥海山の山名が登場するのは以下の記録に見るように、南北朝の時代になってからである。

奉懸鳥海山和仁口一口

右意趣者藤原守重息災延命如右　敬白

暦応五年壬午七月廿六日(7)

暦応五年(一三四二)は北朝の年号で、この鰐口はかつて鳥海山上に奉納されたもので、蕨岡に下げられ、今は吹浦大物忌神社の社務所にある。戸川安章によれば、鰐口は修験関係の堂宇に懸けられるのが通例であることから、鎌倉末期には修験者が鳥海山と関係を持つようになっていたという。(8)

正平一三年(南朝年号、一三五八)には、北畠顕信が出羽国一宮両所大菩薩に由利郡小石郷乙友村(現由利本荘市小友)を神領として寄進した次の文書が残っている。

奉寄進　出羽国一宮両所大菩薩

由利郡小石郷乙友村事

右為天下興復別而陸奥出羽両国静謐、所奉寄進之状如件

正平十三年八月卅日

従一位行前内大臣源朝臣　(花押)(9)

『延喜式』にも名を残した鳥海山大物忌神社の神宮寺には、かつて大物忌神の本地仏である薬師如来像と、月山神の本地仏の阿弥陀如来像が祀られていた。この両仏は明治の神仏分離令により、吹浦の北方にある松葉寺に移された。この両仏の胎内に残された銘には、薬師如来には永正三年（一五〇六）、阿弥陀如来には暦応元年（一三三八）、慶長五年（一六〇〇）、寛文一二年（一六七二）という銘文があり、暦応元年には神宮寺に阿弥陀如来が安置されていた。また慶長一七年の銘のある大物忌神社の棟札には「衆徒四箇法華懺悔」の文字が残り[10]、当時神宮寺では宮殿造営の落成式に四箇法華懺悔が行われていたことがわかる。これは天台宗で行う法会の儀礼であり[11]、当時の神宮寺は天台宗の方式でやっていたことが窺える。

小滝については、古代・中世の歴史書には記載が見あたらず、地元に残る聖観音像と蔵王権現像以外には、どういった人々がここで宗教活動をしていたのかを示す資料はない。

佐藤久治は「嘉吉元年（一四四一）に由利の修験宰相公良春が、比内徳子（北秋田郡比内の独鈷）の浅利遠江入道旧阿弥と子息二位殿隆慶の熊野詣の先達をしている」ことを取り上げ、この修験宰相公良春のいた「由利」も小滝ではないかと想定し[12]、小滝の古い時代からの宗教臭を嗅ぎとっている。

矢島の旧名とされる津雲出郷の地名が記された銅板が、江戸末期に鳥海山頂から発見された。酒田の光丘文庫蔵の『大泉叢誌』には、坂尾万年が蕨岡で写した元徳三年（一三三一）の銘文と銅板に描かれた写しが記されている[13]。これは鳥海山名の初出とされる暦応五年（一三四二）の銘のある鰐口と近い年代であり、この頃に鳥海山が修験道との関わりを深くしたであろうことが想定される。

滝沢の森子大物忌神社には今も、薬師如来像、脇侍の日光菩薩、月光菩薩、そして十二神将が祀られ、地域の人々の信仰の拠り所になっている。滝沢は江戸時代からずっと羽黒派に属し、今もその交流は続いている。

以下では東北地方の信仰の伝播を通して、鳥海山における宗教活動を概観してみたい。

3　東北における熊野信仰

これまで見てきた鳥海山南麓の吹浦・蕨岡に残っていた資料は、大和から北上してきた政権側の軍隊と、それに伴う宗教者の活躍によって記録されたことは、六国史や『延喜式』への記載からも確かめることができる。

豊田武によれば、東北地方では奈良時代以降、慈覚大師の開基とされる寺院が数多い。これは、東北開拓に伴って天台宗の僧侶がその法流を広めた結果、修験道の発展へとつながっていったからに他ならない。中世期には熊野信仰の伝播に伴い、地方の豪族が熊野権現を勧請した。これは、当時流行していた熊野詣でが東北地方にも広がった結果と考えられる。鎌倉時代には、藤原一族が平泉の中尊寺の鎮守社として正治二年（一二〇〇）新熊野神社を建立した。出羽の慈恩寺には後白河天皇の勅宣により、保元元年（一一五六）と伝えられる今熊野十二所権現が勧請された。

源頼朝の東北遠征が契機となり、鎌倉武士の東北移住が始まると、熊野の神の勧請はとりわけ盛んになった。鎌倉街道沿いに早くから開けた名取郡高館の熊野三社は保安四年（一一二三）建立と伝えられ、名取の巫女の話として有名である。津軽の岩館郷では曽我氏が勧請した熊野堂は、坂上田村麻呂と結びつけて語られる。会津の新宮氏が建てた熊野新宮は八幡太郎義家の勧請と伝える。出羽の平鹿郡横手郷の熊野新宮は、観応元年（一三五〇）に秋田城之助源泰長が、吉田・飯詰・八幡の三か庄を寄進し、さらに雄勝・平鹿・山乞（ママ）三郡の牛王獅子舞椋（霞カ）領を寄せた。

こうした熊野信仰の伝播を可能にしたのは熊野先達の活躍であった。平安末期には熊野の御師と奥州の豪族との間で師檀関係が生まれており、那智の実報院（「米良文書」）と尊勝院（「塩崎八百主文書」）、郭之坊（「塩崎流寿院、潮崎稜威主文書」）[14]に東北の豪族との関わりが見えてくる。そうした中でも奥羽の葛西氏、津軽の安東氏、出羽の小野寺氏などが旦那として記録され、熊野先達が御師と密接な関係を持って彼らを熊野参詣に案内した。前述の比内徳子の浅利氏と熊野御師であった由利の修験宰相公良春もその一例であろう。先達は熊野堂付近に居住していた者もいたが、南北朝期以降、各地に大名領国が形成されると、次第にその地に寺院を構え、それぞれ縄張りを定めるようになった(15)。

新城美恵子によれば、中世後期における陸奥の国の熊野先達は熊野社とその社領を拠点とした者が目立ち、次いで一宮や神社が続く。旧仏教系寺院を別当寺とした修験霊場が盛んであったが、これらとの結びつきは少なく、地名を冠した坊や房名と、神社の別当坊と思われる者が著しい。これは平安末期以来東北における熊野堂の建立が盛んなことと、霊山が南北朝期に南朝に与して灰燼に帰したことなどによる。その結果、この時期を境に霊山に拠った修験が周辺に散在し、武士層と直接交渉を持つようになり、一族単位で檀那を掌握していったためと新城は推測している(16)。

さらに応永年間(一三九四〜一四二八)になると、陸奥国田村庄の熊野先達と密接な関わりを持っていた京都の坂東屋富松という商人は、この頃から進められていた聖護院系修験の組織化とも関わりを持っていた(17)。

森毅によれば、奥州では他国とは熊野先達のあり方が異なっていた。その一は、奥州に居住せず他所から随時下向する者がいたことで、郭之坊や実報院の御師と緊密な関係を持っていた長床の修験者や三山に常駐した者もあった。第二は、奥州在住の者についてである。中でも奥州持渡津先達の一族は、仁治元年(一二四〇)から永徳二年(一三八二)にかけて各地で勢威をふるい、遠田郡(宮城県)を本拠に奥羽山脈を中心線として津軽・糠部・羽後雄勝・遠田に教線を張っていた。また先に新城が言及した商人坂東屋は、大永五年(一五二五)聖護院役者と連署で糠部郡戸来村多門院の祖「さか見」に対して、糠部郡中檀那の先達許状を与え、聖護院との緊密な関係の中で奥州北部にまで勢威を振っていた(18)。

鎌倉末期から南北朝期にかけて、皇族や貴族が熊野三山への荘園の寄進を行い、それに伴い熊野権現を勧請した。

そして戦国末期から安土桃山期にかけては各地の土豪や武士ばかりでなく、熊野先達や比丘尼などの遊行の宗教者が熊野神社を勧請している(19)。熊野信仰の東北への伝播は、一四世紀半ばに出羽国北部には農民層の中に熊野信仰が根付いており、その組織化の進行していたことが、東北地方各地に残る熊野関係資料から見えてきた。また一六世紀になると、秋田県内の熊野信仰は時の中世武士団の信仰と大きな関わりを持つようになる(20)。

これらの研究の成果は、近世以前の特に南北朝期の前後に、北東北の地に熊野の先達や京都の商人が進出していた事を明らかにした。さらに東北各地の熊野先達が檀那を連れて熊野詣でをした様子が見えてきた。

4　羽黒信仰と修験

羽黒山は平安のはじめ頃から霊場と崇められ、熊野信仰の影響によって、有力な修験の道場となり、鎌倉時代になると勢力は拡大してゆく。とくに南北朝期の羽黒山の勢力を知る上で興味深いのは以下の二点である。

まず第一点は、東北地方における熊野信仰と羽黒信仰の交流についてである。熊野や羽黒の本地仏を調査した政次浩によれば、出羽三山信仰は熊野信仰に基づき、出羽国で平安時代末期(一二世紀)頃までに創出され、出羽国の歴史的・地理的環境に適応させたものだという。宮城県名取市の高館熊野那智神社にある一四六体中一四三体の御正体が聖観音であり、それ以外の熊野信仰ゆかりの社寺にも、那智大社の本地仏である千手観音ではなく、出羽羽黒山の本地仏である聖観音が多いという。すなわち近世以前は、羽黒山・月山の他、庄内平野側からは鳥海山が、内陸の村山盆地側からは葉山が、出羽三山として熊野三山と比定された。そして熊野信仰の影響を受けながら、それぞれ本地仏を、羽黒山が聖観音、月山が阿弥陀如来、鳥海山および葉山が薬師如来とみなされた。羽黒山の本地仏が那智の千手観音ではなく、左手に未敷蓮華を持ち、右手を蓮華に添える姿の聖観音なのは、比叡山延暦寺横川根本中堂の本尊像と一致する。根本中堂は天台宗第三代座主を務めた慈覚大師円仁が創建した堂宇である。東北地方には豊田武も述べていたように、慈覚大師開基とする寺社が多くあり、中でも出羽国は円仁の弟子で天台第四代座主となった安慧との関わりがことのほか深い。東北地方の人々に対し熊野信仰が持ちえた強い吸引力は、観音・薬師・阿弥陀という現世と来世の二世の幸せを請け負う本地仏の組み合わせに由来する。このように円仁とゆかりの深い出羽の地で、平安末期から熊野信仰と、その変容ともいえる出羽三山信仰が混在していたのである。(21)

第二点は、宮城県栗原郡二迫鶯沢の白鶯山源沢寺に残る羽黒山から出された以下の文書である。康暦二年(一三八〇)に当時の羽黒一山の目題職だった真田四郎左衛門宛の中奥閉伊郡の智識状が残り、そこには在地の先達木仏の名前も見える。また応永二五年(一四一八)には、前述の鶯沢の先達木仏以下、数名の者が檀那の割り当てを受けている。この中には「鳥屋のみこ」という巫女にも檀那が宛てられ、羽黒系の巫女に宛てた檀那の珍しい記録として興味深い。また(岩手県)東磐井郡薄衣村の羽黒派大泉院に残る文書には、康暦二年惣先達であった「沢之芸之守」に対して五条袈裟・直綴衣にて入峰を許すというもの、応永二〇年「沢ノきのかミ」に対して六か所の霞を渡すとするもの、慶長九年(一六〇四)安芸守に対して羽黒山大先達の華蔵坊から神号を授与するものがある。会津東山村湯本の羽黒神社には弘長三年(一二六三)銘の神体鏡があった。(22)

中世期の資料が少ないとされる羽黒修験の動向だが、以上のことからだけでも東北地方における活躍は想像できよう。

このように東北地方でも一二世紀には熊野堂が建立され、一三～一五世紀には熊野や羽黒の先達が各地で檀那を訪れ、また在地においても有力な先達が広範囲に渡って檀那を有し、南北朝期以降は東北北部にまで教線を延ばし、在地の有力な武士層を取り込んでゆき、彼らは先達に連れられて熊野参詣もしていた。そして大事なことは南北朝期に南朝に与していた霊山が灰燼に帰した時期を境に、霊山に依拠していた修験者が周辺に散在するようになり、地域の武士層と直接交流を持ち、修験者は有力武士層を一族単位で檀那とするようになったことである。

5　中世期の鳥海山

中世期に鳥海山麓の各修験集落の住人がどこの修験宗派に所属していたのかは、資料がないためはっきりしない。江戸初期の資料からは、各修験集落がそれぞれ修験道各派と本末関係を結んでいたことはわかるが、それも何時頃からなのかは不明である。戸川安章は各修験が活躍するようになったのは、南北朝以降ではないかとしている[23]が、鳥海山の名のついた鰐口の暦応五年（一三四二）という北朝年号から推定したものと思われる。

そうした中で鳥海山周辺の各登拝口に位置していた地域には、慈覚大師に関する類似の伝承があり、蕨岡の龍頭寺の名称の由来に関する物語が羽黒山に残る。

　貞観二年庚辰、飽海岳ニ仙翁龍翁与云フ青赤鬼住ム、同年六月、慈覚大師登リ、彼二鬼ヲ封シ給フ、此山全体龍ノ形ナリ、則龍頭ニ権現堂ヲ立ツ、鳥ノ海ト云フハ、則権現之御手洗也、仍テ山号ハ鳥海山、寺号ハ龍頭寺ト号ス、

これは永正七年（一五一〇）に真田在庁が書き残した『羽黒山年代期』に記録されていたもので、明和三年（一七六六）に羽黒山の有栄が写したという[24]。

吹浦神宮寺にも宝永二年（一七〇五）の縁起があり、天台宗の慈覚大師と関わりのある同様の伝承がある。

　鳥海山は吹浦より慈覚大師之開基ニて、（中略）

　鳥海・月山両所大権現、毒鳥を平ケ被成候御剣、其以後慈覚大師開基之御自筆ニて、金胎両部之曼陀羅、同大

師之絵像・木像、其他十二天之板木、山王の板木、何れも御自作にて（以下略）[25]

にかほ市小滝にも龍山寺に伝わる寛文五年（一六六五）の『鳥海山大権現縁起』[26]中に、「役行者が当山に登り、三七日の薬師の大法を執行し、小滝において蔵王権現を作った。また文徳天皇の時代に慈覚大師が来て、蔵王権現の神前で護摩を行った」という記事がある。鳥海山麓に限らず、日本海沿岸地域に多く見られる慈覚大師開基の伝承が当地域にも色濃く残っている。

豊田武が述べたように、慈覚大師の開基とされる寺院が数多いのは、東北開拓に伴い天台宗の僧侶がその法流を広めた結果、修験道の発展へとつながっていったからと考えられる。さらに中世期になると熊野信仰の伝播に伴い、地方の豪族が熊野権現を勧請し、熊野詣でが東北地方にも広がった結果と考えるのが妥当であろう。嘉吉元年（一四四一）に熊野御師由利の修験宰相公良春が、比内徳子の浅利遠江入道旧阿弥と子息二位殿隆慶の熊野詣での先達をした例も、そうした時代の流れの一端とも考えられる。

二　近世の鳥海山

江戸幕府は慶長一八年（一六一三）に当山・本山各別、対真言宗入峰役銭禁止の二つを柱とした修験法度を出し、修験道界を本山派・当山派に二分させ、双方筋目支配の形をとらせて競合させようとした。これに脅威を感じた羽黒山の当時の別当天宥は、羽黒一山を天台宗に改宗し、輪王寺末として羽黒派の独立を勝ち取り、羽黒山上に東照宮を勧請した[27]。

こうした政策が施行された結果、羽黒は配下の修験の統制に乗り出すようになる。それまでの鳥海山麓の修験集落は、羽黒山との緩やかな関係を保ち、修行方式や年中行事にはその影響が強く見られた。鳥海山麓の修験者はこの後羽黒に対抗して、独自の道を歩むようになる地域が出るなど、所属はそれぞれ分かれている。蕨岡（蕨岡口の宮文書）と矢島（三森家文書）は貞享元年（一六八四）に、小滝（遠藤隆家文書）は貞享五年に、それぞれ真言宗醍醐寺三宝院に帰入し、当山派を名乗るようになる。一方、吹浦は明暦元年（一六五五）に、蕨岡宛の文書で真言宗から天台宗へ移ると宣言したが、宝永二年（一七〇五）に江戸筑波山護持院下になり、新義真言宗の法統を継いだ（吹浦口の宮文書）。滝沢は承応元年（一六五二）には蕨岡共々羽黒末として、(28)また延享三年（一七四六）の『延享三年改羽黒派修験連名帳』には二二寺院が羽黒派の末派修験として登録されている。(29)

この頃醍醐寺三宝院は当山十二正大先達衆に対抗して、元禄一三年（一七〇〇）に諸国総袈裟頭を置き、江戸鳳閣寺と称し、ここで当山派の修験者を直接支配し、補任、諸方式、諸法度の制定、公事の沙汰なども行うようになる。当時、当山派には別派として伊勢方・熊野方・地客方という三派があった。このうちの地客方というのは、地方の国峰・国先達に所属して、そこから補任状を受けて昇進する修験を指していた。(30)また出羽国の当山派修験は、三宝院門跡の永免許を受けて、独自に配下の修験に補任状を出すことができた。(31)それが鳥海山順峯の蕨岡龍頭寺、逆峰の矢島元弘寺、そして金峰山の金峰寺（現鶴岡市）であった。(32)

以下、鳥海山をめぐる争いを見ていこう。

1　蕨岡と吹浦の公事

承応三年（一六五四）に蕨岡観音寺と吹浦神宮寺から公事があり、江戸寺社奉行から裁許の覚書が酒井家に下され、その結果が双方に示された。吹浦神宮寺からの訴えによると、神宮寺は古くから鳥海山の別当である、蕨岡の松岳山観音寺が牛王には松岳山と書いているのに、札守に鳥海山と書くのは不法である、と訴えた。蕨岡側は、鳥海山上に蕨岡と矢島の衆徒が建てた薬師堂に吹浦神宮寺衆徒が道者を連れて参拝に来るのは不当である、と訴えた。江戸寺社奉行からの覚書には、山号は鳥海山でも両所山でも松岳山でも自由に使ってよいとの見解だった。一方、道者の登拝は古くからやっているので差し止めてはならないと申し渡された。そして明暦元年(一六五五)にそれぞれ「取替手形之事」(33)を出した。

これによると、蕨岡観音寺はもとより真言宗であったが、四年ほど前に羽黒別当の差図で上野万部御経に出て、御経を読んだ、私どもが出す牛王には松岳山牛王宝印と書き、守札には鳥海山学頭坊とも鳥海山別当とも書く、というものであった。

これに対して吹浦神宮寺からの内容は、私ども元は真言宗だったが、五年ほど前に宗旨を替えて天台宗になった、われらが出した牛王には両所山と版木をしてきた、これは月山・鳥海山のことなので、鳥海山と書いてもいる、それ故、守札には鳥海山神宮寺とも書く、というものであった。

こうした争論に関して酒井家が仲裁し、双方から誓書を出させた。こうして一件落着したが、蕨岡の資料には本寺羽黒別当とあり、この頃まで蕨岡は羽黒派に属していたことがこの資料からわかる。またこの後羽黒一山が天台宗に改宗したのを期に、蕨岡は真言宗に留まった。

その後、貞享元年(一六八四)には蕨岡一山は真言宗醍醐寺三宝院に帰入し、当山派を名乗るようになる。

出羽国鳥海山龍頭寺、順峰修行法式、如往古、当山之法流令相続可勤之者、三宝院　御門跡御下知可相守者也、

貞享元年甲子十一月十一日

三宝院御門跡御名代　品川寺中性院　(花押)

羽州鳥海山　蕨岡満山衆徒中(34)

2 蕨岡と矢島の衝突

鳥海山上の国境の争いに発展し、幕府の寺社奉行・勘定奉行・町奉行・老中まで巻き込んだ大事件の顛末を、岸昌一の論文から見てゆこう。

元禄一六年(一七〇三)出羽国由利郡矢島の百姓が蕨岡の龍頭寺等を相手に、鳥海山上の境界について幕府寺社奉行に訴訟を提出した。寺社奉行はこれを土地の境を論ずるものとして、評定所に判断を任せた。

その前の元禄一四年(一七〇一)八月一六日には、矢島衆徒が鳥海山の御堂の修復を三宝院に願い出て、三宝院はこれを承認した。これに対して八月二五日には蕨岡衆徒が、鳥海山大権現は昔より順峰の支配してきたところで、山上は庄内領である、と訴えた。こうした訴えに対して、三宝院江戸鳳閣寺は、権現堂の順逆交互の造営は根拠がなく、棟札に記載のある飽海郡は間違いとする矢島の論は不行き届きで、権現堂の立地場所および山上の境については宗教上の問題ではない、という結論を出し、両者にそれぞれ請書を出させた。鳳閣寺は宗教上の結論を避けて、これは領地をめぐる境界争いだと結論づけた。

こうした前段があって、前述の元禄一六年(一七〇三)の訴訟に至るのである。そして翌元禄一七年(宝永元年(一七〇四))に二度にわたり関係者を江戸に呼び出して尋問をし、現地調査をするなどして、宝永元年の絵図の裏に裁決状が以下のように記載された。

出羽国由利郡矢嶋百姓と同国飽海郡庄内領学頭衆徒并百姓、鳥海山諍論之事矢嶋百姓訴趣、鳥海山は由利・飽海領郡え跨、北は由利郡、南は飽海峰通水分境相極、正保年中御国絵図ニ峰通之墨引有之上ハ、権現堂為由利郡事無紛候、然ニ元和・承応両度之棟札ニ遊佐郡と書、天和年中ハ飽海郡と書付候儀、順峰方全私曲ニ候、且又山上瑠璃壺より流出水由利郡用水引来由申之、庄内領学頭衆徒・百姓中ハ鳥海山は大物忌神社本地薬師権現庄内領ニ紛無之、証文持来候、北方之境不毛之地飽海郡にて、社地に相極候、鳥海山ハ一国之大山故、不限矢島ニ谷々之流水諸方へ引取り候、瑠璃壺は水流一向無之旨答之右論所就不分明、為検使と杉山安兵衛・町野惣右衛門被差遣遂検分処、矢島百姓申所峰通境之証拠一円無之、今度新規之国絵図に山境不相知由記之ニ付、正保年中之古絵図令点検処、庄内領百姓申趣と令符合、其上蛇石を限り、領郡境之由雖申之、榜示八拾間余北ノ方、件之石有之令糺明処、蛇石より南ハ飽海郡之由証文出之候、此石於庄内領ニハ虫穴ニ名之旨申ニ付、由利郡鳥海山麓之者、并小滝村衆徒に相尋処ニ、蛇石ハ焼石峠之近所仁賀保道ニ有之、矢島百姓申所之蛇石は、号虫穴と之由申之、不毛之地も麓之村々并由利郡本郷村庄屋不致進退旨申之、棟札之儀元和・承応修造之砌、大工・鍛冶之名記之、領主・奉行之姓名無之由証文指出候、然ニ元和之棟札ニ大旦那并代官之姓名有之則誤候旨、百姓共致証文候、涌璃(瑠カ)壺ハ水全無之雪一面に積、壺之形不相見候、用水之儀鳥海山并谷々之流勝手次第ニ引取之由由利郡百姓一同に申之、然則矢島百姓申処令相違候、大物忌神社の事延喜式・三代実録ニ出羽飽海郡大物忌神社と載之、矢島百姓申候ハ、此神社は別山ニて、飽海郡吹浦村に有之由申ニ付、於吹浦村ニ令検分処口上書ニ社地格別令相違候、吹浦村之社僧社人に相尋候へハ、鳥海山神体勧請不及異論由申之、其上三代実録所載之山形甚険阻也、吹浦村之社地とハ格別令違却候、就中慶長年中最上・出羽国鳥海山へ神領寄附之、其後酒井宮内大輔重て致寄進、至今ニ庄内領衆徒令知行堂之正面ニ最上・酒井之家紋以唐金居之、又堂番十人庄内領より指置、錫杖銭納来ル上ハ、旁々以矢島百姓所訴非分也、依之庄内領衆徒・百姓所指之榜示用之、西ハ生之岳腰より稲村岳八分ニ至、東ハ女郎岳之腰迄不毛之地、由利・飽海領郡境ニ相定絵図之評墨筋引之、各加印判双方え下置之条永可相守者也、

宝永元年九月廿二日

中　出雲守　印

戸　備前守　印

久　因幡守　印

この事件で吹浦神宮寺同衆徒は尋問に対して、宝永元年（一七〇四）に次のように回答した。

御尋ニ付以書付申上候

一、吹浦村両所山権現之縁起有之候ハ、指上ケ可申由被仰付、則従古来所持仕候縁起三通差上ケ申候、

一、出羽一宮之儀御尋ニ付申上候、右一宮ハ、庄内領飽海郡鳥海山大物忌之神社ニ御座候、

一、吹浦村両所山権現之儀ハ、鳥海山大物忌之神社、同領月山神社、右両所勧請之社ニ御座候ニ付、山号両所大権現ト奉申候、

一、月山権現、御本地阿弥陀如来ニて御座候、

一、鳥海山権現御本地薬師如来ニて御座候、

右之通当山ハ、両所勧請之社地ニ紛無御座候、為其一札差上ケ申上候、

庄内領飽海郡遊佐郷吹浦村両所山別当

神宮寺

同所衆徒役者

乗蓮坊

同所

浄楽坊
惣衆徒

宝永元年申ノ五月廿七日
寺社御役所

出羽国一之宮は鳥海山大物忌神社であること、吹浦の両所山は大物忌神と月山神を勧請したもので、山号を両所大権現ということ、当山は両所勧請の地であること、こうしたことを述べて本地仏を記載して提出した[35]。

この件について戸川安章は次のように述べる。この訴訟では生駒家・酒井家の双方が手段を講じて勝訴を勝ち取ろうとした。庄内藩では家老加藤大弐の陣頭指揮の下、江戸の扇子屋に多くの扇子を注文して、鳥海山が飽海郡内に鎮座する絵を印刷させて江戸の市中に安売りさせた。そのため出羽庄内の鳥海山の名が江戸市民に知れ渡り、これが評定所の審理を有利に導く一因となったという。また生駒公の夫人が総丈二メートルの仁王尊像を羽黒山に奉納し、これを安置する仁王門を登山口に建立したのも、この訴訟に勝たせたまえと祈念してのことだと言われている。これらに関して寺社奉行・勘定奉行・江戸町奉行・老中らが審理を行い、宝永元年（一七〇四）に山上社殿所在地は飽海郡との裁定が下った。矢島方の完全な敗北であった[36]。

3 滝沢と矢島の出入り

『矢島史談』[37]によると、慶長一九年（一六一四）に「滝沢院主意風、鳥海山順逆の出入りには出羽十二郡之領内頭最上行蔵院へ罷登候而訴状指上げ候ゆへ、矢島領修験頭喜楽院罷登候得而、役行者開基聖宝尊師再興の品々申上、先規之通被仰付候、意風は最上より上方へ浪人仕候」と、『続群書類従』の矢島十二頭記に記してある、という。

戸川によれば、その後、元和四年（一六一八）に鳥海山上の社殿が造立され、蕨岡観音寺の学頭弘学法印の書いた棟札、承応三年（一六五四）の棟札、天和三年（一六八三）の棟札には、滝沢院主の名前もあるとし、元禄三年（一六九〇）には当山方の菩提院から、瀧澤の忠道院頼秀は天台宗羽黒山の末寺なのに、真言宗の山である鳥海山に道者を先達したり、牛王札や守札を配るのは「宗門之妨ニ罷成候」と訴えられ、今後はやらない旨の請け書を提出させられた[38]、という。この件に関しては、「差上候一札之事」として滝沢忠道院から蕨岡宛の文書が残っている[39]。

4　吹浦と蕨岡の騒動

諸経過の後、蕨岡は自らを一宮鳥海山表口別当と名乗り、吹浦を末寺扱いするようになる。これに絶えかねた吹浦の社家曾太夫は、宝永四年（一七〇七）に出羽一宮の号を吹浦に返すよう庄内藩に願い出たが、公儀御裁許破りとして追放処分を受け、江戸で客死した。その弟の林太夫も吹浦衆徒の圧迫を受け、亡くなり、その後は養子の進藤重記が継ぎ、吉田神道の裁許状を受け、和泉守と称した[40]。

この後蕨岡は醍醐寺三宝院を通して、元文元年（一七三六）に大物忌神社に正一位の位階授与の宣旨を、さらに翌元文二年には出羽国一宮の宣旨を得た。そして同年には三宝院の肝入りで、鳥海山大物忌神社は正一位の神階の宣旨を受け、三宝院と鳥海山蕨岡衆徒との結びつきは深まってゆく[41]。

三　鳥海山麓の各修験集団

以下では鳥海山麓の各修験集落の近世を見てゆくことにする。

1 鳥海山蕨岡修験

鳥海山麓の遊佐町蕨岡字上蕨岡に居住していた蕨岡修験は、近世初期までは羽黒山との関わりを持っていたが、貞享元年(一六八四)以降は当山派醍醐寺三宝院の直末となる。[42] 蕨岡修験は学頭龍頭寺を含めた三三坊からなり、内二坊は杉沢に居住していた。学頭龍頭寺はかつて松岳山観音寺と称し、その修行体系の多くは羽黒修験の影響を受けたと考えられ、最高位である大先達大日の覚位を得るための一〇か月に及ぶ胎内修行を行う者を先途と称し、羽黒山の松聖の修行を彷彿とさせる。[43]

修験者は年齢階梯に合わせた舞楽の伝習が義務づけられ、七歳になると稚児舞に参列し、一六歳で初入峰を果たし、以後は閼伽・小木の修行をし、舞楽・田楽の役をこなし、前述の胎内修行を経て、大先達となる。蕨岡には番楽は残っていないが、三三坊の内の二坊は杉沢に居住していた熊野神社の別当坊と式乗坊の二人の修験者だった。杉沢にある熊野神社は蕨岡修験の峰中修行の二の宿にあたり、四月一八日には二の宿での祈禱修行があり、別当坊にて朝飯の饗応があった。[44] 熊野神社には鎌倉期頃の作とされる男神座像と、南北朝頃の僧形神半跏像がそれぞれ一体ずつ祀られ、蕨岡に劣らない歴史を持つが、杉沢に残る番楽には蕨岡は関与せず、杉沢の人々によって伝えられているところから、杉沢の別当坊の指導により、村人が伝承してきたと考えられる。

2 鳥海山吹浦修験

山形県側の鳥海山登山口の一つだった遊佐町吹浦字布倉の地は、明治初年まで大物忌神と月山神の二神をまつる大物忌神社と、阿弥陀如来と薬師如来の両本地仏をまつる神宮寺があった。『延喜式』に記載され、古代には国内に戦乱や異変があると、その前兆として噴火や石鏃《(ママ)》が降るなどして神意を表わしたとされ、そのたびに神階が上がるなど、早くから中央にも知られた存在であった。承久二年(一二二〇)には「関東御教書」の発布を受けてもいた。近世期までは両所の宮神宮寺を中心とした衆徒二五坊、社家三家、巫女家一家を擁した宗教集落であった。

吹浦は近世初期まで羽黒山と緩やかな関係を持つ羽黒派修験といえる存在であった。しかし前述のように羽黒山が天台宗に帰入し、羽黒派を名乗るようになり(45)、それに同調することをよしとしなかった吹浦衆徒は、宝永年中(一七〇四〜一一)に江戸筑波山護持院下となり、新義真言の法流を継いだ(46)。この時期以降は教派修験道には属さず、修験道各派との本末関係を持つことはなかったが、一山内部の年齢階梯や教義のあり方は、それ以前の羽黒山との関わりや天台宗だった頃の色彩を強く残していた(47)。

近世中期に鳥海山頂において蕨岡衆徒と吹浦との争議があり、これを宝永二年(一七〇五)に吹浦側が奉行所に訴えた記録「乍恐口上書を以申上候事」がある。その中には「鳥海山出羽一之宮大物忌之獅子頭在々相廻申候事」の一文があり、正月四日は吹浦村・落伏村・升川村・三之輪村、六日は由利郡、八日からは本庄六郷、一一日は仁賀保、二月は荒瀬郷・遊佐郷、四月は五浜通、六月は遊佐郷、九月は宮内村を廻るとある(48)。

詳しい内容は、吹浦神宮寺の社人だった進藤重記が宝暦三年(一七五三)に記した『出羽国大社考』巻二「両所宮年中行義(49)」の「御鉾御獅子頭」にある。

神宮寺の両所宮の獅子が正月三日より、地元の飽海郡だけではなく、由利郡一帯にも獅子の巡行に歩いていた。この理由は、正平一三年(一三五八)に北畠顕信が出羽国一宮両所大菩薩に由利郡小石郷乙友村(現由利本荘市小友)を神領として寄進(大物忌神社吹浦口の宮所蔵文書)したことに由来するという。由利郡一帯は長く両所宮の檀那場だったのである。現在も正月五日に行われている筒粥神事において、粥に用いる米と芦管がこの故事により、長く小友村の人々から寄進されていた。

吹浦の衆徒や社家の後継者は一六歳になると田楽に出る義務があり、田楽舞や諸冊舞、大小の舞等の舞楽を年齢階梯に従って演じてきた。これらの舞には一般の人々の参加は許されない、衆徒と社家の家の者だけのもので、獅子を廻すのは社家の家の役割であった。一方、吹浦集落から近く、吹浦とも深い関わりのあった女鹿に残っていた番楽は、長い間、女鹿集落の者以外の参加を許さず、それ故に今は衰退したが、これも地元の人々の芸能であった。

3 鳥海山小滝修験

鳥海山麓のにかほ市象潟町小滝地区の金峰神社には、平安時代作とされる聖観音菩薩立像が一体、蔵王権現立像が三体、室町時代作とされる木造の獅子・狛犬もある。[50]

佐藤久治は、嘉吉元年(一四四一)に由利の修験宰相公良春が、比内徳子(北秋田郡比内の独鈷)の浅利遠江入道旧阿弥と子息二位殿隆慶の熊野詣での先達をしていることを取り上げ、この修験宰相公良春のいた由利も小滝ではないかと想定し、小滝の古い時代からの宗教臭を嗅ぎとっている。[51]

小滝集落が文献に登場するのは、天正一八年(一五九〇)の仁賀保兵庫宛の豊臣秀吉の朱印状で、この時期以降、仁賀保氏領、慶長七年(一六〇二)以降は最上氏領の宿坊集落としての性格を持ちながら存続してきた。[52]

小滝修験は近世期には当山派醍醐寺三宝院末だった。そして院主の龍山寺は醍醐寺三宝院から補任を受け、小滝村内の四か院と、小滝村外の七か院は寛政期(一七八九〜一八〇一)までは三宝院と近江国飯道寺梅本院から、文政期(一八一八〜二〇)頃からは鳥海山蕨岡修験から補任状を得ていた。[53]

進藤重記が著した『出羽国風土略記』の小滝村「蔵王権現」の項には、「小滝村に有り、三月十八日の祭礼には田楽があり、衆徒がいて、その院堂を龍山寺といい、蔵王権現に獅子頭があり、古来より正月中、仁賀保を巡行する」[54]とあり、宝暦年中(一七五一〜六四)に仁賀保郷の村々で獅子頭を廻して巡行していたことが知られる。

近世期には、チョウクライロ舞と呼ばれる芸能に関わる費用は村からは一切支出されておらず、これは修験だけの祭り(55)であり、修験者の年齢の各階梯に伴って演じてきたものと思われる。すなわち修験の年齢階梯に伴うチョウクライロ舞と、修験の宗教活動の主たるものの一つとしての御宝頭という獅子頭の巡幸、そして村人が中心となって演じてきた番楽と、地域内で役割分担が明確になされていた。

4　鳥海山矢島修験

小滝と並んで秋田県側の鳥海山への登山口の一つである由利本荘市矢島町と鳥海町にあった矢島修験は、貞享元年(一六八四)以降に当山派醍醐寺三宝院の直末となる。(56)

また矢島修験が活躍した地域には、醍醐寺三宝院の遊僧とされる本海行人が寛永三年(一六二六)七月に記した番楽の伝書が残っているという。(57)しかし本海行人が矢島に来た時期が醍醐寺三宝院の直末になった時期より六〇年も前のことになるため、この伝承は検証する必要があるであろう。

矢島は同じ秋田県側の滝沢と地理的に近いことから、この地の主権を競っていたが、近世中期以降は矢島が主導的な位置を占めるようになる。

矢島の学頭は、近世期には一八坊を擁した福王寺である。矢島修験は春秋二度の入峰があり、春には四〇日、秋には三〇日の籠りの修行をし、触頭元弘寺から坊号院号を得ていた。

中世末から近世期にかけての矢島は、大江義久が築いたとされ、文禄年中(一五九二～九六)は仁賀保氏、元和・寛永年中(一六一五～四四)は打越氏、寛永一七年(一六四〇)以降は生駒氏の居住地であった。(58)この生駒氏の御殿に参向して奉仕したのが、先の醍醐寺三宝院の遊僧であった本海行人が伝えたとする獅子舞を擁したとの伝承を持つ荒沢・興屋・二階集落であり、この集落の三頭の獅子は御用獅子と称し、明治まで毎年盆の一四日に殿中で舞を舞っていたという。[59]

5 鳥海山滝沢修験

由利本荘市滝沢の森子大物忌神社は、かつて大物忌神の本地仏である薬師如来を祀る八乙女山薬師堂と称していた。今も本地仏薬師如来と脇侍の日光菩薩・月光菩薩、そして十二神将が安置され、ここも鳥海山登山口の一つであった。滝沢院主の滝洞寺と由利町に散在する滝沢修験は羽黒山に峰入りした羽黒修験で、寺院数は三三坊あった。伝承では鳥海山の滝沢口を開いたのは仁賀保から移住した竜洞荒法師とされている。[60] 当地方は滝沢氏六代目領主の政道が慶長八年(一六〇三)に滝沢城を前郷に築き、これに伴い竜洞寺も前郷に移り、藩内の触頭として活躍した。

以上のように鳥海山吹浦修験・蕨岡修験は近世になって羽黒山の別当天宥が羽黒派の独立を勝ち取るために、徳川幕府に影響力のあった天海の力を借りて日光輪王寺末になるまで、羽黒山と緩やかな関係にあった。そのことから蕨岡の修行の過程は羽黒山の修行と深く結びつき、その影響が色濃く残っている。また後述するように小滝は蕨岡と深いつながりがあり、その痕跡は修験者の修行の過程で身につける芸能とも関連していることなどが、これまでの研究で明らかになってきた。

以下では鳥海山麓の修験集落について、主に明治維新以降について述べてゆく。

四　鳥海山の明治維新

明治元年(一八六八)三月一三日に王政復古が布告され、その中で「諸事御一新、祭政一致、神祇官再興」として維新の決意が示され(『維新史』一九四一、『太政官日誌』一九八〇)、翌日「五箇条の誓文」が出された。そしてその三日後に「今般王政復古、旧弊御一新被為在候ニ付、諸国大小ノ神社ニ於テ、僧形ニテ別当或ハ社僧杯ト相唱へ候輩ハ、復飾被仰出候云々」(前掲に同)と、旧弊一新の名の下に神仏分離令が発せられた。

明治二年五月、酒田民政局から「王政維新後、諸国大小の神社に於いて、神仏習合の廃止、別当・社僧の輩は還俗の上、神主・社人の称号に転じ、専神道を以て勤仕致すべく旨布告」が出された。

明治五年には修験道廃止令が布告され、修験宗の廃止と、従来の本山に従って天台・真言両宗に帰入するように命じた(61)。

鳥海山吹浦修験は神仏習合廃止の布告後、ただちに別当神宮寺を先頭に、二七人が復飾し、神職として神勤すべく申請を提出した(62)。翌三年、神宮寺の本尊であった阿弥陀如来と薬師如来の両本地仏が解体されることを恐れた旧神宮寺の衆徒は、吹浦の浜から夜舟で密かに女鹿の松葉寺まで運んだという。今でもこの二体の仏像は松葉寺の本尊として大切に保管されている。吹浦では年中行事も例大祭も形式上は仏教色を払拭した上で継承されることとなった(63)。こうして明治三年三月一八日に吹浦両所山別当神宮寺住職以下衆徒や社人は復飾の上、「羽後国一之宮大物忌神社」神職に補せられた。そして羽州一宮吹浦大物忌・月山神社の神職として、牛王並びに「一宮鳥海山」の札を地域内に配札するようになった。

一方鳥海山蕨岡修験の動きは遅かった。吹浦の動きに驚いた蕨岡では明治四年に学頭龍頭寺が真言宗の寺として残り、他の三二坊は三月に酒田県に復飾願いを提出し、四月に神職願いの許状を提出した。その上で五月に吹浦に与えられた「羽後国一之宮大物忌神社」に関する再吟味を県に対して申し出た。一年後の明治五年五月に酒田県は山形県と変わり、「吹浦村大物忌・月山神社は羽州一宮たるべきこと異論あるまじきこと、蕨岡大物忌神社は勧請の地にて云々」との裁定がでた。これは蕨岡衆徒にとっては青天の霹靂であった。

近世期に鳥海山上を巡る争いの結末は、吹浦は勧請の地で、蕨岡大物忌神社は拝所であり、神体は鳥海山それ自体で一宮という裁定であった。今回は近世期の裁定と全く逆になったのである。ただちに再吟味の願いを出すが、結果は蕨岡を排除するような「鳥海山山上の社番は吹浦一宮神主が勤め、蕨岡衆徒は関わってはならない」というものであった。

その後蕨岡は様々な吟味の願いを出すがことごとく退けられ、明治一〇年一一月に内務卿大久保利通の代理前島密を相手に、羽後国鳥海山神社所属について内務省指令不服の訴えを東京上等裁判所に提出したが、明治一二年一二月に敗訴と決まる。明治一三年六月に内務卿松方正義から左大臣有栖川宮熾仁親王へ「山形県民からの上申があり、鳥海山上の神社をもって本社とし、吹浦・蕨岡を両口の宮とし、三社連帯の一社と」する旨伺いをたて、一三年七月に親王からの「達」が出た。こうして鳥海山上に大物忌神社の本社を置き、吹浦・蕨岡は両口の宮となり、社務所は吹浦に置かれた(64)。

鳥海山矢島修験は、学頭福王寺英弁がそのまま住職を仕り、弟子の賢寿が復飾して鳥海賢寿と改名し、矢島修験の多くも復飾して神職となった。明治三年正月にはかつての薬師堂を木境大物忌神社に改称した(65)。

鳥海山小滝修験は学頭龍山寺が一早く復職し、鳥海山小滝口社務所を嘱託され、金峰神社は明治七年に村社に列せられた。

以上見てきたように、矢島・吹浦・蕨岡の地域は宗教集落として存続してきた。鳥海山麓の修験者たちは近世初期まで羽黒山との緩やかな関係を保ち、その影響は近世以降に教派修験道に所属し、あるいは仏教宗派に属するようになった後も、羽黒とつながりのあった時代の修行方式・年中行事を執り行ってきた。それが可能になったのは、矢島以外の三か所の修験者がそれぞれの集落に集住し、一種の宗教集落として成り立っていたからでもある。このことは集落内で充実した人員を確保し、初入峰から正大先達へ至る修行体系を確立し、延年や田楽と称するような総合芸能大会も自分たちの年齢階梯における役割として割り振ることで可能となった。

本書ではこうした鳥海山麓の各地域に居住して、あるまとまりをもち、宗教活動を中心にした生活を営む集団と地域住民から期待され、そしてそのようにみなされ、近世期に教派修験道に所属していたり、修験道集団としての生活形態を維持している集団を、地域の名称を冠して、鳥海山麓の修験集団として論を進めてゆく。

註

（1）佐藤久治『秋田の山伏修験』秋田真宗研究会　一九七三、同「鳥海山信仰と山麓修験」、月光善弘「東北霊山と修験道」、戸川安章「鳥海山と修験道」（以上三編は月光善弘編『山岳宗教史研究叢書七　東北霊山と修験道』名著出版　一九七七）、松本良一『遊佐町史資料集第一号　鳥海山資料（鳥海山史）』遊佐町　一九七七、姉崎岩蔵『鳥海山史』国書刊行会　一九八三（一九五二）

(2)前掲(1)に同
(3)遊佐町史編さん委員会編『改訂遊佐町史年表』遊佐町　一九九四、岸昌一「鳥海山と地域信仰」神田より子編『鳥海山麓遊佐の民俗(上巻)』遊佐町教育委員会　二〇〇六、『象潟町史資料編二』象潟町　一九九八
(4)伊藤清郎『霊山と信仰の世界―奥羽の民衆と信仰―』吉川弘文館　一九九七
(5)伊藤清郎　前掲(4)に同
(6)鳥海山大物忌神社吹浦口の宮所蔵文書(国指定文化財)　山形県史編纂委員会編『山形県史　資料編15上　古代中世史料一』山形県　一九七七、なおこの史料は昭和五四年(一九七九)に名称変更され「鎌倉幕府奉行人連署奉書」となっている(『史跡鳥海山―国指定史跡鳥海山文化財調査報告書―』秋田県由利本荘市教育委員会・にかほ市教育委員会・山形県遊佐町教育委員会　二〇一四　所収)。
(7)前掲(6)に同
(8)戸川安章「鳥海山と修験道」月光善弘編『山岳宗教史研究叢書七　東北霊山と修験道』名著出版　一九七七
(9)鳥海山大物忌神社吹浦口の宮所蔵文書　山形県史編纂委員会編『山形県史　資料編15上　古代中世史料一』山形県　一九七七
(10)山形県史編纂委員会編『山形県史　資料編15下　古代中世史料二』山形県　一九七九
(11)戸川安章　前掲(8)に同
(12)佐藤久治「鳥海山信仰と山麓修験」月光善弘編『山岳宗教史研究叢書七　東北霊山と修験道』名著出版　一九七七
(13)神田より子『科学研究費補助金研究成果報告書　鳥海山を巡る国境文化の歴史民俗学的研究』二〇一四
(14)永島福太郎他校訂『熊野那智大社文書』(第一～第六)所収　続群書類従完成会　一九九一(一九七一)

（15）豊田武「東北中世の修験道とその資料」戸川安章編『山岳宗教資料叢書五　出羽三山と東北修験の研究』名著出版　一九七五
（16）新城美恵子「中世後期熊野先達の在所とその地域的特徴」『本山派修験と熊野先達』岩田書院　一九九九
（17）新城美恵子「坂東屋富松について―有力先達の成立と商人の介入―」前掲（16）に同
（18）森毅「中世の熊野系修験と奥州」『修験道霞職の史的研究』名著出版　一九八九
（19）宮家準『熊野修験』吉川弘文館　一九九二
（20）高橋正「熊野信仰の東北への伝播―北部出羽国を中心として―」『熊野信仰と東北―名宝でたどる祈りの歴史―』「熊野信仰と東北展」実行委員会事務局　二〇〇六
（21）政次浩「東北地方の熊野信仰と出羽三山信仰についての覚え書」前掲（20）に同
（22）豊田武　前掲（15）に同、戸川安章校注『神道大系　神社編三二　出羽三山』神道大系編纂会　一九八二、森毅「中世期羽黒系の在地修験」前掲（18）に同
（23）戸川安章　前掲（8）に同
（24）「羽黒山年代記　永正七年ヨリ真田在庁書　明和三年羽黒山宥栄写之ト云々」山形県史編纂委員会編『山形県史　資料編15下　古代中世史料二』山形県　一九七九
（25）大物忌神社吹浦口ノ宮所蔵文書　神田より子『吹浦田楽』遊佐町教育委員会　一九九六
（26）神田より子『科学研究費補助金研究成果報告書　鳥海山小滝修験の宗教民俗学的研究』二〇〇七
（27）宮家準「教派修験の成立」『修験道組織の研究』春秋社　一九九九
（28）文久四年（一八六四）『羽州羽黒山中興覚書』戸川安章校注『神道大系　神社編三二　出羽三山』神道大系編纂会　一

九八二

(29) 神田より子「鳥海山の修験と文化」『史跡鳥海山—国指定史跡鳥海山文化財調査報告書—』秋田県由利本荘市教育委員会・にかほ市教育委員会・山形県遊佐町教育委員会　二〇一四

(30) 宮家準編『修験道辞典』東京堂出版　一九八六

(31) 宮家準　前掲(27)に同

(32)「諸宗階級(下)」国書刊行会編『続々群書類従　第一二』平凡社　一九七〇

(33) 松本良一『遊佐町史資料第一号鳥海山資料(鳥海山史)』遊佐町史編纂委員会　一九七七

(34) 松本良一　前掲(33)に同

(35) 岸昌一「鳥海山信仰史」神田より子監修『鳥海山　自然・歴史・文化』鳥海山大物忌神社　一九九七、原文は神田より子『科学研究費補助金研究成果報告書　鳥海山蕨岡修験の宗教民俗学的研究』一九九七

(36) 戸川安章　前掲(8)に同

(37) 土田誠一『矢島史談』矢島郷土史研究会　一九三〇

(38) 戸川安章　前掲(8)に同

(39) 松本良一　前掲(33)に同

(40) 須藤儀門『続鳥海考』光印刷　一九八九

(41) 神田より子『蕨岡延年』遊佐町教育委員会　一九九四

(42) 神田より子　前掲(41)に同

(43) 神田より子「鳥海山蕨岡修験の胎内修行」『山岳修験』第一七号　日本山岳修験学会　一九九六

（44）神田より子　前掲（41）に同

（45）戸川安章　前掲（8）に同

（46）進藤重記『出羽国風土略記』歴史図書社　一九七四（一七六二）

（47）神田より子『吹浦田楽』遊佐町教育委員会　一九九六

（48）神田より子　前掲（47）に同

（49）進藤重記『出羽国大社考』の内、巻二「両所宮年中行義」は前掲『吹浦田楽』に掲載（句読点は筆者）

両所宮年中行義

正月元日より三日まて、社家鶏明より出仕、御燈御飯衆味等を献す、進藤家祝詞を申す、荒木氏太鼓を打。同三日の晩、神主家にて神楽あり、佐藤式地庄太夫といふもの近年斉藤と改称す、獅子を舞す、荒木氏太鼓を拍、神事終わりて神酒を酌、明朝まて御鉾を祭、同四日の朝式地宅へ御鉾獅子頭を渡す、当日夕飯まて饗応あり、朝飯過神宮寺にて獅子を舞す、其後社中社外御　鉾庄太夫是を守護す獅子頭を渡す、同日尾落臥村永泉寺にて神事修行永泉寺は両所宮へ由緒あるよし言伝れとも古実所見なし、終わりて門前升川箕輪村まで巡行す。（五日の項略）

同六日浦辺より由利郡大砂川村迄御鉾獅子頭を渡す、同村社内に入て巡行の事の由を申す吹浦両社勧請にして則両所大権現と称す、翌七日神酒供物を備進して獅子を舞す、同日役所横山氏にて神酒備進す、其後貝浜通順行蚊潟へ着、翌七日町奉行にて神酒供物を捧、進藤家御領内安全の旨心念黙禱す、下社家太鼓を拍獅子頭を舞す、役人対座にて饗応あり、其後町中御鉾獅子頭を渡し終て、中田何某といふもの社家を饗す、翌九日前川村長にて御鉾を祭獅子頭を舞し、大竹村迄順行、御鉾獅子を舞す、翌十日小国といふ所迄順行、翌十一日仁嘉保平沢御役所にて御鉾を祭獅子頭を舞す、翌十二日平沢より蚶潟迄海辺を順行、翌十三日御鉾本社へ帰座、十五日月次の祓修行余月唯之故

に重てしるさす、廿八日月次の祓修行所前に同し、

同初子の日荒瀬郷門田村へ御鉾獅子頭を渡す、其年の頭家にて御鉾を祭、其の後大月神社の大物忌月山両神の勧請にして神号の頭字をとれり御役人近年大槻と改しとそ本説を失ふ事にて歎に堪たり広前に神酒供物を備進、神拝終て下社家獅子頭を舞す、夫より新田目村へ順行して留守殿留守の事社記を引て末巻にしるす後裔今井何某といふものを神事の始とす、楽人の末に修験となれるあり、古来神主家の庶子にして御鉾獅子頭の止宿たり、翌丑日郡民安全の祈として島田古川両役所にて御鉾を祭獅子頭を舞す進藤家神拝祝詞両社家太鼓獅子頭、翌寅日吉田新田村寺田何某といふものにて御飯神酒を献し獅子舞す、同日平田郷迄巡行、上曽根村御鉾の止宿たり、其主は善性院といへる修験也、是も往古は両所宮の神役人にして、由理飽海両郡御鉾順行の供をつとむるの職たり、今は名代にて是を勤む、両郷御鉾渡し終りて巳の日御鉾帰座、夫より遊佐郷御鉾を渡す作法前のことし、大古は御輿渡し給ふといへり獅子頭を被りて御輿の前を払うふ事は諸書に見へたりいつとなく御輿の渡御し給ふ事の絶果て付もののみ渡る事歎ケ敷事也、両郷の中に日向川あり、船に召しるゝころ御輿を休めし地を今に神輿休村といふ、郡民御鉾渡給ふころ種籾を献す、五穀の神にて座すゆへに年穀祈る義也、由理飽海両郡は御敷地にして、年々神幸座し諸人に敬神の儀を示給ふは有難事ならすや、羽州の冠社たる事諸人仰てしるへし、小縁の事にはおもふへからす

(50) 『象潟町史　通史編上』象潟町　二〇〇二、『熊野信仰と東北―名宝でたどる祈りの歴史―』「熊野信仰と東北展」実行委員会事務局　二〇〇六

(51) 佐藤久治　前掲(12)に同

(52) 象潟町教育委員会編『延年チョウクライロ舞』一九八三

(53) 前掲(1)に同

(54) 進藤重記　前掲(46)に同
(55) 前掲(52)に同
(56) 神田より子　前掲(13)に同
(57) 佐藤久治　前掲(12)に同
(58) 佐藤久治　前掲(12)に同
(59) 本田安次『本田安次著作集　第五巻　神楽V』錦正社　一九九四
(60) 戸川安章　前掲(8)に同
(61) 宮家準編　前掲(30)に同
(62) 岸昌一　前掲(3)に同
(63) 神田より子　前掲(47)に同
(64) 岸昌一　前掲(3)に同
(65) 神田より子　前掲(13)に同

第二節　鳥海山の研究史

はじめに

鳥海山周辺には山形県遊佐町蕨岡・吹浦、秋田県にかほ市小滝・院内、由利本荘市滝沢・矢島の鳥海山への各登拝口があり、近世期にはそれぞれ修験集落を形成していた(1)。しかしこれら鳥海山周辺の修験者たちは協力して一山を形成することがなかった。それどころか各地域の修験者たちは相互に自分たちの正当性を主張し合い、争論や衝突をくり返してきた(2)。それ故、鳥海山周辺各地区の修験集団は、類似点は多々あるものの、それぞれが独自の本山を持ち、独自の修行体系を作り上げてきた。

ここではそうした鳥海山の修験者に関する研究史をまとめて取り上げ、何が語られ、何が語られてこなかったのかを明らかにしたい。

一　近世の記録

1 旅人の日記

この鳥海山修験集団に関する記録および研究は、近世期に始まる。ここでは本書の主題である鳥海山修験がどのように記録され、表現されてきたのかを述べてゆく。記録を残した人々の多くは、外部から旅をして鳥海山麓に立ち寄り、それを記述したものである。以下では、彼らの足跡を鳥海山に焦点を当てて述べてゆく。

江戸中期の旅の民俗学者ともいうべき菅江真澄は、天明三年（一七八三）に郷里三河を旅発ち、信濃・越後を経て東北地方に入り、秋田の角館で文政一二年（一八二九）に亡くなった。その旅で天明四年に描いた『秋田のかりね』[3]に鳥海山麓で出会った話が収録されている。

そこには剣竜山から吹浦に出て、女鹿の関所を通り、三崎坂で慈覚大師の御堂に立ち寄り、手長という毒蛇に関する「うやむやの関」の話を述べ、ここは大物忌神が鎮座する山で、麓は蕨岡から登り詣でる峰であるとしている。

江戸中期の地理学者古川古松軒の『東遊雑記』[4]は、天明八年（一七八八）に幕府の奥羽巡見使に随行した際の記録で、「酒田より麓まで三里、それより頂まで九里、山頂に鳥海権現の社あり、別当龍頭寺、山伏三十家」と、蕨岡に言及している。

江戸時代中期の尊皇論者だった高山彦九郎は寛政二年（一七九〇）に当地を訪れ、『北行日記』[5]の中で以下のように記述している。

> 飽海郡最上義光より黒印百八十石を付与され、今は酒井左衛門殿の支配で、三十三坊鳥海山龍頭寺を長として、年長を以て位階とする当山修験でここを蕨岡という。蕨岡では正覚坊で宿を取り、そこから案内をつけて登った。途中杉沢には別当坊という三十三坊の内の一坊がありその脇に熊野神社がある。途中駒の王子、箸ノ王子、川原宿、伏拝経由で本社に至る。鳥海山大権現の社は龍ノ口のような岩窟の内に立ち、勅宣正一位倉稲魂命大物忌神社と号し、本地は薬師如来で本社の東に七高山があり、その間に瑠璃の壺という洞がある。残念ながら雷雨に雹が加わり、本社への参拝は叶わず、再び正覚坊へと戻った。蕨岡では滝本坊で笈を見学し、山本坊では掛け軸等

を見て、山本坊からの眺めを楽しんだ。翌日は再び山頂を目指し、本社を参拝し、下りは小滝に降りて龍山寺と言う当山派の修験の宿坊に泊まり、先達の修験者たちと酒を飲み交わした。

次は江戸後期の文化一三年(一八一六)に、薩摩藩の当山派修験泉光院野田成亮の旅日記『泉光院江戸旅日記』(6)に見る鳥海山修験の事項で、内容を要約すると以下の通りである。

七月一八日に鳥海山の宿坊南の坊に泊まる。ここも当山修験寺で寺中多く三十六カ院あるが、山伏のことは一切わからず。南の坊での宿賃は二百文、登山途中番所があり、登山の者を改める。この山は享和元年(一八〇一)に大噴火があり、皆焼け石で危険なこと言語に述べがたい。頂上の鳥海権現の宮も昔の場所にはない。昼過ぎに南の坊に戻る。翌日は吹浦の鳥海山表口と言われる大物忌大社に詣でる。女鹿の関所では銭三十五文取られる。鶴ヶ岡城主は御老中も勤めた家柄なのに往還の旅人を悩ますことはお役柄に似合わない。

ここでの記述はかなり辛辣である。「当山修験寺で寺中多く三十六カ院あるが、山伏のことは一切わからず」とか、「女鹿の関所では銭三十五文取られる。鶴ヶ岡城主は御老中も勤めた家柄なのに往還の旅人を悩ますことはお役柄に似合わない」という。当山派修験泉光院としては、地方修験が当山派修験としての形式を守っていなかったように見える蕨岡一山の人々のあり方も、また関所で銭を徴収する酒井家のやり方も気にくわなかったのかもしれない。数本のみの紀行文なので断定はできないが、南からたどる道程では蕨岡口から登拝し、山頂を経由して北側へ降りるという道筋が一般的だったように思える。

ここに挙げたのは旅の記録なので、当然ながら自分が旅をしての経験談であり、そのルート上で出会った事柄のみに言及している。そこからは、鳥海山の修験がどういうものだったのか知ることはできない。

一方、以下は地元に住む人々が記録を残した事例である。自分の所在地以外に広く地域を回って筆を進めていることが見えてくる。これなどは山形県・秋田県とに分けられた近代以降の地元意識とは別の、鳥海山および当該地域を広く記録するという意識が垣間見える内容となっている。

2　地元の地誌

以下では、地元に在住していた者が記した鳥海山修験に関する記録を概観しておきたい。

鳥海山吹浦口の宮に位置する吹浦大物忌神社には、近世期には三軒の社家があり、その中に貴重な地誌などを記した進藤重記がいた。進藤家の人々は地域で次々と物議を醸し、最終的には吹浦から追放されている。一例として、戸の内太夫は慶長三年（一五九八）に当時の羽黒山別当光明院清順から、羽黒山への出仕に応じないのは如何かとの催促を受けている。[7] その子孫である進藤重記は、宝暦三年（一七五三）に『出羽国大社考』（全四巻）[8]を、そして宝暦一二年に『出羽国風土略記』[9]を著した。彼の著作は当時の庄内藩および鳥海山麓にある各社寺の組織や年中行事などの様子を詳細に描いており、その後の記録類と比較する上で貴重なものとなっている。

なお近世期の庄内藩士の中で鳥海山に出向き、様々な記録を残した者もおり、それらは酒田市の「光丘《こうきゅう》文庫」に残されている。それらについても進藤の著作と同様に、本文の中で触れることにしたい。

二　近代以降の記録

斎藤美澄による『飽海郡誌』上下巻が一九二二年に出た。[10] また阿部正巳が安斎徹・橋本賢助と共著で『山形郷土研究叢書　第七巻　名勝　鳥海山』（一九三二）[11]を出版し、阿部は「鳥海山史」を執筆している。阿部の論で興味深かったのは貞享元年（一六八四）に起こった蕨岡と矢島の御堂建て替えを巡る論争での以下の部分である。

（蕨岡の）学頭光岩院は本山派の醍醐三宝院に属し、衆徒は当山派修験にして順法の法式を修行す。法式の順逆は修験道流派の分るる処にして、根原は紀伊の熊野より大和の大峰に入るを順峰と称へ、これを本山派といふ。大和の大峰より紀伊熊野に入るを逆峰の峰入と称へ、これを当山派といふ。蕨岡一山は順峰の法式を修むれば本山派にして所謂熊野派に属すべきなるものを貞享元年当山派即ち逆峰式の下知を受けたり。斯く順峰の法式を尊奉しながら、逆峰の当山派に属するは撞着を免れず、蕨岡衆徒は本山派に属するを以て鳥海山の順峰先達として、

（以下略）

この当時の鳥海山研究者は、大峰山への登拝順路によって修験道諸流派を本山派と当山派に色分けしていた。この考え方は阿部に限らず、次に記す姉崎にも引き継がれていた。

矢島の郷土史家姉崎岩蔵の著書『鳥海山史』[12]は、一九五二年に矢島観光協会から出版され、一九八三年に国書刊行会から復刻版が出された。姉崎は師と仰いだ土田誠一の『矢島史談』（一九三〇年）[13]の資料収集を行い、それが二三年後に本書となった。それ故『鳥海山史』には土田の影響が色濃く残り、土田の学識と姉崎の資料収集が交差して、矢島の郷土史として結実した。姉崎が収集した資料は現在、由利本荘市矢島資料館に保管されている。

本書では鳥海山頂は矢島に位置することが正しいという意志（願望）の表明になっている故か、山頂を奪い取られた蕨岡への攻撃が目につく。一方、対称的に吹浦を援護する姿勢が際立っている。小滝は藩主へのお目見えの際に矢島の下だったという理由で格下と見る目線がある。一方、旧矢島町に最も近い滝沢修験が由利郡にあったことさえ理解していない。姉崎の視線は歴史的資料に基づくものではなく、旧矢島町の旧家土田家に伝わる『開山縁起』、地域に伝わる『鳥海山大権現縁起』、神仏分離令に伴って出された「矢島郷別当復飾之控」を歴史的な事実として扱ってい

る。

その内容は鳥海山を取り巻く周囲との関係性への言及がなく、次のように矢島中心史観となっている。『開山縁起』では「土田家の先祖である比良衛・多良衛の兄弟が、嘉祥三年（八五〇）に鳥海山の矢島口を開拓」したこと、「聖宝尊師が貞観一二年（八七〇）に矢島の峰を再興」し、そして開祖聖宝尊師の流れをくむ「二乗上人」が京都の三宝院から来て、明徳二年（一三九一）に『鳥海山大権現縁起』を起こしたという内容が歴史であり続けた。この発想は土田の『矢島史談』以降、長く続いた。

このように姉崎には鳥海山周辺の修験集団、鳥海山と仏教各宗派、修験道各派の歴史的な経緯への目配りがない。さらに羽黒山との関わりが全く述べられていない。これは、鳥海山が秋田県と山形県にまたがって位置しているため、姉崎のみならず、これまで鳥海山が包括的に研究されて来なかったという背景と事情がある。こうした言説が今なお地域では歴史として扱われ、『秋田県史』を始め、市町村史はほぼ姉崎史観が中心的な位置づけのままになっていた。そして土田が著作の中で述べたことは、つい最近まで姉崎以上に地域の中では重要視されていたのである。

上記のことを念頭に、市町村史に見る修験の取り上げ方を見てみよう。

『矢島町史（上巻）』（一九七九）と『鳥海町史』（一九八五）[14]が管轄する範囲に矢島修験が居住していた。それ故、土田一族の祖先が鳥海山の道を開削したこと、鳥海山は聖宝尊師の時代から開かれた山で、二乗上人がその縁起を書いたこと、鳥海山は京都醍醐寺三宝院との関係が深いこと、そして蕨岡との論争により、山頂が蕨岡側に奪い取られたことなど、『矢島史談』『鳥海山史』をそのまま引用している。『由利町史（改訂版）』（一九八五）[15]は古代に関しては『鳥海山史』を引用しつつ、滝沢地区を有する町史として、聖宝尊師への言及はない。

矢島地区にいまだに残る土田史観・姉崎史観は、「鳥海山頂を取られた」という歴史的な現実を前提にした、蕨岡への対抗意識がその背景にある。自分たちの地域の正当性の根拠として、聖宝大師があり、二乗上人がある。

佐藤久治の『秋田の山伏修験』（一九七三）[16]は、秋田県全域の修験について言及した書である。鳥海山に関しては、主に姉崎の『鳥海山史』を引用しているが、山形県側の鳥海山修験にも言及している。佐藤は引用した文献のテキスト批判をしておらず、言い切ってしまっているため、今となっては素直に引用できない箇所もある。佐藤は後述する月光善弘編『山岳宗教史研究叢書七　東北霊山と修験道』にも本文とほぼ同じ内容の文章を「鳥海山信仰と山麓修験」[17]として記している。

山形県側の研究成果で重要なものは松本良一による業績である。松本は遊佐町蕨岡の生まれで、『遊佐町史　資料集　第一号　鳥海山資料（鳥海山史）』（一九七七）の編集代表者として本書をとりまとめ、その後一九八四年には『鳥海山信仰史』（本の会）を、また「酒田の修験道」を『酒田市史　資料編七』（一九七七）に執筆したほか、酒田の郷土史『方寸』第三号（一九七〇）には「蕨岡上寺山伏三十三坊について」、第四号（一九七二）には「上寺山伏中興の祖・鳥海山竜頭寺深海法印伝」、第五号（一九七三）には「鳥海山上寺山伏の修行」[18]を掲載している。地元蕨岡の資料を丹念に収集した執筆態度は一貫して安定している。また蕨岡の資料と庄内藩の資料『鶏肋編』（酒田市光丘文庫蔵）等から、鳥海山と羽黒山の関わりにも言及している。松本の成果は、蕨岡の資料の豊かさに比べ、鳥海山の他地域の修験、また近世期の修験道の本山である羽黒山や醍醐寺三宝院との関わりを述べた部分にあるが、資料不足は否めない。しかし松本が集めた資料の多くが焼失してしまった現在、彼が書き残した資料集は大変に貴重なものとなっている。

遊佐町史編さん委員を務めた須藤儀門は、『鳥海考』（一九八八）、『続鳥海考』（一九八九）[19]を著した。須藤の関心は、古代出羽国の動きや在地豪族と鳥海山との関わりについてであり、続編では鳥海山周辺の各修験集落同士の紛争を述べ、最後に悲劇的な最期を遂げた吹浦の社家進藤重記に心を寄せ、ていねいに言及した。

修験道への関心は『山岳宗教史研究叢書』(全一八巻、名著出版)が出版されてからである。中でも第五巻『出羽三山と東北修験の研究』(一九七五)と、第七巻『東北霊山と修験道』(一九七七)が世に出たことで、東北地方の修験霊山に光があたり出した。このうち豊田武の「東北中世の修験道とその史料」(第五巻所収。再録)により、近世以前の東北地方の史料に目配りができるようになり、戸川安章の「鳥海山と修験道」(第七巻所収)により、初めて鳥海山と羽黒山とのつながりが見えてきた。[20]

なお戸川は前記の阿部や姉崎の言説への反論とは記していないが、順峰と逆峰について次のように述べている。「「順峰」「逆峰」を教義上から論じるには面倒な問題もあるが、天台系の修験者が紀州熊野から大和の大峯山に入るのを順路による入峰と称したのに対し、真言系の修験者が大峰山から熊野山に入峰するのを反対側からの入峰という意味で逆峰と呼んだに過ぎない。そして、地理的な理由から、ある程度早く開けたとか遅く開けたと言うだけのことであるとし、真言宗を奉じる蕨岡が順峰方というのは、庄内平野に望む大地の上に位置するため、山中の小盆地にある矢島よりも早く開けたので、表口とか順峰となったものであろう」という。

二〇〇六年には東北歴史博物館(仙台)と秋田県立博物館(秋田)での特別展「熊野信仰と東北」の開催に合わせて研究が進められ、カタログにその成果が載った。その一つが、熊野の地で生まれた信仰が、東北の地で在地信仰と融合し、新たな信仰の形態を見せるようになったと表現されたことである。そして出羽三山信仰では、熊野三山の本地仏である阿弥陀・薬師・千手観音のうち、羽黒山の本地仏が千手観音の代わりに聖観音が選ばれたとする。この像は、出羽国とゆかりが深い慈覚大師円仁が比叡山延暦寺本堂に創建した本尊像の写しで、現在は羽黒山正善院黄金堂に残る。また小滝の金峰神社には一二世紀頃の作とされる聖観音立像があり、これらの関係についても言及した。[21]

筆者は鳥海山修験の芸能などを含む以下の報告書や論文を著した。『蕨岡延年』(一九九四)と『吹浦田楽』(一九九六)

は、岸昌一の協力で蕨岡修験と吹浦修験の両地区の古文書を収集して分析したもので、これ以降「鳥海山蕨岡修験の祭りと芸能」(一九九六)、「鳥海山蕨岡修験の胎内修行」(一九九六)、「吹浦の五日堂祭」(一九九五)、『科学研究費補助金研究成果報告書 鳥海山蕨岡修験の宗教民俗学的研究』(一九九八)、『科学研究費補助金研究成果報告書 鳥海山吹浦修験の宗教民俗学的研究』(二〇〇三)、「羽黒修験の儀礼と芸能」(二〇〇五)、『鳥海山麓遊佐の民俗(上・下巻)』(神田より子編 二〇〇六)、『科学研究費補助金研究成果報告書 鳥海山小滝修験の宗教民俗学的研究』(二〇〇七)、「東北地方における修験者と権現舞」(二〇〇八)、「山伏神楽・番楽から見た獅子舞—鳥海山周辺を中心に—」(二〇一一)、「鳥海山の修験と文化」(二〇一四)、『科学研究費補助金研究成果報告書 鳥海山を巡る国境文化の歴史民俗学的研究』(二〇一四)、「鳥海山の修験」および「鳥海山修験の芸能」(二〇一五)[22]。これ等は本文で触れるため、ここでは言及しない。

前述の『史跡鳥海山—国指定史跡鳥海山文化財調査報告書—』は、二〇〇八年から二〇一二年にかけて山形県遊佐町と、秋田県にかほ市、由利本荘市が協力して史跡鳥海山の保存管理計画書をそれぞれの県別に策定し、最後に両地区を合わせて、歴史・植生・建造物そして修験と文化を記載した総合調査報告書である。これまで山頂の境界や様々な問題で協力して調査・研究することのなかった山麓の市町村が会議の席で議論を交わし、相互の議論を深めてきた。その成果が同書であり、さらに二〇一四年にはこの三市町が第三五回日本山岳修験学会鳥海山学術大会を誘致し、「鳥海山の修験」という大会テーマの下で『鳥海山学術大会資料集』を発行し、また二〇一五年には雑誌『山岳修験』第五六号に「鳥海山特集号」[23]が組まれた。またこのプロジェクトに刺激を受けて、由利本荘市の三浦良隆が「鳥海山信仰の概要—鳥海山修験を中心に—」(『鶴舞』第九七号、二〇一〇)[24]を発表し、鳥海山修験の全体像の把握に努めた。

註

（1）佐藤久治『秋田の山伏修験』秋田真宗研究会　一九七三、同「鳥海山信仰と山麓修験」、戸川安章「鳥海山と修験道」（以上二編は月光善弘編『山岳宗教史研究叢書七　東北霊山と修験道』名著出版　一九七七）、松本良一『遊佐町史資料集　第一号　鳥海山資料（鳥海山史）』遊佐町　一九七七、姉崎岩蔵『鳥海山史』国書刊行会　一九八三（一九五二）

（2）松本良一『遊佐町史資料集第一号　鳥海山資料（鳥海山史）』遊佐町　一九七七

（3）内田武志・宮本常一訳『菅江真澄遊覧記』第一巻（全五巻）平凡社（東洋文庫）一九六五

（4）古川古松軒『東遊雑記』平凡社（東洋文庫二七）一九六四

（5）高山彦九郎遺稿刊行会編『北行日記』『高山彦九郎全集』第三巻　高山彦九郎遺稿刊行会　一九五三

（6）野田成亮『泉光院江戸旅日記』『日本庶民生活資料集成』第二巻　三一書房　一九六六

（7）戸川安章「鳥海山と修験道」月光善弘編『山岳宗教史研究叢書七　東北霊山と修験道』名著出版　一九七七

（8）原文は所在不明、大物忌神社吹浦口之宮に残る翻刻原稿の内巻の二は『吹浦田楽』神田より子　遊佐町教育委員会　一九九六に掲載

（9）進藤重記『出羽国風土略記』歴史図書社　一九七四（一七六二）

（10）斎藤美澄『飽海郡誌』上下巻　飽海郡役所　一九二三（復刻版　名著出版　一九七三）

（11）阿部正巳・安斎徹・橋本賢助『山形郷土研究叢書　第七巻　名勝　鳥海山』山形県　一九三一（復刻版は国書刊行会　一九八二）

（12）姉崎岩蔵『鳥海山史』矢島観光協会　一九五二（復刻版　国書刊行会　一九八三）

（13）土田誠一『矢島史談』矢島郷土史研究会　一九三〇

(14)『矢島町史(上巻)』矢島町　一九八〇、『鳥海町史』鳥海町　一九八五
(15)『由利町史(改訂版)』由利町史編さん委員会　一九八五
(16)佐藤久治『秋田の山伏修験』秋田真宗研究会　一九七三
(17)佐藤久治「鳥海山信仰と山麓修験」月光善弘編『山岳宗教史研究叢書七　東北霊山と修験道』名著出版　一九七七
(18)松本良一『遊佐町史資料集第一号　鳥海山資料(鳥海山史)』遊佐町史編さん委員会　一九七七、『鳥海山信仰史』本の会　一九八四、「酒田の修験道」『酒田市史　資料編七』酒田市　一九七七、「蕨岡上寺山伏三十三坊について」『方寸』第三号　酒田古文書同好会編　一九七〇、「上寺山伏中興の祖・鳥海山竜頭寺深海法印伝」第四号　一九七二、「鳥海山上寺山伏の修行」第五号　一九七三
(19)須藤儀門『鳥海考』一九八八、『続鳥海考』一九八九　ともに光印刷発行
(20)戸川安章編『山岳宗教史研究叢書五　出羽三山と東北修験の研究』一九七五、月光善弘編『山岳宗教史研究叢書七　東北霊山と修験道』一九七七　ともに名著出版
(21)『熊野信仰と東北―名宝でたどる祈りの歴史―』「熊野信仰と東北展」実行委員会事務局　二〇〇六
(22)神田より子『蕨岡延年』遊佐町教育委員会　一九九五、『吹浦田楽』同　一九九六、「鳥海山蕨岡修験の祭りと芸能」『民俗芸能研究』第二三号　民俗芸能学会　一九九六、「鳥海山蕨岡修験の胎内修行」『山岳修験』第一七号　日本山岳修験学会　一九九六、「吹浦の五日堂祭」『山形県の民俗芸能―山形県民俗芸能緊急調査報告書―』山形県教育委員会　一九九五、『科学研究費補助金研究成果報告書　鳥海山蕨岡修験の宗教民俗学的研究』一九九八、『科学研究費補助金研究成果報告書　鳥海山吹浦修験の宗教民俗学的研究』二〇〇三、「羽黒修験の儀礼と芸能」島津弘海・北村皆雄編『千年の修験　羽黒山伏の世界』新宿書房　二〇〇五、神田より子編『鳥海山麓遊佐の民俗(上・下巻)』遊佐町教育委員会

二〇〇六、『科学研究費補助金研究成果報告書　鳥海山小滝修験の宗教民俗学的研究』二〇〇七、「東北地方における修験者と権現舞」『国立歴史民俗博物館研究報告　宗教者の身体と社会』第一四二集　国立歴史民俗博物館　二〇〇八、「山伏神楽・番楽から見た獅子舞—鳥海山周辺を中心に—」『民俗芸能研究』第五〇号　民俗芸能学会　二〇一一、「鳥海山の修験と文化」『史跡鳥海山—国指定史跡鳥海山文化財調査報告書—』秋田県由利本荘市教育委員会・にかほ市教育委員会・山形県遊佐町教育委員会　二〇一四、『科学研究費補助金研究成果報告書　鳥海山を巡る国境文化の歴史民俗学的研究』二〇一四、「鳥海山の修験」「鳥海山修験の芸能」以上は『山岳修験』第五六号　日本山岳修験学会　二〇一五

(23)　雑誌『山岳修験』第五六号「鳥海山特集」二〇一五

(24)　三浦良隆「鳥海山信仰の概要—鳥海山修験を中心に—」『鶴舞』第九七号　本荘地域文化財保護協会　二〇一〇

第一章　鳥海山蕨岡修験

はじめに

この章では、近世以前は羽黒山の修験組織に所属し、鳥海山麓で修験集落を形成していた山形県遊佐町蕨岡地区を取り上げる。蕨岡の人々は、近世期には羽黒山の支配を離れ、当山派修験の醍醐寺三宝院の支配下に入り、鳥海山に生活の拠点を置いていたところから、彼らを鳥海山蕨岡修験と規定したい。

蕨岡の修験者は、近世期には当山派に属し、学頭寺であった龍頭寺を中心として三三坊からなっていた。その後、明治元年(一八六八)の神仏分離令、同五年の修験道廃止令以降は、真言宗醍醐寺三宝院の直末だった龍頭寺を除いて、一山あげて神道に改宗し、今に至っている。それ故、蕨岡地域においては、今では修験道の面影はほとんど残っていない。

しかし現在五月三日に行われている蕨岡の大御幣祭りは、かつて鳥海山蕨岡修験者が行っていた胎内修行の最終段階に当たるもので、大切な修行の一貫だった。この胎内修行は、蕨岡の修験の家に生まれ、跡継ぎとなる者が必ず経験すべき通過儀礼であった(1)。

このように蕨岡地区は、歴史の変遷と共にそれぞれの地域の特色が変更・加味されてきているが、歴史に翻弄されつつも、鳥海山麓という地域が育てた独自の文化的な特色を今もはっきりと残している。

ここでは蕨岡地区が、中世期から近世期において修験道各宗派とどのように関わってきたのかを、そしてそれが明治期以降どのように変遷したのかを考えてみたい。そこで、各修験宗派との本末関係、蕨岡地区内での一山組織、牛王宝印を配札して廻った周辺の霞・旦那場との関係、坊宿と門前との関わり、そして鳥海山蕨岡修験の修行と位階を取り上げる。そうした中で蕨岡地域の修験者は、地域にとりどのような存在であり、どのような位置づけであったのかを考え、そこから見えてくる鳥海山麓の修験の特色を述べてみたい。

一　鳥海山蕨岡修験の位置づけ

大物忌神社蕨岡口の宮の境内から少し上った松岳山頂には、近世期には峰入修行が行われた峰中堂があった。その

遊佐町　鳥海山大物忌神社蕨岡口の宮　正面山門

遊佐町　鳥海山大物忌神社蕨岡口の宮　拝殿

跡地に天元三年（九八〇）四月日の銘のあるの碑がある。

蔵王権現
天元三年四月日[2]

この資料を掲載した『山形県史　資料編15下　古代中世史料二』には、大物忌神社口の宮石函銘として、次のような資料も載っている。

注　右箱勧進　僧良　慶
大　工　春日末広
小　工　平　秋道
旦　主　僧永　範
大治《（カ）》三年十月十七日[3]

同書によると、「大治《（カ）》三年」は、大治三年（一一二八）、天治三年（一一二六）、文治三年（一一八七）のいずれか、明らかでないという（ただし、天治三年は正月に大治に改元しているので、除外していいだろう）。

しかし秋田県側のにかほ市象潟町小滝地区の金峰神社の宝物殿には、一木造りの聖観音像と蔵王権現像が安置され、聖観音像は平安時代（一二世紀）の作とされている。[4]この時代に宗教者の足跡が残されていても不思議ではない。

鳥海山の名が記録に表れるのは、もう少し時代が下がって、暦応五年（一三四二）の次の鰐口（大物忌神社蔵）の銘文である。

奉懸鳥海山和仁口一口
右意趣者藤原守重息災延命如右　敬白

暦応五年壬午七月廿六日(5)

戸川安章によると、鰐口は修験関係の堂宇に掛けられるので、この資料から鎌倉末期には修験者が鳥海山に関係を持つようになったのではないか(6)という。

しかし鳥海山がどこの修験宗派に所属していたのか、初めから鳥海山修験として独立した存在であったのかは、中世期の資料がないためはっきりしない。後述するように、江戸初期の資料からは、羽黒山と本末関係を結んでいたことはわかるが、何時頃からなのかは不明である。戸川は南北朝以降ではないかとしている(7)が、それはここで見るよう

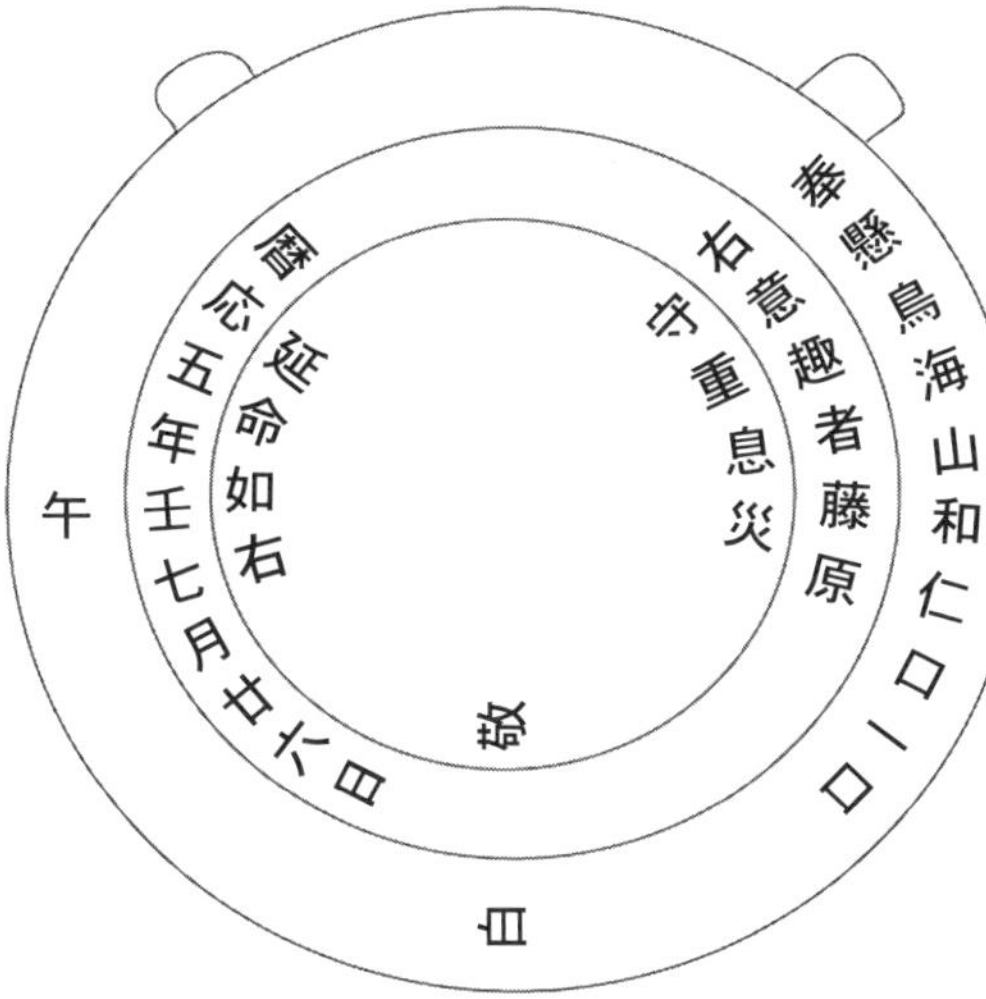

鰐口　鳥海山大物忌神社蕨岡口の宮蔵　(遊佐町提供)
暦応５年(1342)に藤原氏によって寄進されたもの。鳥海山名の初出とされる。

に、鳥海山の名のついた鰐口の暦応五年(一三四二)という北朝年号からの推定と思われる。
また蕨岡三三坊に属していた杉沢の別当坊には、この地方で「松木塔《まつきど》」という永享五年(一四三三)の碑がある。

永享五天癸丑七月七日熊野別当廿二代三河法印示弥(珍)
一乗法華経供養在益此地千本松植也
持経者　葉祐(8)

松本良一によれば、これは三河法印示珍が法華経供養のため、松を千本植えたものと解釈できるという(9)。法華経持経者の葉祐という人物についてては不明だが、こういう人物を受け入れた熊野権現社の別当坊は、当時は天台系であったのかもしれない。

1　蕨岡龍頭寺と名称

龍頭寺《りゅうとうじ》の名称について永正七年(一五一〇)に真田在庁が書き残した『羽黒山年代期』(明和三年(一七六六)に羽黒山の宥栄が写したという)には、次のように記されている。

貞観二年庚辰、飽海岳ニ仙翁龍翁與云フ青赤鬼住ム、同年六月、慈覚大師登リ、彼二鬼ヲ封シ給フ、此山全躰龍ノ形ナリ、則龍頭ニ権現堂ヲ立ツ、鳥ノ海ト云フハ、即権現之御手洗也、仍テ山号ハ鳥海山、寺号ハ龍頭寺ト号ス、(以下略)(10)

少なくとも明和三年(一七六四)には「山号ハ鳥海山、寺号ハ龍頭寺」という呼び方が定着していたことを窺わせる記録である。

前住職の故多治見及賢によると、この寺では葬式をやったことがない、今とは違い、蕨岡の人たちが檀家だった明

遊佐町蕨岡　龍頭寺本堂
かつて大物忌神社山門にあった仁王像。

木造行者像　鳥海山大物忌神社蕨岡口の宮蔵（遊佐町提供）蕨岡修験に伝わる行者像。江戸時代の作とされる。

阿弥陀如来坐像（蕨岡龍頭寺蔵）（遊佐町提供）

銅像薬師如来座像（蕨岡龍頭寺蔵）（遊佐町提供）江戸時代の青銅製の仏像で、夏期には鳥海山頂に、冬期には蕨岡上寺の下居堂に安置されていたとされる。

治以前にも葬式はよそでやっていたのではないか、という。また同氏は、龍頭寺は一山の中では数少ない清僧で、寺伝によると大同二年（八〇七）に慈照上人建立と伝えられているが、この名前は歴史上見られず、慈覚大師だったとも考えられるが、そうするとこの寺は本来天台宗だったのかもしれない、という。

学頭坊はもともと松岳山観音寺光岩院と称して、十一面観音を本尊としていたが、明暦元年（一六五五）以降、鳥海山龍頭寺と改称した。龍頭寺血脈によれば、深海法印より龍頭寺と名乗っている。承応五年（明暦元年）の吹浦神宮寺との争論で、「観音寺は牛王に松岳山と書き、守札には鳥海山と書くのは不当である」と神宮寺から訴えられていた。[11]松岳山龍頭寺は当時、観音寺と称していた。

2 蕨岡三十三坊と本末関係

蕨岡三十三坊の名は、慶長一六年（一六一一）に最上義光の臣亀ヶ崎城主志村伊豆守の家老進藤但馬守が、鳥海山神領を検地した次の二つの記録に登場する。

慶長拾六年九月十九日　鳥海山御神領帳

慶長拾六年　遊佐郡同郷検地帳　鳥海山神領帳　杉沢村別当[12]

この「鳥海山御神領帳」は次の書出しで始まり、蕨岡三三坊の各持分が記録されている。この資料から、当時の蕨岡修験が三三坊と認識されていたことがわかる。

また慶長一七年（一六一二）には、最上義光の蕨岡衆徒への寄進状がある。

鳥海山神寄進状

各寺領合而八拾九石五斗弐升弐合、但半物成寄進候、

永算万安可被抽当家の懇祈者也、依而如件、

慶長十七年六月四日

小将出羽守　義光(印)

庄内河北蕨岡衆徒中(13)

このように一七世紀初頭になると、最上家との関わりの中から、蕨岡三三坊の存在がはっきりしてくる。しかし蕨岡修験がどういう流派だったのかは、この頃の記録ではよくわからない。松本良一によると、寛永七年(一六三〇)の「吉出組大組頭佐々木惣四郎村々改書」(佐々木氏所蔵)には、次のように記されている。

上野沢村

一、玉龍山(家数の内に御座候)禅宗　安養寺

一、真言宗　蕨岡鳥海派　御役下明学院

一、真言宗　下当村剣積寺　社人　重太夫

但神領高拾壱石壱斗一升

一、真言宗　升田村地福院弟子　御役下水のみ大専坊(14)

これは蕨岡が鳥海派という名前で登場した初出で、ここから当時の蕨岡衆徒は真言宗であったとわかる。また天和三年(一六八三)に酒井藩が国目附に提出した調書があり、それらは「酒井世紀」として、以下の記述がある(傍線引用者)。

領分中　山伏の数

一、大峰山伏　百九十八人　内三十七人鶴岡城下有之

一、羽黒派山伏　百七十五人

同十二人亀ケ城下有之
同百四十一人領分中有之

内十七人鶴岡城下有之
同十八人亀ケ城下有之
同百四十人領分中有之

一、鳥海山派山伏　六十九人

内三十二人蕨岡村松岳山
同二十五人吹浦村両所山
同八人新山村新光山
同四人下塔村剣龍山

都合四百三十四人

このように当時酒井家では、庄内藩の鳥海山麓には蕨岡の三二人の「鳥海山峯山伏」をはじめ、こうした山伏がいたと認識していた。なお酒井家の認識では蕨岡村松岳山衆徒三二人となっているが、三三番目の修験の状況は未確認である。

龍頭寺現住職の多次見弘賢氏の調査によれば、江戸末期に廃坊となった大行坊があり、これが三三番目の蕨岡衆徒と考えられるという。龍頭寺の「過去帳」(慶安元年(一六四八)から明治三年(一八七〇)まで記載)には、享和元年(一八〇一)から天保一五年(一八四四)の間に大行坊の記載があるという[16]。

ここでいう「蕨岡村松岳山衆徒」が居住していたのは、遊佐町大蕨岡の内の上蕨岡を指し、通称上寺と呼ばれている。蕨岡の学頭寺であった龍頭寺の山号が、当時松岳山を称していたので、「松岳山衆徒」と記録されたと考えられる。

平成六年(一九九四)当時の上蕨岡の戸数は六三戸で、このうち三三戸が旧修験の家であり、近世期には「蕨岡三十三坊」と称されていた。この三三坊の中には学頭寺であった松岳山龍頭寺は含まれていない。一方、蕨岡修験者の峰中修行の際の二の宿となる杉沢の別当坊ともう一坊が含まれる。旧三三坊の内、平成六年時に蕨岡居住は一七坊家であり、今でも家号のように「〇〇坊」という坊名で呼ばれている。

鳥海山は一四世紀には既に修験との関わりを持っていたが、一七世紀以前には羽黒山と関係があった。そして一七世紀初頭には、蕨岡衆徒の所属が次の事情により明白になる。

慶長一八年(一六一三)五月二一日に、江戸幕府は「修験法度」を出して、修験者に本山・当山の二派があることを認め、天台宗の聖護院と真言宗の三宝院にその支配権を与えた。修験道界を本山派・当山派に二分させ、相方筋目支配の形を取らせた上で競合させることに重点を置いた(17)。このことで危機感を抱いた羽黒山の当時の別当天宥は、寛永一六年(一六三九)に一山あげて天台宗に帰入し、初めは天海大僧正の力を、その死後は東叡山と幕府の関係を巧みに利用して羽黒山の独立を勝ち取り、末派修験の統制に乗り出した(18)。

承応年間(一六五二〜五五)当時、蕨岡は吹浦との間で、牛王宝印や札守に書く名称について争論があった。蕨岡側は、牛王には「松岳山」と版木し、札守には「鳥海山」と書いていたが、それを吹浦から不当だとされた。そこで明暦元年(一六五五)に、蕨岡観音寺は吹浦神宮寺へ宛て、以下のような手形を取り交わして、これ以降、蕨岡は牛王にも守札にも「松岳山」とするとした。

取替手形之事

一、我等事、元より真言宗ニて御座候、然共四年以前、本寺羽黒別当差図ニ而、上野万部御経ニ被出、御経読申候、

(中略)

明暦元年未七月九日

蕨岡観音寺

吹浦神宮寺(19)

これより前後して、吹浦は明暦元年(一六五五)に次の手形を蕨岡に宛て出し、真言宗から天台宗へと改宗したと述べている。

取替手形之事

我等事元ハ真言宗ニて御座候得共天台宗ニて御座候故、五年以前宗旨を替天台宗ニ罷成候、(中略)

明暦元年七月九日

吹浦神宮寺

蕨岡　観音寺(20)

この文書に見るように、近世以前の蕨岡や吹浦の鳥海山衆徒は羽黒山と緩やかな本末関係を結んできた。神宮寺以下、吹浦衆徒が、五年以前(慶安三年〔一六五〇〕)に宗旨を替へて天台宗になった事情は、前述のように羽黒山が宗旨替えをしたことに伴い、羽黒山と行動を共にしたとも考えられよう。

蕨岡衆徒が本寺羽黒別当と述べているように、この頃まで蕨岡は羽黒派に属していたこと、羽黒一山が天台宗に改宗したのを期に、真言宗に留まったことがわかる。

そして貞享元年(一六八四)には蕨岡一山は真言宗醍醐寺三宝院に帰入し、以下のように当山派を名乗るようになる。

出羽国鳥海山龍頭寺、順峯修行法式、如往古、当山之法流令相続可勤之者、三宝院御門跡御下知可相守者也、

三宝院御門跡御名代

品川寺

中性院　（花押）

貞享《ママ》元甲子年十一月十一日

羽州鳥海山蕨岡

満山衆徒中[21]

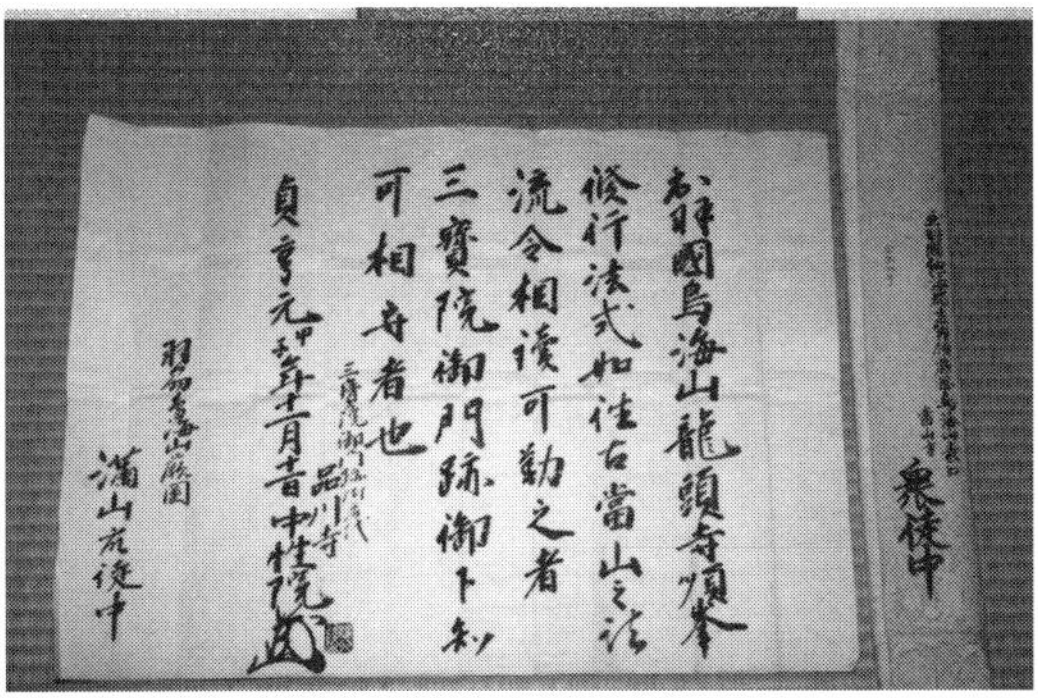

遊佐町大物忌神社蕨岡口の宮蔵

貞享元年(1684)に龍頭寺以下蕨岡衆徒が醍醐寺三宝院より三宝院直末であることを認められた書状。

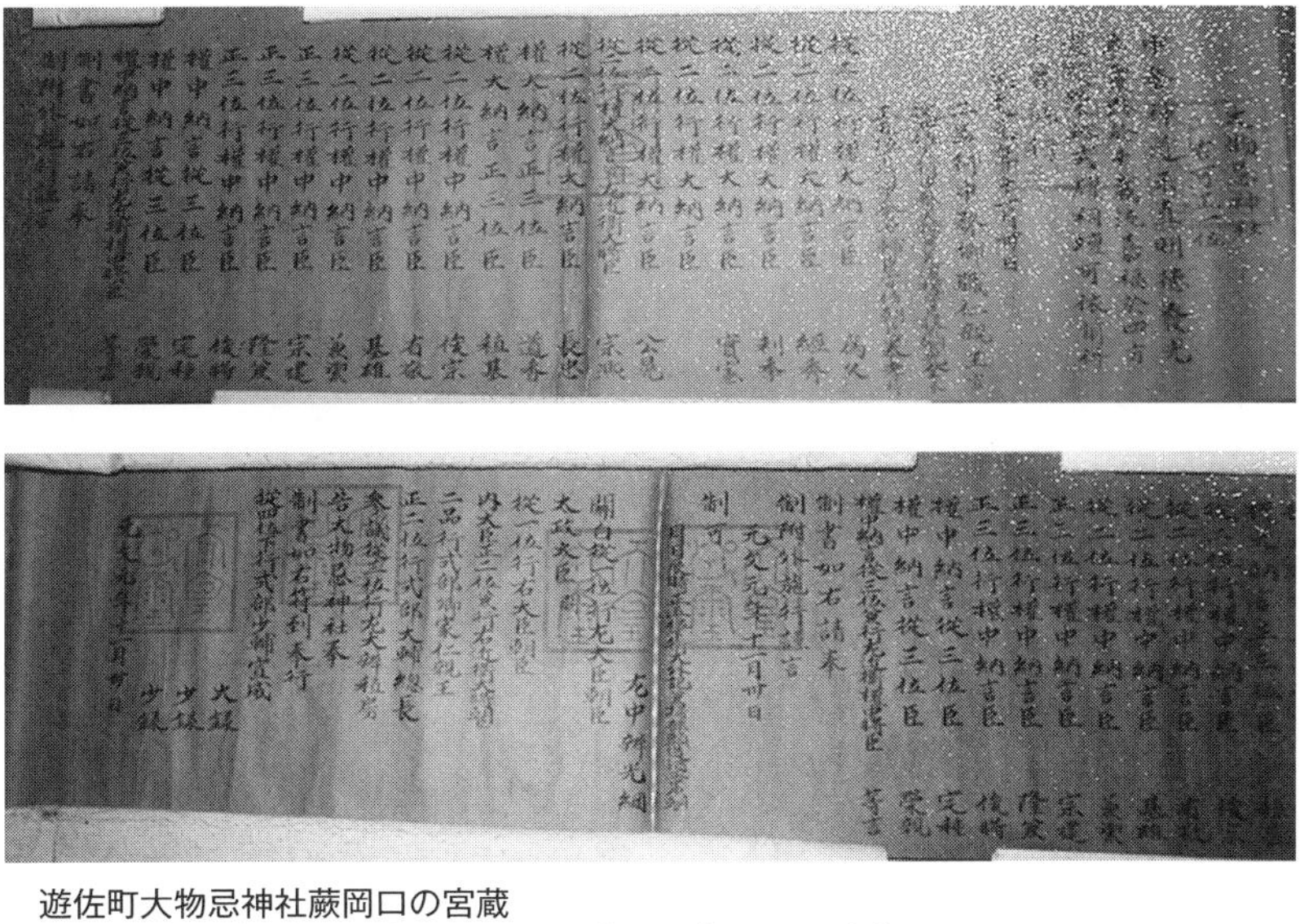

遊佐町大物忌神社蕨岡口の宮蔵

元文元年(1736)に大物忌神社が正一位の位階を受けた際の宣旨。

そして元文元年（一七三六）には三宝院の肝入りで、以下のように鳥海山大物忌神社は正一位の神階の宣旨を受け、三宝院と鳥海山蕨岡衆徒との間の結びつきは、ますます深まって行く。

大物忌神社
右可正一位
中務神道示直明徳発光垂霊跡於千載流嘉福於四方宣授栄班式耀祠壇可依前件主者施行
元文元年十一月卅日
二品行中務卿職仁親王　宣
（以下略）(22)

一方吹浦では、慶長年間（一五九六～一六一五）頃、羽黒山との本末関係を快しとしない空気が生じていた。例えば当時の羽黒山の別当であった光明院清順から、慶長三年（一五九八）に神職の一人であった「との内太夫」に、羽黒山の霞下にありながら、羽黒山へ出仕しないのはいかがであるかとの催促を受けている(23)。これらについては第二章で詳述する。

二　蕨岡修験の一山組織

ここでは鳥海山蕨岡修験の一山組織について見てゆく。蕨岡の一山衆徒は三三坊とされていた。その全貌が見えてくるのは、慶長一六年（一六一一）の「鳥海山御神領帳(24)」である。ここには三一坊中三〇坊の蕨岡の坊の名前が載っており、それは以下の通りである。

鳥海山張抜
（鳥海山頂の祭祀をめぐる矢島修験と蕨岡修験の争論で、宝永元年（1704）に幕府の裁定により山頂は飽海郡とされた際の地形図）。
（鳥海山大物忌神社蕨岡口の宮蔵　遊佐町提供）

遊佐町蕨岡　大泉坊長屋門

1 西之坊
2 南之坊
3 北之坊
4 華蔵院
5 下居堂（松尾坊）
6 宝蔵坊
7 福泉坊
8 福生坊
9 宝泉坊
10 上之坊
11 妙音坊
12 白山坊（般若坊）
13 玉泉坊
14 滝本坊
15 梅本坊
16 正面坊
17 常泉坊（浄泉坊）
18 山本坊
19 安養坊
20 大乗坊
21 角之坊
22 成就坊
23 閼伽井坊
24 乗泉坊（住泉坊）
25 宗泉坊
26 学頭坊
27 大門坊
28 清水坊
29 円蔵坊
30 宝乗坊

（引用者註：31・32は杉沢分なのでこの「神領帳」には含まれていない。括弧内の別称は松本良一氏の注による）

鳥海山麓の各登山口にあった地域は、それぞれ一山組織を構成していた。山形県側の蕨岡以外にも、秋田県側の矢島・小滝の二地域は醍醐寺三宝院末の当山派に属し、鳥海山の順峰・逆峰の両峰修行の地とされていた。しかし順峰・逆峰を巡って、どちらが本筋なのかという争いがたえず、蕨岡と矢島の双方が繰り返し三宝院へ訴えたところ、宝永六年（一七〇九）に「鳥海山順峰の達書」が出羽国飽海郡庄内領蕨岡鳥海山表口の当山方衆徒中へ当てられた。これによって、蕨岡は、鳥海山表口順峰修行の当山派総本山の地であると、三宝院門跡によって定められた。

出羽国飽海郡鳥海山者

三宝院御門跡御本山修験道、順逆両峰修行之山而、表口学頭寺が真言修験両様之兼帯、従往古、以修験道鳥海山表口別当相勤令修行条明鏡也、弥一山修験道無混乱、可致沙汰、猶表口衆徒中にも申遣条可存其旨右御門跡被仰出処、仍執達如件、

宝永己丑二月十八日

安江頼母卿重（花押）

北村長門守宗重（花押）

平井治部卿正詮（花押）

密厳院　賢継（花押）

出羽国飽海郡庄内領蕨岡鳥海山表口別当

学頭龍当寺圓春

同文

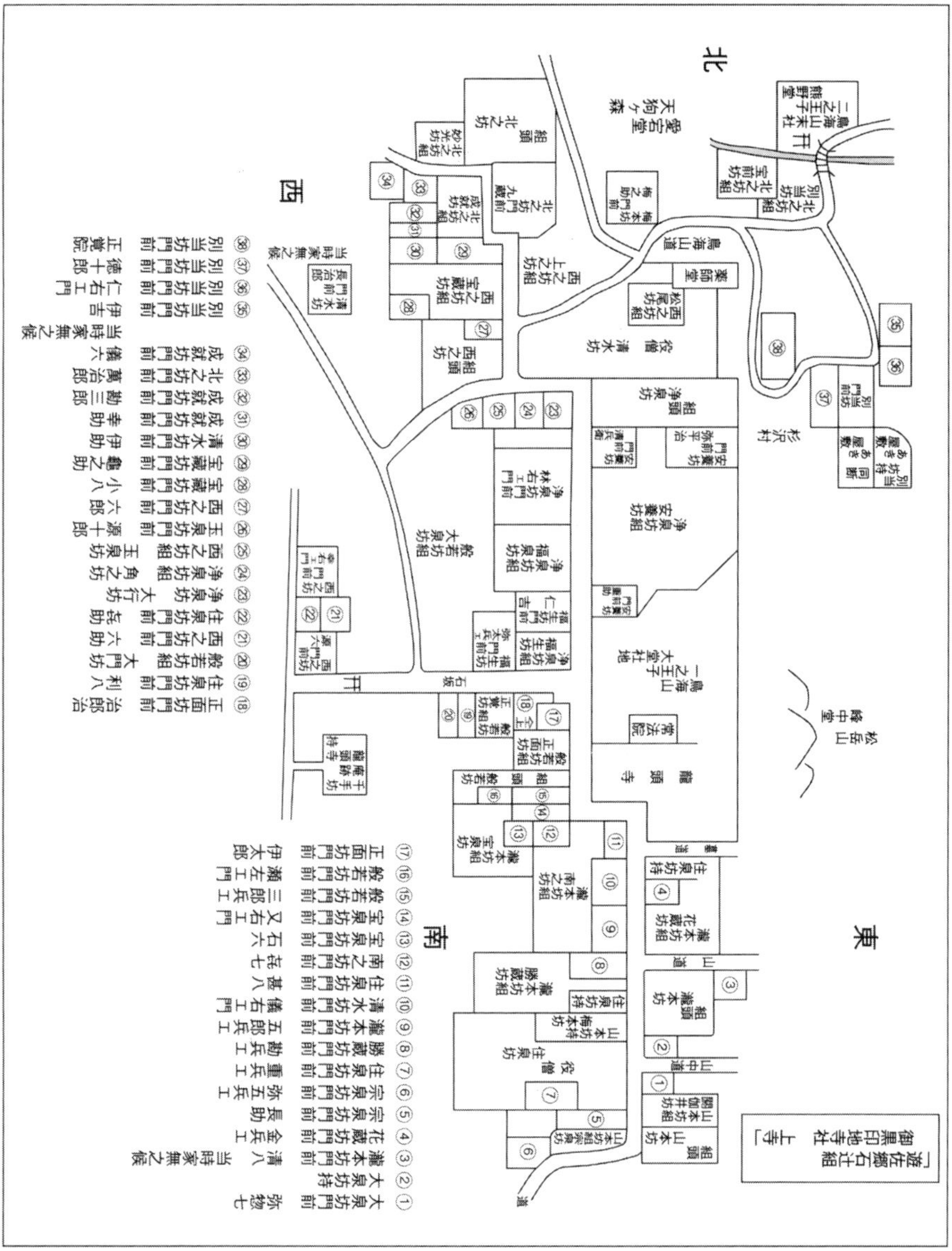

絵図「遊佐郷石辻組御黒印地寺社　上寺」トレース図　文化年間か（遊佐町提供）

出羽国飽海郡庄内領蕨岡鳥海山表口
当山方　衆徒中[25]

こうして蕨岡は、三宝院末の当山派の一員として着々とその地位を固めていった。享保一〇年(一七二五)には、一山衆徒が守るべき掟として「一山掟書」[26]を残している。この掟書は天保三年(一八三二)に勝蔵坊が書き写したもので、長い期間に渡って守り伝えられていた。そこから当時の蕨岡衆徒の一山組織を考えてみたい。

この「一山掟書」は享保一〇年(一七二五)に鳥海山学頭龍頭寺良雄の名前で、一山衆徒中並びに門前へ宛て書かれた。これに対して異議のないことを、惣衆徒が連判をもって承諾している。この連判には各三三坊の名前と惣門前とが記されている。中には六人の組頭と二人の衆徒肝煎と一人の清僧が見える。組頭は山本坊・滝本坊・般若坊・浄泉坊・西之坊・北之坊の六坊、衆徒肝煎は清水坊・安養坊で、修験清僧として閼伽井坊の名前がある。これらは学頭・一和尚・二和尚・三和尚・両役人に宛てたもので、彼らが一山の代表者となる。

これらの役職について「一山掟書」から探ってみよう。

一山掟度之義一山会合之上致議定、印形指上ケ置候、諸法度相背之輩於有之学頭并両肝煎六人之組頭吟味仕、一山中へ相達し科之軽重ニ随、或過料、或閉門等可申付事、

このように、学頭、肝煎二人、組頭六人の合計九人からなる人々を中心として一山組織が成立していた。このうち鳥海山御堂番は、「毎年閼伽井坊、北ノ方(坊)が隔年ニ拾六人宛相勉候事、古来之通也」とあり、清僧の閼伽井坊も組頭の北之坊同様特別な地位にあった。また「一和尚免、肝煎免之事、売買仕義、堅可令停止事」とあり、一和尚と肝煎は免田を充てられていた。

惣テ願之儀ハ法式道ハ三人之老僧へ可訴出候、掟道之儀ハ組頭役人江可願出候、

として、役割が区別されている。その上で最終決定権は学頭にあった。

このように蕨岡の一山組織は、上部の役職者と一般衆徒があり、さらにその下に門前という各坊中のために働いていた人々からなっていた。

蕨岡の一山組織が機能していたのは、行政・宗教的な面ばかりではない。蕨岡では、三宝院が出す補任状とは別に、独自に補任状を出していた。以下は享和二年（一八〇二）に諸国当山修験宗惣袈裟頭だった江戸鳳閣寺が、寺社奉行に「御条目」として提出した当山派の官位昇進や寺格などを記した文書の一部である。松本良一が引用した旧勝蔵坊鳥海篤夫蔵のもので、蕨岡にかかわる部分を抜き出した。

当山修験宗門座階級並びに鳳閣寺当山修験宗門座階級並びに装束の次第扣書

（中略）

一、和州大峯山に入峯修行度数を以て、次第に官昇進階級左之通り、坊号、院号、錦地、権津師（引用者註：権津師の官位は本来ないので、権律師の間違いかもしれない）、一僧祇、二僧祇、三僧祇、権少僧都、権大僧都、阿闍梨、大越家、法印、但し大先達出世之号也、（中略）

一、同派の内、真言修験両宗兼学出羽国鳥海山順峯先達龍頭寺并同山逆峯先達矢島元弘寺、同国金峯山此両山の修験者、大峯へ入峯仕り候者もこれあり候得共、昇進之義は往古従、三宝院御門主永免許を以て、両山共一山にて昇進仕り候、学頭或は一﨟、又は触頭共補任状差出し、一山出世の古格にて御座候、勿論願申し上げ、従三宝院御門主、補任状頂戴仕り候もこれあり候、両山共に三宝院御直末山也、真言は新義四ケ寺支配仕り、修験兼帯の寺院は、拙僧支配仕り来り候、（以下略）

序論でも述べたが、以上のことは、出羽国の当山派修験は、三宝院門跡の永免許を受けて、独自に配下の修験に補任状を出すことができたことを指す。それが上記にある鳥海山蕨岡の龍頭寺、矢島の元弘寺、そして金峰山の金峰寺（現鶴岡市）であった。(27)

鳥海山順峰先達の龍頭寺と、同じく逆峰先達の矢島元弘寺また金峰山の修験者は、大峰へ入峰する者もあったが、古くからの慣習に従い、三宝院御門主から永免許をもって、昇進については、両山共に一山の中で昇進できるし、学頭・一臈、又は触頭共に補任状を出せる一山出世の古格であり、もちろん願い出て三宝院御門主から補任状を頂戴する者もあるという。

こうしたことを踏まえて、以下のような蕨岡の修験者の名前で補任状が出されている。

補任院号之事　授与

観照院

安永七年

大宿先達　最上院

正大先達　北之坊

この観照院は小滝村龍山寺観照院のことで、院号の外に、錦地・黒衣直綴・一僧祇・三僧祇・権僧都・権大僧都・大越家などが補任されている。また大宿先達の最上院や正大先達の北之坊以外に、「一和尚　宝鏡院」「二和尚　一乗院」「三和尚　般若院」などの名前で補任状を出している例もあり、大宿先達・正大先達・一和尚・二和尚・三和尚などにその権限があった。(28)

三　修行と位階

ここでは、鳥海山蕨岡がどのような修行のプロセスを経て一人前となり、またそれに伴って位階を獲得してきたのかを取り上げる。

蕨岡修験の修行の最終段階は、先途として八月二八日から五月三日に至る一〇か月に及ぶ胎内修行を行い、これを成し遂げて大先達の位が許される。先途の修行は八月二八日より自坊に籠っての修行から始まり、三月一八日の暁時に大御幣が立てられ、同一八日に行われる笈緘の儀礼で、大先達大日之覚位を受ける。この後先途は、大御幣を持った若衆に警護され、笈を若大将から受け取り、入峰となる。そして五月一日に出峰となるまで、峰中及び鳥海山麓の各聖地での儀礼が行われる。

この儀礼に先立ち、蕨岡では修験の家に生まれた者は、以下のような通過儀礼を経験する。まず三歳になると懐児《だきちご》として初めて祭りに参加する。この後七歳から「童耶礼《ドウヤレ》」「童法《ドウホウ》」「チウ」「ソウライ」「蘇合《ソゴウ》」「壇内入《タナイレ》」の各児舞を舞う。そして一六歳で初めて入峰修行が許され、一七歳で閼伽の先達、一八歳で小木の先達を勤める。この三つの役を「峯の役」という。また一六歳から「越合」「倶舎」「太平楽」「連舞」「陵王」「高足」などの舞楽を舞い、二五歳ころになると八人編成の田楽の役に就く。この役を終えるまでには八年かかる。舞楽と田楽の役を合わせて「庭の役」という。これらの各役が済むと、大先達の位へとつながる先途の修行が許される。

現在五月三日に行われている大御幣祭りが、近世期の胎内修行のうちの三月一八日の暁の大御幣立てに始まり、入峰に到る一連の儀礼に相当する[29]。

1 『一宮大神事手鏡』[30]に見る胎内修行

ここでは蕨岡修験が近世期に行っていた通過儀礼のうち、先途が行っていた「胎内修行」について述べてゆきたい。そのための資料として鳥海山大物忌神社蕨岡口ノ宮に伝わる嘉永七年（一八五四）東之院興源筆『一宮大神事手鏡』（大物忌神社蕨岡口ノ宮蔵）と、年代は不詳であるが上記を補強する『大神事奉行手鏡』（大物忌神社蕨岡口ノ宮蔵）[31]を取り上げる。

この資料は近世期末のものだが、宝暦一二年（一七六二）に進藤重記によって著された『出羽国風土略記』巻之六「上寺観音」には、次のように記録されている。

三月十八日入峰の作法あり、衆徒行列して観音堂を三巡す、堂の前に大幣を立、田楽数曲あり、元文年中神階を申下し（中略）

峰入堂は観音堂の上山林の中にあり、三月十八日より五月五日迄参籠[32]、

この記録から、蕨岡では宝暦一二年（一七六二）には三月一八日に入峰の作法があり、衆徒が行列して観音堂を三巡、堂の前に大幣を立て、田楽数曲を演奏、峰入堂は観音堂の上の山林の中にあって、三月一八日より五月五日迄参籠していたことなどがわかる。

胎内修行という表現は『一宮大神事手鏡』の初日の儀礼の中で使われ、それは八月二八日から翌年の五月三日に至るまでの一〇か月に及ぶ修行を指す。

胎内修行も、蕨岡に生まれた修験者にとっての通過儀礼であった。『一宮大神事手鏡』中の「舞楽之次第」には次のように記されている。

舞楽之次第

抑当山之児は、生てより以来中剃せす、三歳より六歳迄懐児ト号、若山伏に被抱舞台え上り法役を勤、七歳より法座ニ烈り、十五歳まて童耶礼・童法・壇内入を勤め、十六歳にて髪を剃得度致し、卿名に成て初入峰新客を勤、夫より閼伽・小木之先達を修行し、以上三度之役峰也、夫迄倶舎・大平楽を勤め、二十五六歳にて田楽役ニ入、三十三歳にて四度峰大先達相当候は定法なり、乍然其時之人数多少に寄て遅速可有なり、三十三歳ニ相成候ても大先達相当不申、若衆烈ニ在之者は庭役と号して無役也、

一、来年相当候先途を行事と称し、若大衆之行烈を正し、舞楽可有出情者也、

一、来々年相当候先途を若大将ト号し、田楽并若大衆之諸事仕置如法ニ致し、令教示給仕等々閑無之様可申付也、

其年之田楽不調子等之儀は、若大将之可為越度也、

この胎内修行は、蕨岡の修験の家に生まれたものが、三歳の懐児より始まり、年齢を経るに従って経験する通過儀礼の最終段階に当たるものである。「先途」と称して胎内修行を行うことで四度峰大先達となり、一人前の修験者と見なされるわけである。

以下では『一宮大神事手鏡』と『大神事奉行手鏡』を見ながら、一〇か月の修行を追って、蕨岡修験の行う胎内修行の目的と意味を考えてゆこう。ここでは修行の流れを見るために、五つの時期に区切って理解の助けとしたい。

(1)八月の綰結《くくりむすび》から一二月まで自坊に籠る修行の期間

(2)一二月七日の鳥海山大権現の年籠りから一月七日の牛王加持の祈禱

(3)三月三日の的の饗から一八日暁の御幣立てと笈緘の準備

(4)三月一八日御幣立ての当日、先途は大先達大日の覚位を受け入峰

(5)三月二五日から五月三日まで入峰修行の期間

以下、各時期ごとにみてゆく。

⑴八月～一二月

八月二八日の縵結の饗に始まる胎内修行は、五月までの一〇か月に渡る。先途はこの日以降一二月までは自坊に籠ることが中心で、一山の中では先途に関する動きはない。先途はこの期間は髪も髭も爪も切らない。丸寝と称して、衣類を身に着けたまま風呂にも入らないのが原則だった。汚穢不浄を見ずと言い、自坊の一部屋を結界してそこに籠ったものと思われる。

縵結の饗以降、はじめの一〇〇日間は、ひたすら籠る行である。胎内修行は『一宮大神事手鏡』には一〇か月の修行をいうとあるが、この八月二八日～一二月初旬までの籠りを指していたのではないだろうか。だとすると八月二八日の縵結の饗は新たな位階を得て生まれ変わるための擬死再生を願う先途自身の葬式の宴といえよう。

⑵一二月七日から一月七日

一二月になると、七日の鳥海山大権現の年籠りに始まり、先途は七日に下居堂で通夜、一七日にも通夜、晦日には大堂で通夜、正月八日まで長床に籠って朝暮に祈禱をするなど、年末から正月にかけて蕨岡の公の場所での通夜、籠りなどをする。正月元日に一山大衆は、門前の昆布礼を受け、二日は不動堂の修正祈禱があり、三日は釈迦の修正祈禱がある。七種夕には牛王加持の祈禱があり、これは修正の結願の祈禱に当たる。

ここで追儺修正の祈禱があり、先途が自ら柳の枝につけた牛王宝印を取り、東西南北に加持をして、四方に散米する。この柳の枝に付けた牛王宝印の表には不動堂宝印、裏には辛勝院宝印がついている。この牛王宝印は籠りの明けた翌八日、先途が自ら各坊に配り、各坊の人たちが自分の檀家に配って歩く。

正月三日には一山の若者は注連縄を打って龍頭の藁綱を作り、心経、鳥海山大権現の本地仏である薬師の大咒、十二神の名号の三枚の札を下げる。この龍頭の藁綱は、七種の祈禱の後で、庄内平野を見下ろせる前坂の木に鬼門に向けて張りつける。

一二月七日に始まり、年末・年始にかけての年籠りと修正の祈禱も、七種夕の牛王加持の祈禱で終わりを告げる。八月末から自坊に籠り、まったく動きのなかった先途の修行は、ここへ来て一気にその籠りで得た力の発揮を期待されてくる。三か月も籠っていたからこそ、一山を代表して一連の年籠りをして、さらに牛王宝印の加持も行うことができるのであろう。

この修正会の一連の儀礼は、羽黒山の春峰(33)との共通点が見える。羽黒山では元旦の開帳法会から九日までの修正会の時期を春峰として、その間の七日には米まき神事があり、その年の吉凶を占い、さらに一〇人の修験者が参加して験競べがあったという。一〇人の修験者による験競べの代わりに、鳥海山蕨岡では先途が籠りで得た験力を示していると言えよう。

牛王宝印を檀家に配ることは、蕨岡一山の修験者にとり一年でも大切な行事の一つである。そこから得る収入が大きかったからである。今でも「御判配り」と呼ばれる、牛王宝印を檀家に配る仕事は様々に語り継がれている。例えば「御判配り」のときに酒田の殿様の行列に出会っても、平伏せず道を避けるだけでよかった、「御判配り」では泊まる宿は決まっていて、いつも最上級の部屋に泊まった、などである。「御判配り」は鳥海山蕨岡の修験者の権威の象徴であり、牛王宝印は地域の人たちの信仰の依り所だった。その牛王宝印へ鳥海山大権現の霊力を込めるのが先途に与えられた役目であり、そのための呪力を身につけることが、この籠りの目的の一つだったのだと思われる。

周辺地域の人々の鳥海山への信仰の原点は、昔も今も水であると、鳥海山大物忌神社の神官はいう。その水のシンボルでもある龍が、この鳥海山大権現の本地仏である薬師の大咒の札を下げた龍頭の藁綱である。龍頭は学頭寺の寺

蕨岡大物忌神社大御幣祭
一時復活した高足
（神田竜浩氏提供）

蕨岡大物忌神社大御幣祭　陵王の舞

蕨岡大物忌神社大御幣祭　稚児の舞

号でもある。一月七日に行われる七種の祈禱の後で龍頭が鬼門に向けて張りつけられる前坂の木は、蕨岡修験集落から庄内平野を一望に見下ろせる位置にある。また下界から見れば、この龍頭を通して、背後に鳥海山がちょうどすぐ目の上に位置している。この龍が鬼門に向けて張付けられた翌日から、御判配りが始まるのである。こうして一年が始まるが、このあとしばらくは先途の動きはない。

(3)三月三日～一七日

三月になると、一山で最も大きな行事である一八日暁の御幣立てと笈緘《おいからがき》に向けて、準備が始まる。暁の御幣立てに始まり、当時笈緘と称していた一八日の一連の儀礼は、修験道廃止令を経た今も、修験色をなくした形で「大御幣祭《だいおんべいさい》」として続いているもので、蕨岡地域では最大の祭りである。

二日に先途の家で大小の的を作り、裏に鬼の文字を書く。三日の的の饗では、大堂の庭の鬼門に的を立てて、若大衆が流鏑馬をする。

この日、初座の児や剃立の新客、田楽と舞に出る者の披露があり、一〇日には舞楽の役の披露、一一日から児の舞の練習が始まる。一八日には舞台で児舞・舞楽が演じられるので、この頃そのための配役が決まり、練習が始まる。

これが「舞楽之次第」で定められた通過儀礼の三歳の懐児、一五歳までの児舞、一六歳で髪を切って得度をし、卿名をもらって初入峰の新客となるなど、蕨岡の修験者たちが一山全体の中で自分が今どこに位置しているのかを確認する行事である。そうした中で翌年先途になる者は、その年は行事として、若大衆や舞楽を舞う者などの指導の役目を担っている。一〇日にはこの行事の親に院号が補任される。蕨岡では自分の後継ぎが翌年先途になるという目処がついて、その親に院号が補任される。これは本山醍醐寺とは関係のない蕨岡独自の補任のシステムであると言えよう。またこの時期に補任を受ける者があれば、先途より授与される。

一三日から先途宅の祭壇の飾り付けが始まる。一八日の大幣立てに向けての準備がこの頃から佳境に入るのである。一七日に大幣作りがある。一和尚が大幣に刀を当てて切り初めの作法が終わると、一山の大衆が手伝う。大幣は、太い二本の竹に紅白の布を巻きつけ、一二か月を意味する一二組の紅白の紐で結び、一二組からなる白い和紙を御幣状に切って垂れ下げる。頂きには、剣先といって太陽を表す日の丸の扇、月を表す鏡を取り付ける。太陽と月、そして一二か月という鳥海山をめぐる小宇宙が、この大幣には表現されている。

⑷三月一八日

蕨岡一山の一年の行事のクライマックスが、三月一八日暁の大幣立てと笈緘の儀礼である。日と月と一二か月を表す剣先をつけた大幣が先途坊の庭先に立てられ、鳥海山をめぐる小宇宙が先途宅に再現される。この大幣は、暁の時に日の方角に向けられる。次が笈絨で、早朝笈を絨げ、笈の上に衣を懸けて荘厳する。引き続いて先途の断食固めの作法があり、先途は長頭襟を着け、大先達大日の覚位を受ける秘法がある。

鳥海山の権現である獅子の一二段の舞があり、先途を中心とした行列は大堂へ行進する。この行進の際に、若者たちが大御幣を先途の家から引き出し、大堂まで引き回す行事がある。行進の途中で御幣が真っ直ぐに立てられ、一の剣先と呼ばれる若者が御幣によじ登り、月を正面にして万歳を唱える。

御幣を引き回したり、これによじ登ったりするのは、修験の坊家に仕えていた門前と呼ばれる家の若者たちであった。この日は、儀礼の場だけとはいえ、修験の坊家に使われる身分から、自分たちを主張することのできる身分へと、地位が変身あるいは逆転する一年に一度の晴れの日でもあるのだ。

日と月の方向を操作できるのは、八月以来籠りの修行を行ってきた先途である。見方によっては先途の聖なる力によって、鳥海山をめぐる小宇宙が動かされるとも読み取ることができよう。先途の験力を象徴的に示しているのが、この三月一八日の大幣立ての行事でもある。

これは羽黒山の松聖が一〇〇日間の冬峰の籠りの後で行う松例祭(34)と対応するように思える。松聖が一〇〇日間の修行で得た験力を、現在では松例祭と呼ばれる儀礼の中で披露するように、鳥海山蕨岡の先途は、大御幣に見立てられた鳥海山という宇宙を動かし得る験力を示すのである。しかし鳥海山での先途は一人きりであり、松例祭で先途と位上が験競べをするものとは異なっている。

さて大堂前では先途が笈を受け取る秘法があり、続いて先途は峰中堂へ入峰となる。大堂より一段高い松岳山山頂にある峰中堂で、この日から二四日まで断食の行があり、さらに五月まで峰中修行が続く。先途の入峰と同時に、大堂前では二年後に先途を勤める若大将を先頭に大堂を廻る。続いて若者たちは大幣を大地に突き差し、振り回す。同時に舞台では梵天が四方に振られ、稚児舞や舞楽が演じられる。大堂では讃を唱える秘法がある。

これらの行事は、先途が松岳山頂にある峰中堂へ登って行くのと、ほぼ同時進行である。八月末から一山の重要な行事の時以外、人々の前に姿を見せることなく、ひたすら籠りの行を続けてきたのも、この日を迎えるためであった。胎内修行の本質でもある籠りの行は、人にその姿を見せることはなかったが、ここに来て大先達大日の覚位を受ける秘法の後では、人々に見える形で大幣が大地に突き差され、そして振り回される。これは羽黒山秋の峰の入峰のときに、梵天を黄金堂に投げ入れる陰陽和合の所作(35)と意味を同じくしているように思われる。

しかし『一宮大神事手鏡』では、八月から五月までの時期を胎内修行と規定している。すなわち先途が峰中堂への石段を登って行くのも胎内修行の一環なのである。そこには具体的な意味が行為として付与されている。先途の行動は母胎の中に入って行くこと、母胎回帰と考えられる。また先途の行動と同時に大幣が大地に突き差されるが、峰中堂に入る先途の行動と大幣を大地に突き差す行為とは、その象徴的な意味においては二重に等価ではないかと考えられる。『一宮大神事手鏡』に規定された胎内修行という事柄が、ここでは具体的に先途の行為として示され、大幣を大地に突き差すこととして象徴的に視覚化されているのだと考えられる。剣先と称して大幣の先端についている太陽と月は、鳥海山の宇宙を表したものと考えられるが、そうすると大幣を大地に突き差す行為は、大地と宇宙との合体を現しているともとれよう。

鳥海山のシンボルでもある剣先は、先途が入峰したすぐ後で、大幣から取り外されて若者が懐に大事そうに抱えて、先途坊に運ばれる。剣先は新しい命の誕生の象徴とも考えられよう。蕨岡修験者のこうした一連の行為は、さらに児舞や大人の舞楽によって喜びと祝いの舞として演じられる。

遊佐町杉沢　蕨岡修験の峰中修行で二の宿となっていた杉沢熊野神社での比山番楽「猩々」

遊佐町杉沢　蕨岡修験の峰中修行で二の宿となっていた杉沢熊野神社

遊佐町杉沢　比山番楽「翁」

一九日は萬歳饗で、先途坊で行事・揚物師への饗応があり、一連の行事は終了する。

⑸三月二五日～五月三日

三月二五日は附揃饗で、度衆・新客は自坊で、俗入峰の者は宿坊で二六日から二九日まで前行・断食固め・断食の後、一八日から入峰していた先途に引き続き、大宿先達を導師として入峰する。この日は秘密の灌頂がある。俗人は一〇日間の峰入り修行をしたあと、四月八日に峰中堂で一山大衆が列座して柴燈護摩を修し、成子の舞の後で出峰する。ここまでが俗人をも交えた峰中堂での修行である。

この後一一日より二七日まで、大宿先達・先途・度衆・新客による掛宿と称する回峰行がある。掛宿の場所は、上寺地域内の一王子大堂並びに末社、二王子杉沢熊野堂などであり、ここは鳥海山登山道の道筋でもあり、杉沢の熊野堂の別当坊と宝前坊は蕨岡三三坊に所属していた。黒川村不動堂はそのすぐ脇を滝が流れており、滝行をしたかもしれない。また滝沢村虚空蔵堂、滝蔵権現堂、下当村薬師堂、天狗森愛后堂、鳥海山箸王子赤瀧山へ掛宿する。箸王子は蕨岡からと八幡町からの登山道が合流するところで、かつては赤滝山霊水寺があり、薬師如来と十二神将を祀っていた。この間、入峰の者たちが鳥海山に登ることはない。まだ雪が深くて登れないのである。二五日には金剛供祭を修行し、二八日には鬼足秘密の灌頂があり、最後の秘法と灌頂が伝授され、いよいよ出峰である。

四月二九日には、大堂庭の柴燈場に発心・修行・菩提・涅槃の四門を立て、入峰者たちは五月一日に峰中堂より下居堂に出る。学頭・小木の先達の作法があり、下居堂から降った先途は四門をくぐり笈を立てて着座し、柴燈護摩の作法、祈禱の後、入峰者は縟を解き帰宅する。

羽黒山では三の宿に移る前に柴燈護摩を修するが、戸川安章はこれを「肉体と霊魂にまつわりついている業、煩悩、苦しみを焼き捨て、穢れ多きわが身を、自分の手で火葬し、葬礼を行う逆襲葬儀なのである(36)」といい、また「地底にひそむ霊魂を呼び覚まし、経典を読誦することでその霊魂を胎内に宿らしめる儀礼(37)」という。自坊と山中での籠りを中心とした胎内修行の最終場面において、自己の罪業を滅し、死と再生を主軸とした霊鎮めと霊振りの儀礼を経て、再び日常の世界へと戻って来るのである。

五月一日は出峰の饗で、先途坊で一山大衆列座して宴、新客は結袈裟・鈴懸衣を着て披露する。三日は笈渡之饗で、先途は笈道具・法則・証文を来年先途を勤める行事に渡し、親類縁者を招き宴をして、長い胎内修行は終わる。

三月一八日の先途の入峰に続き、大宿先達を中心として、度衆・新客、そして俗人による入峰修行は、羽黒山の秋の峰に対応する。諸国山伏出世の峰と言われたこの秋の峰で、修行者たちは度位を得るのであり、その峰入りの回数によって位階が上がってゆくのである。

鳥海山では、三歳より六歳まで懐児と号して舞台へ上り法役を勤め、七歳から法座に列なり、一五歳まで童耶礼・童法・壇内入などの舞楽を勤める。一六歳で髪を剃って得度をし、卿名になって初入峰をして新客を勤め、閼伽・小木の先達の修行をする。それ迄に倶舎・大平楽などの舞楽を勤め、一二五、六歳で田楽役に入る。また翌年先途に当るものを行事、翌々年先途に当たるものを若大将と称し、若者たちの面倒をみる。三三歳で先途として四度峰の大先達に至るのが定めとされていた。

このほか大宿先達は、どのように決まるのか記されていないが、先途を経験して、四度峰の大先達の位を受けた者がこの役につくのではないかと推定される。

2 胎内修行の位置づけ

以上のように胎内修行を五つの時期に分けて考察してきたが、これが鳥海山蕨岡修験の先途の胎内修行を中心とした修行体系である。この一連のものは、かつて蕨岡修験者も属していた羽黒山の四季の峰入りと類似点が多い。とくに先途の胎内修行は、羽黒山の松聖による一〇〇日間の冬峰の籠りと対応する部分が少なからずあるように思える。

そこで、鳥海山蕨岡修験の先途の胎内修行を、修験道の中でどのような位置づけとなるのか見てゆきたい。まず宮家準の「修験道の入峰修行[38]」から考えてみたい。宮家は修験道の入峰修行を次の三種類に分類した。

(1)曼陀羅にたとえられた山中の諸仏諸尊等の供養に重点を置き、やがて行われる次の入峰修行に対する準備。
(2)専門修験者への仲間入りのための入峰修行。
(3)最も優れた、またはそうなろうと決心した修験者の入峰。それゆえ第三の入峰は、とくに験力獲得に重点を置いたもの。

鳥海山蕨岡修験の先途の胎内修行の中で、先途の修行は(3)に分類できる。しかし先途の胎内修行には、俗人の入峰、一六歳で初入峰する新客の入峰や、度衆の入峰も組み込まれている。それが三月二五日から五月一日までの峰中修行であり、これらは(1)と(2)に相当すると思われる。蕨岡では三月一八日の大御幣立ての行事において、三歳の懐児に始まり、児舞や舞楽など、各年齢ごとに経験する役割がある。入峰修行だけではなく、各年齢に沿って、修行体系がきめ細かく確立している。

さらに三月一八日の大御幣立ての行事は、修験の家の者だけではなく、門前といわれた人たちの自己表現の日でもあった。大御幣立ての行事だけをみれば、一山衆徒と呼ばれた修験の家の者と、門前たちとの日常生活における地位の差が、この日だけは、なくなる。

これらは一山組織が近隣の杉沢を含んではいるが、ほぼ一集落で完結しているからこそ、一〇か月に及ぶ先途の胎内修行の中に、各年齢ごとの通過儀礼を組み込むことも可能であったし、三月一八日を目指して、地域社会の人々の行動が一挙に盛り上がりを見せるのである。これこそが鳥海山蕨岡という、三三坊と門前の人たちによって一山組織が成り立っている地域の特徴と言えるのではないだろうか。

3　胎内修行の宗教的な意味

蕨岡では先途になることが決まると、各坊家では何年も前から親戚や檀家に『峰中修行奉加帳』を廻し、寄付を募る。その際に受けた寄付に対する答礼ともいえる文言が、寄付台帳である『峰中修行奉加帳』の最初の部分にある。天保二年（一八三二）の『一宮神事峰中修行奉加帳　鳥海山正大先達　南之坊』(39)には、「悪虫退散・五穀豊饒を祝願す」また「一山大衆天下泰平国家安穏五穀成熟、信心の貴賤男女息災延命子孫繁栄を祝禱す」という願文がある。この部分こそ、先途が「大先達大日之覚位」を受けるという一山内部の事情とは別に、親戚や檀家といった寄付をしてくれる外部の人々に対しての、胎内修行を行うことの意味づけになるものと思われる。一〇か月の籠りの修行は、ここに書かれた願文の内容を達成するために行うのであり、これらが胎内修行の宗教的な目的であることを、この願文はいっている。寄付をしてくれる人たちに対する意志を表明しているのである。

一方こうした願文に表れてくる文言とは別に、先途の一〇か月間の籠りの修行の中で、次のような興味ある行為を見ることができる。三月一八日の大御幣立てのすぐ後で行われる児舞において、舞い手である子供たちは、舞の最後に舞台に座り、床に丸い円を描いて、その上を指でちょんと押す仕草をする。これを地域の人たちは「鬼の目をつぶす」と表現している。この意味を、ここでは「鬼」から考えてみたい。

『一宮大神事手鏡』に記録された一〇か月に及ぶ胎内修行の様々な場面において、鬼が登場する。正月二日に一山の若者たちが集まり、注連縄を打って龍頭の藁綱を作り、七草の晩に修正会の追儺の祈禱の後で前坂の木に鬼門に向けて張付ける。三月三日は的の饗と称して、大小の的を作り、裏に「鬼」の文字を書き、この的を大堂の庭の鬼門の方角に立てて、若大衆が流鏑馬を行う。四月二八日には「鬼足秘密の灌頂」を行う。何をやるのか内容は不明であるが、「鬼足」と言うからには秘密の足踏みをしたのではないかと想像される。これらが胎内修行の中で、鬼に関する記述である。

これとは別に龍頭寺の名称の由来を書いた『羽黒山年代記』（永正七年〔一五一〇〕真田在庁書、明和三年〔一七六六〕羽黒山宥栄写）に次のようなものがある。

貞観二年庚辰、飽海岳ニ仙翁龍翁与云フ青赤鬼住ム、同年六月、慈覚大師登リ、彼ニ鬼ヲ封シ給フ、此山全体龍ノ形ナリ、則龍頭ニ権現堂ヲ立ツ、鳥ノ海ト云フハ、則権現之御手洗也、仍テ山号ハ鳥海山、寺号ハ龍頭寺ト号ス、(以下略)(40)

飽海岳に仙翁龍翁という二匹の青と赤の鬼が住んでいたのを、慈覚大師が退治したという龍頭寺の縁起に相当する伝承である。羽黒山の松例祭において、恙虫あるいは悪鬼の形代とされた大松明が焼却されるのと同じように、鳥海山蕨岡においても、鬼に託された悪なるものを、一〇か月に及ぶ胎内修行の各場面で、そのつど退治されてきたと考えることができよう。

三月一八日の児舞の後で鬼の目をつぶす、正月の追儺の祈禱の後で龍頭の藁綱を前坂の木に鬼門に向けて張つける、三月三日に鬼の字を書いた的を鬼門に立てて射る、四月二八日には鬼足秘密の灌頂を行うなど、それを行うのは、儀礼に参加している児・若大衆、入峰に参加している者など様々ではあるが、一貫して先途はその場にいる。つまり現実に行動を起こしているのはその場その場にいる者たちであるが、ここでも先途の存在を考えないわけにはゆかない。鳥海山とその周辺の地域社会の人々の無事と安全を祈念して行われている先途の胎内修行において、鬼に象徴された悪しきものを、そのつど退治している。これは先途が籠りの修行で得た験力を、地域社会へ還元しているといえるのではないだろうか。それが『峰中修行奉加帳』の最初の願文として記された「悪虫退散・五穀豊饒を祝願す」という言葉であり、そこで表現したものを、儀礼の中で実際にそして何度も繰り返し行っていたのである。

そしてここで出てきた「鬼足秘密之灌頂」は、矢島との交流の中で、第四章で明かされる。

ここでは鳥海山蕨岡修験が宗教活動をしていた霞場あるいは旦那場の範囲と、春先に彼らが配布していた牛王宝印について述べる。初めに「霞」と「牛王宝印」はどのような意味を持つものなのかを見てみよう。

四　霞と牛王宝印

修験道における霞は、修験道を信仰する壇徒および彼らの住む地域を意味し、具体的には守札を配り、祈禱をして廻るなど、山伏としての職務や彼らの活動する一定地域を指す。また牛王宝印は、諸社寺で主神の眷属とされる鳥などを組み合わせて、牛王宝印の字を作ったものを刷って符としたもので、厄除けや守護の符とされた(41)。

蕨岡に居住する修験集団は、鳥海山への信仰をもつ特定の地域の人々の祈願内容を鳥海山の神々に伝え、その成就を達成するために様々な祈禱や儀礼を行う。その特定の地域内において、修験者は守札を配り、祈禱をして廻るなどの宗教活動を行うが、その地域を霞という。

このような人々の祈願に対して、鳥海山の神々からの具体的な印、あるいは答えを示さなくてはならない。修験者は神々と人々の媒介者だからである。それゆえ先途や衆徒は、修行や籠りを行い、それによって得ることのできた力、つまり鳥海山の神々から授かった特別な呪力を発揮するものと考えられてきた。その呪力の成果としての呪物を、牛王宝印として家々に配布して廻る。こうしたことを前提として、これから蕨岡修験の霞と牛王宝印について具体的に述べてゆく。

1　霞と牛王宝印

蕨岡の修験者たちは最上川の北側一帯の庄内三郡を檀家としており、檀家の人たちから「上北（または御北）何々坊」と呼ばれていた。檀家廻りの際には、飽海郡では「上寺の何々坊です」と、東田川郡では「御北の何々坊です」といって訪ねて歩いた。

嘉永七年（一八五四）に書かれた『一宮大神事手鏡』によれば、当時の蕨岡では一月七日に種蒔神事が行われていた。

正月七種夕大堂え大衆各々牛王を神前え備、先牛王宝印ニ散米を入、紙ニ包柳弐本ニ結付備之、牛王加持之御祈禱、錫杖・心経・神分・普門品・諸真言読誦、前ニ神酒、折取各備て御祈禱、追儺修正・牛王加持、先途柳付候牛王宝印を取、東西南北を加持して、畢て散米を四方ニ散ず、宝印を取、学頭・一和尚より次第ニ宝印を為戴、先途は一和尚より戴之、神酒三献、謡ニて退座有へし、

同八日朝、先途は一山衆徒・門前え返礼ニ廻、尤牛王を軒別ニ進す、牛王表ハ不動堂宝印、裏ハ辛勝院宝印なり、（以下略）(42)

現在では「種蒔神事」と呼ばれている正月七種夕の牛王加持の祈禱は、先途が主役として動いていた。牛王宝印に散米を入れ、紙に包み、柳の枝二本に結びつけ、これに牛王加持をして、翌日一山の衆徒に配る。衆徒たちは、先途が加持をして呪力を込めた米の包み紙のついた牛王宝印を持って、各自の檀家の家々を廻って歩く。

近世期以降つい最近まで、各坊では家ごとに柳の枝を集め、また版木を刷って牛王札を作り、それを柳の枝に結びつけて牛王宝印とし、配って歩いていた。今でもこの牛王宝印の版木を残している坊家もある。

檀家の範囲は坊ごとに決まっていて、旧宝泉坊の塩谷弘憲家では月山の麓辺りにも檀家があった。塩谷家では昭和三〇年（一九五五）頃まで実際に檀家廻りをやっていた。廻る日程も、泊まる宿も、昼食の宿も決まっていて、四〇日

間くらいかけて歩いた。旧玉泉坊の鳥海尚覚氏の祖父の時代には、一軒ずつ廻るのではなく、村の代表がお金やお米を集めてくれたと言う。お米は檀家ごとに一升とか五合とかもらう量が決まっていた。一升くれる特別な檀家には、ヘラやシャモジなどの手土産を持っていった。檀家が多いと種蒔が済んでも廻りきらないところもあったが、種蒔後には廻るものではないとされていた。

また秋の檀家廻りもあった。秋の農作業が終わってから廻り始め、正月前には終わる。これは御判よりも上がりが少なく、米が一合か二合程度であった。

2 檀家

蕨岡では八月二八日の胎内修行に先立ち、自分の檀家や親戚に『峰中修行奉加帳』を廻して寄付を募る。先途の一〇か月に及ぶ修行のすべての経費はこの寄付によってまかなわれる。したがって、よい親戚や檀家をもっていると、先途をやったあともお金が残るが、頼りになる存在がないと、苦労をするという。

胎内修行が行われていた近世期には、先途は三月一五日の「百味揃饗」において、一山衆徒が全員揃ったところで、金一〇〇両の目録を示す。これは三月一五日以降の行事も無事遂行できる証明ともいえるもので、この一連の行事では多くの金額を必要としていた。旧修験妙光坊の小野政子家には、「嘉永二年酉八月　金百両」(43)と表書きされた、ほぼこの額の金が入っていたと推定される箱が残っている。小野家の場合は親戚が調達したものらしく、北海道松前の法印の名前が書いてある。

費用が掛かるのは先途だけではない。旧修験南之坊の鳥海家に残る慶応元年(一八六五)の『初入峰奉加帳』には、

一金　二十両　本山醍醐表へ続目録

一同　五両　三月二十五日　附揃饗宴供物料(44)

とあり、一六歳の初入峰の際の本山への跡目相続料には二〇両、附揃饗宴供物料に五両の金額を要したのである。先途は一〇か月の籠りの期間中、儀礼ごとに一山衆徒を自坊に招き饗宴を行う。大きな儀礼ではその度ごとの料理の種類や手土産に至るまで『大神事奉行手鏡』に細かく定められている。

明治以降も神宿を勤めたことのある家には、『峰中修行奉加帳』と同じような『奉加帳』がある。旧修験妙光坊には『明治三十八年五月三日　大神事饗応帳』を初め、同年およびその前年の準備の段階からの『神事献立日記』『大神事買物帳』『神宿手伝及雇人日記』『出納一覧』『衣具及び諸器借物日記』『神宿手控帳』『神宿収入支出手控簿』などが残っている。これらの記録から、どれくらいの物入りだったのか、どれくらいの人手を必要としていたのかなどが見えてくる(45)。この支出を支えてくれたのが檀家や親戚だった。

彼らは現在も五月三日の大御幣祭には「御幣大願主」として招かれ、紙縒で編んだ結袈裟をつけ、正客として行列にも参加する。また神宿祭にも一人ずつよばれて玉串をささげ、御幣・神札などを貰って帰る。こうした何百人という客の接待から、遠方ならば宿泊の提供もする。経済的な裏付けがあってなし得たのが、胎内修行だった。

胎内修行は先途一人でも、蕨岡一山の衆徒だけでもできるものではなかった。こうした大掛りな行事は、周辺地域の人々の協力が絶対に必要であった。それを成し遂げるための背後にいたのが、檀家と呼ばれた鳥海山への信仰に帰依した人々や親戚である。彼らは現在では御幣大願主と呼ばれて、御幣立ての日には正式に祭りに参加するし、それは彼らの誇りでもあった。そうした檀家の人たちに支えられて、鳥海山蕨岡の胎内修行は形を替えて今に継承されてきている。

五　坊宿と門前

蕨岡修験は、それぞれ格式を持ち、各宗派の本山からも、また酒井藩からもその地位を認められていた。それ故、彼らの生活態度は一般民衆のものとは異なっていた。しかし格式だけでは生活が成り立たず、運営する人々が必要となる。

ここでは、修験の生活はどのように支えられてきたのか、彼らと関わりの深い人たちの生活の一端を紹介したい。

1　蕨岡三三坊の生活

嘉永七年（一八五四）の『一宮大神事手鏡』によれば、先途が一〇か月の胎内修行をしている間、一山の全衆徒は一年間の行事の出仕を義務づけられていた。

また同書の「舞楽之次第」には、三三坊家に長男として生まれたものは、三歳から始まる与えられた役を勤める必要があった。彼らの生活は、儀礼と祈禱に明け暮れる毎日でもあった。さらに春と秋の檀家廻り、鳥海山登拝者の案内や宿泊、そして蕨岡一山組織の事務処理など、その仕事は数限りなくあった。

以下は平成六年（一九九四）の旧蕨岡三三坊の状況で、姓名は、故鳥海啓雄氏の協力でたどれる限り記述した。各文末が現当主を表す（×印は平成六年当時、蕨岡に住んでいない家を示す）。

1　山本坊―鳥海友衛―善則―三治郎―朝弥（現当主）

2　宗泉坊―小松豊見―忠宗―忠重―政蔵―繁松―宗光（大正一四生、故人）

3 閼伽井坊─太田貢─守賢─篤賢─寛賢─厚栄（坂下に移転）
4 住泉坊─鳥海時雨郎─×（現在京都か？）
5 滝本坊─滝本弘─×（北海道）
6 梅本坊─鳥海本樹─義教─徳三─義一─義和×（酒田）
7 勝蔵坊─鳥海膳三─勝司─勝策─勝一郎─篤夫─光生
8 花蔵坊─舘内内蔵─寛度─寛郎─寛光
9 南之坊─鳥海見名美─宗善─宗順─宗晴
10 宝泉坊─塩谷直理─弘宣─弘源─弘慶─弘憲
11 般若坊─鳥海秀助─秀賢─美規─秀宣─秀規
12 正面坊─仲鉢宗京─正面─正─×（酒田）
13 正覚坊─鳥海竜子─守賢─峰良─竜哉─竜夫（昭和二生）
14 大門坊─池田数馬─弘則─弘基─義雄
15 大泉坊─太田泉─続賢─昌賢─俊賢─忠─幹人
16 福生坊─伊東茂樹─直良─善之助─直行─直人
17 福泉坊─鳥海此面─盛栄─盛直─盛彦×（酒田）
18 安養坊─鳥海安衛─広宗─（不明）─広雄─広通
19 浄泉坊─鳥海勇─時田道教×（酒田）─（不明）
20 勝養坊─鳥海正峯（刀鍛治）─×

21 角之坊―鳥海一―孝盛―盛太―平八郎×（旧稲川村）
22 清水坊―阿部水吾―源鎮―厳静―源栄―厳弘―源裕×（新潟）
23 玉泉坊―鳥海登―幸覚―英覚―成覚―覚三―尚覚
24 西之坊―阿部千善―継願―為三―文彦―忠正
25 松尾坊―松本下居―光盛―恭盛―盛邦×（日光二荒山宮司）
26 上之坊―上野勝見―盛信×（旧高瀬村）
27 宝蔵坊―鳥海宝―治綱―喜和太―秀元×（鶴岡）
28 成就坊―志田山登―峰崇―崇信―真鍬―悠子
29 北之坊―志田寿―×
30 明光坊―小野記―清孝―源海―清継―穂積（現政子夫人）
31 別当坊―小野蔀×（本家は酒田、分家は杉沢）
32 宝前坊―小野忠蔵―（　）―（　）―光重―重美―光行（以上二坊は杉沢分）
学頭、龍頭寺―高野及瑞―細谷周秀―天野及善―多治見及晃―及賢―弘賢

このようにかつての三三坊家は平成六年ころには一八戸を数えるのみである。これら坊家を継ぐことができたのは長男だけであったから、次男以下で蕨岡に残って生活をする者は、必然的に門前の位置に甘んじなければならなかった。祭り等で実家に戻ってきていた人々とも話す機会をたびたびもったが、宴の席などで何十年も前のことにもかかわらず、家を継いだ長男と次男以下との待遇の違いを思い出して、大騒ぎになったこともあった。昭和の時代になっても長男が家を継ぐという意識はしっかりと残っていた。

聞書きで得た結果だが、かつて門前と呼ばれた人たちの目を通してみると、三三坊の坊宿の人たちは、田や畑を自分たちで耕すことはなく、また自家用の野菜を作ることもしなかった。農作業はすべて、門前が行っていた。便所の汲取りも草むしりも門前衆の仕事であった。門前から見ると、旧坊宿の人は毎日囲碁を打って暮らしていたようだ、と表現される生活であった。

2　門前

ここから蕨岡三三坊を支えていた、門前の人たちの生活を振り返ってみたい。蕨岡には数多くの近世期の文書が残っているが、当然のことだが、それらのほとんどは三三坊家に関わることのみで、門前の人たちの生活を記録したものはほとんどない。それでも嘉永七年（一八五四）の『一宮大神事手鏡』には、ほんの数例だが門前の人々のことが断片的に登場している。まずはそこから彼らの生活ぶりを眺めてみよう。

正月元旦、一山衆徒中より御神酒一升宛大堂え献上す、衆徒門前より昆布礼を請て御神酒を振舞、取肴ハ大根昆布なり、

同二日、一山中若者を相頼候て注連縄を打可申し候、綱之不札料三合三勺宛衆徒中より集、松尾坊え渡、

同三日晩、綱は龍頭ニ作り、七日晩御祈禱、前坂口之木え頭を鬼門ニ向張之、

同八日、先途は一山衆徒・門前え返礼ニ廻、

三月十六日、内盛饗、

当日は一山若者子供ニ至迄於別度振舞可有之候、但餅は五ツ限候、菓子引煙草等有之、吸物三度、御幣附八人撰相頼可申候、右若者共大衆当家より退座之後当家罷越注達（連カ）を請取可申、其節酒は三献に限へし、

同十八日、笈緘饗、
大幣附若者え案内申遣す、時ニ獅子頭参り於大幣前十二段を舞、若者共当家ニ至り神慮を勇て競、次先途を本座ニ直べし、三度後衆三人ニて先途守候す、先学頭座を立先途え一献勧、次一和尚、二和尚、三和尚、老僧座を立て各一献を先途え勧、若背共へハ行事相立候て一献を勧なり、大幣振之中老両人は、八人之御幣附若者之中ニ立て警固す、若者共守候して堂庭ニ可至、

寛政三亥年二月定

一、三月十九日、若背共之酒壱斗・豆腐壱釜為取候事、

文化元子年定

一、三月十八日、若背踏上候間ハ畳を返し、藁莚を敷置可申事、

一、同日晩当家ニて若背共へ振舞有之候得共、以来振（舞欠カ）無之、酒壱斗豆腐壱釜鬘相添遣候事、

同日若背共より御幣請取之節、玄関前え莚を敷、其所ニて請取候事、

文化十年酉三月定

一、十六日、若背共へ振舞是迄之通、尤膳部酒肴有合ニて差出、彼是不足之趣ニ申聞間敷事、附子供同断之事、

一、十八日、若背宿え酒五升、外ニ御幣酒五升、都合壱斗並御幣附八人えは餅菓子共是迄之通遣す、尤吸物二度出す、肴は有合品ニて賄可申事、[46]

門前たちは、門前・若者・若背・子供という名称で登場してきた。本文の中では若者と呼ばれているが、文化一〇年(一八一三)三月定では若背となっており、文化年間にいくらか呼び方の変化があったことがわかる。現在の祭礼でも若背の名称は使われていて、若勢とも書き、若背宿もある。

ここに門前たちが登場する場面は、正月の昆布礼、龍頭作り、三月の大幣立てである。『一宮大神事手鏡』の中で拾いあげた結果がこの暈だということでも明白なように、大衆・若衆の名称で呼ばれていた坊宿の人たちとは違う扱いを受けている。その中で彼らが活躍する場が三月一八日の笈絨襲である。大幣付き若者は案内を貰い、大幣の前で十二段の舞が始まると、当家にやって来て、神座に礼拝する。学頭を始め、一和尚・二和尚・三和尚・老僧などが座を立って先途に一献勧める。その間、若者たちへも行事が立って一献勧める。この儀礼の場では正式な参加者として遇されている。

当家から行列をして出る大幣に付き従う若者八人は、大幣を警護して大堂の庭へ赴く。先途が大先達大日之覚位を得て、大堂まで行列を組んで進んでゆく。そして先途が峰中堂へ入峰する際に、若者八人は大幣を警護して大堂の庭へ赴き、庭中に大幣を突き立てる。大幣の先端には、剣先がついていて、太陽と月を表している。つまり若者八人は、太陽と月が象徴する宇宙と大地の合体という、壮大なドラマを演じている。

三月一八日は、先途を始めとして、坊家の人々の重要な通過儀礼の日であった。またこの日は門前の人たちにとっても、同じように通過儀礼の日でもあった。三月一八日に行われていた暁の神事では、門前の家の長男は一〇歳くらいになると袴を穿き、神事に出仕した。そして直会の折には、御幣大願主である檀家に給仕をした。これが門前の家の子供の初御目見えだった。給仕の役をすると、神宿の人からお小遣いを貰えたという。この給仕の仕事は昭和五年（一九三〇）頃まで行われていた。

一五、六歳になると、大きな坊家の稚児のお供として祭りの行列に出る。手拭・草履を腰に下げ、坊名の入った半天を着て行列に加わった。

この後、大御幣祭の三人の剣先に出る。これは一の剣先・二の剣先・三の剣先の三人からなり、大幣の先端についた剣先を守護する役目である。剣先の役の者は嫁を貰う前の年齢の者でなくてはならない。この三人の剣先を含む大幣を守護する役が、記録にも出ていた八人若背《はちにんわかぜ》である。八人若背のうち、剣先の役の三人以外は結婚していても構わない。この他、大幣の周囲を警護する役の者が四人いる。棒突きといって、八人若背よりも権威があり、誰もが必ずいうことを聞くべきとされている。

このような年齢階梯と自己表現の場が、現在五月三日に行われている大御幣祭で、江戸時代には三月一八日に行われていた笈緘饗に始まる一連の行事なのである。

また鳥海山へ登る道者が来る時期には、門前は様々な商売をやっていた。これらの商売は道者の来る夏の時期、盆、正月、そして祭りの時期だけの季節的なもので、それ以外は百姓をやっていた。とくに夏は坊宿に泊まって鳥海山に登拝する道者が多かったので、彼らが必要とするあらゆるものを商っていた。そうした商売から生じた店の名前が、その家の屋号になっているところもある。商売をやっていたのは門前衆とは限らず、坊宿の人たちもやっていたというが、これらは明治以降のことと考えられる。

以下に上寺の人たちの記憶にある商売を見てみよう。なお以下の文章は主に聞書きによるもので、これらも明治以降の内容が中心となる。

（商売）	（屋号）	（現在の人の名前）
豆腐、厚揚	ナカジマ	鳥海善三（祖父が中島といった）
豆腐、厚揚	マサジロー	塩谷正美
風呂屋	フロヤ	仲鉢哲夫
馬喰	ヤタベエ	仲鉢昭三

餅屋、床屋、髪結い　　ジヘー　　時田治平
鍛冶屋　　カンジ　　舘内順子
雑貨屋、蕎麦屋　　アサノ　　池田トミ
瓦製造販売　　ヤソーシチ　　太田勝（太田瓦またはヤソーシチ瓦ともいった）
石屋　　イシロク　　（今はいない）
駄菓子屋　　モシチ　　（今はいない）
宮大工　　（不明）　　小野峰生
大工　　ゲンロク　　（今はいない）
料理屋　　ソノダイエー（今はいない、大鳳館の下）
乾物屋、イサバ屋　　梅本坊
郵便局　　正（勝）蔵坊
ところてん、こんにゃく正面坊
ところてん、こんにゃく福泉坊
豆腐、厚揚　　宝蔵坊
反物屋　　妙光坊
酒屋　　松の坊
駄菓子屋　　福生坊
刀鍛冶　　住泉坊（「鳥海山正宗」）

刀鍛冶　　　大泉坊（「太田賢秀」）
刀鍛冶　　　勝養坊（「鳥海丸」、重巡洋艦「鳥海」に納めた）
質屋、駄菓子屋　　南の坊
旅館　　　　西の坊(47)

門前の人たちは、春先に庄内各地を「お頭様巡行」と称して、獅子頭を携えて廻って歩いた。これは最もよい現金収入の道であった。もっとも、お頭様につく伴奏楽器を演奏する令人や楽人は坊宿の人たちであった。

坊宿に泊まり、鳥海山に登拝する道者のための馬の手配も門前の仕事であった。そのために馬を手配する馬指しという役割もあった。毎日、今日はどこからどこまで何軒の家で馬を用意する、明日はその次の家から何軒というように、門前の家に順番に割り振っていった。これはよい現金収入になった。

鳥海山に登拝する道者のための先達も門前がつとめた。道者が鳥海山の各拝所で拝むときに、賽銭箱がないので、先達が自分の笠を差し出すが、この賽銭も先達である門前の収入になった。シーズンが終わると、先達をやった者たちで平等に分配した。

鳥海山の七合目に河原宿があり、ここの食事の世話をするカシキも門前の役割だった。シーズンが終わると暇を見ては這い松を採りにゆき、これを五年間くらい干しておいて焚き木にして飯を炊いた。河原宿は標高一二〇〇メートルの高さにあるので、炊いた飯はメッコ飯といって芯があった。この高さなので、味噌汁の中身にじゃがいもなどを使うと芯ができてうまくなかった。そのため汁の中身は玉ねぎ・なす・わかめなどであった。鳥海山の雪渓を案内する先達はカシキの役割であった。しゃくなげや這い松は、虫除けとして田の水口に刺すために、道者の土産として使われるが、これらも事前に採っておいてカシキが売って収入とした。

六　神仏分離令・修験道廃止令

神仏分離令・修験道廃止令は、明治初期に日本全国に吹き荒れた一大事件であった。とくに神仏集合思想が濃厚であった修験道の各派には大打撃となった。

神仏分離令は、神社から神仏集合的形態を払拭することを目的として、明治元年（一八六八）に出された一連の法令の総称をいう。奈良・平安時代以来の神仏習合を廃止して、神祇を権現号で称することの禁止、仏像・仏具を神社内に飾ることの禁止、八幡などの神祇の菩薩号の禁止、別当社僧の現俗令、寺院が神社祭祀に関与することの禁止、神仏分離は廃仏毀釈の意味ではないことなどに関連する法令である。

また修験道廃止令は、明治五年に出された太政官布告の通称である。内容は「修験宗」の廃止と、従来の本山に従って、天台・真言両宗に帰入するように命じたものである。この法令の結果、聖護院を本山とした本山派修験および東叡山に属した吉野修験や羽黒修験などは天台宗に、三宝院に統率されていた当山派修験は真言宗に帰入させられた(48)。

鳥海山麓の修験各派も例外ではなかった。蕨岡では龍頭寺を残して一山すべて神道に改宗し、吹浦では神宮寺の別当が率先して神道に改宗して、修験道どころか仏教の色彩のかけらも残っていない。以下では神仏分離令・修験道廃止令を経て、蕨岡がどのように変化していったのかを見てみたい。

1　共栄社

明治元年の神仏分離令により、鳥海山一の宮は吹浦と決まった。この法令の布達のすぐ後に吹浦方は神祇官に復飾願を出し、その後、ほどなくして羽後の国一之宮飽海郡大物忌神社鳥海山神主職に任命された。蕨岡がそれを知ったのは明治三年のことで、吹浦の社人が各地にお札を配っていることがきっかけであった。以下ではこの一連の動きを岸昌一の文章から振り返ってみたい。

蕨岡衆徒は配札を差し止める願いを酒田県に提出するが、却下された。蕨岡はさらに、宝永元年(一七〇四)の裁決状には、大物忌神社は鳥海山上にあること、吹浦側は勧請の場所だという書類を提出していること、元文の正一位の神階は時の天皇が出したものであること、その際の扁額には「正一位」と記されていることなどを主張して、復飾願・嘆願書・再願書などを提出した。しかし明治四年に酒田県から変わった山形県は、「吹浦大物忌・月山神社は羽州一宮のこと異論あるべからず、蕨岡大物忌神社は勧請の地で、正一位の神階並びに一宮の扁額は証拠たりえず」と結論づけた。この後も繰り返し嘆願が続き、明治九年には教部省大輔へ「大物忌神社鎮座鳥海山所属改正願」を提出したが、これも採用しないと結論づけられた。蕨岡衆徒はこれにも負けず、当時の内務卿大久保利通に対して出願を行うが門前払いであった。そこで代言人(弁護士)に多額の報酬を払い、内務卿大久保利通代理前島密を相手に訴訟を起こした。しかし一年後にはこの裁判にも負けてしまう。

ところが明治一三年に就任した内務卿松方正義が、左大臣熾人《たるひと》親王宛に「国幣中社大物忌神社について山形県より上申があり、また県民からの屢々の上申もあり、よって鳥海山上の神社を本社とし、吹浦・蕨岡を両口の宮とし、三社連帯の一社とし」という上申書を提出した。これを受けて同年七月一五日に左大臣熾人親王から、この旨の達しが出て、ここに蕨岡の希望は入れられた。この騒動に最初から代表的な立場で関わっており、上京もしていたのは鳥海《とりうみ》時雨郎で、裁判の敗訴が決定した翌年には県会議員になっている。前述の「山形県より上申があり、また県民からの屢々の上申もあり」の部分に彼の政治家としての動きが見える。(49)

こうして一〇年間の運動の末、蕨岡と吹浦は両一の宮となった。この神仏分離令以降、蕨岡では龍頭寺を残して、旧坊宿も、門前衆も、一山を上げて神道になった。またかつて阿部・藤原を名乗っていた人たちの多くは、鳥海を名乗るようになった。

明治五年の修験道廃止令以降、蕨岡三三坊の旧修験者たちは「共栄社」という組織を作り、この組織が上寺の様々な利害関係の窓口となった。二〇町歩ほどある共有林の管理、鳥海山登山者の登拝料、参拝者への祈禱、宿泊などの管理も行っていた。当時は蕨岡口からの登拝者が多かったので、共栄社には金も力もあり、反抗すると上寺に住めないといわれるほどであった。しかし昭和三〇年(一九五五)頃になって、税金を納められなくなり、解散した。この頃の共栄社の社員は約二〇戸ほどであった。

また祭りの際には、共栄社が大願主を募集していた。大願主は檀家廻りのときに泊めてもらう家、特別に信心の深い家の人たちが、寄付をして「大願主」として祭りに参加できる。

この大願主を招待し、また宿泊の提供をするのが「神宿」である。昭和五年までは先途役だった者の家が、祭りのときの神宿となった。かつての先途は祭司に、若大将は若大司に名称を変え、先途の胎内修行は春と冬の物忌籠りという形をとって続いていた。

よい檀家をもっていれば、祭司をやって神宿を勤めることは、大願主として多額の寄付が寄せられるので、神事に際して散財しても余裕があるが、檀家の少ない家では、田圃を手放した人もいるという。

昭和五年以降は大物忌神社宮司が、祭司に代わって祭りを執り行うようになった。そこで共栄社がお金を出して祭司の代わりに神宿となり、大願主を泊める家を頼んでいた。昭和二八年から五四年まで、般若坊の鳥海秀規家と、玉泉坊の鳥海尚覚家の二軒が神宿を交代で務めていた。しかし神宿は広い家と人手を必要とするので、この二軒にだけ

昭和３年(1928)に神宿を勤めた小松繁松氏
遊佐町蕨岡

負担がかかりすぎるということになり、神宿として使えて、さらに公民館の代わりにもなる大鳳館を建てることに決めた。建設に際しては地域の人たち皆のものという考え方から、全戸に寄付を募り、一年半かけて寄付を集めた。故鳥海啓雄氏が区長の頃のことで、昭和五一年に退職した鳥海氏は、山形県・遊佐町、そして農協からも寄付や助成金をもらった。昭和五二年に大鳳館が完成し、この年から祭りの準備にも地域の全戸が参加するようになった。

平成六年（一九九四）の大願主は二六〇人で、平成七年は二四〇人くらいであった。大願主になるのは、旧三三坊の人たちが檀家廻りのときに泊めてもらっていた宿、特別に信心の深い家の人たち、上寺生まれで他県に行っている人、企業や個人の縁故のある人などである。終戦直後には大願主になる人が少なく、八〇人くらいの年もあり、赤字で祭りを行うのが困難な時代もあったという。

2 隆盛会

明治初期の神仏分離令・修験道廃止令に伴って、旧坊宿の人々のほとんどが神道に改宗した。その後も彼らは自分たちの権益を守るために、共栄社という組織を作って鳥海山への参拝者や大物忌神社への参詣者のための便利を図っていた。

この共栄社に対抗するような形で、旧門前の人たちは隆盛会という組織を作った。中心になったのは太田八十七という人物で、門前ではもっとも力のあった人である。彼が活躍していたのは明治二七年頃であった。彼が尽力してできた隆盛会だが、初代会長には衆議院議員をやったこともある鳥海哲四郎がなった。隆盛会を作る際は共栄社には秘密で、集会は夜密かに行われ、お金が集まるまでは密会を繰り返していた。

その財産は終戦直後のときでも三〇〇〇円くらいあった。家を一軒建設できる程の金額であったが、封印されて使うことができず、自由に使える頃にはインフレで、二足三文の値打ちしかなかった。

隆盛会は産業組合ができるまでは、経済的な互助組織としての色合いが強かった。その金融組織は、利子が一割で年末の一二月二五日には必ず清算する決まりであった。百姓は肥料を買うにも現金が必要であった。隆盛会の組織は、今でも親睦の会としてのみであったが残っている。上寺に在住していることが会員の資格である。先輩が苦労して作ったのだから残そうということで、解散しないでいる。現在の大物忌神社祭礼の折に、神宿の機能も果たしている大鳳館を建てるときにも、隆盛会の財産があったので、隆盛会に借金をして建てることができたのであった。現在年会費は二〇〇〇円であるが、会を止めるときには一人分の持分を分配してもらうことができる。

3　修験道廃止令以降の祭り

蕨岡において一〇か月に及ぶ胎内修行の中でも、修験道の儀礼として最も特色のあるものが、三月一八日の笈絋饗であった。この儀礼を経て先途は大先達大日の覚位を受けるもので、胎内修行のハイライトであった。だからこそ、明治の神仏分離令・修験道廃止令に伴う大改革を経て、この部分はすべて省かれてしまった。しかし修験道色を省き、名称と祈禱儀礼の形式を変えて、一連の行事は明治以降も引き続き行われてきた。それが『明治十五年　一宮大神事年中行事録』として、以下の通り大物忌神社に残っている。

八月二十七日　斎館開。

随神門外に斎館開の広告を掲示、翌年大例祭神宿当番の家で清祓い。当家の主人を祭司といい、座敷の一間に注連縄を張り、大例祭まで、汚穢、不浄を見ず、身に白衣を着て毎朝沐浴して神社参拝し、神勤めを怠らず職務とすること。

八月二十八日　一山社家本社に着座し、神事。

冬物忌籠開館　物忌祭は十一月初卯の日を忌始とし、酉の日を忌明けとする。

七日七夜の物忌は神宿の主人を惣代として、社家が輪番で参籠する。

春物忌籠開館　陰暦十二月晦日より正月七日まで参籠。

陽暦一月二日　一山の若者が大注連縄で大蛇を作る。

正月七日　春物忌納め、御判神札加持、大注連縄掛けの祭。

三月三日　御弓神事。
四月二十五日　舞童揃。
四月二十八日　御棚結之饗。
五月一日　任叙盛饗。
五月二日　刀立之饗。
五月三日　暁大御幣立之饗。
五月三日　大御幣送饗。(50)

日程は近世期とほとんど変わっていない。一二月七日の鳥海山大権現の年籠りと一七日の籠りは冬物忌籠に、大晦日より七日までの修正会の籠りは春物忌籠となった。祭りの日が五月三日になったのは、かつては五月二日に出峰をして、三日に笈渡しをしていたことによる。つまりこの一連の行事は五月三日にけじめがつくという、近世期以来の伝統を受け継いでいるのである。笈縅饗が終わると同時に峰入が始まる三月一八日から、出峰となる五月一日までの峰中堂での修行がすっぽりと抜けた結果、祭りの日が三月一八日から五月三日に移った。先途は祭司、若大将は若大司と名を変え、先途の胎内修行は冬と春の物忌籠という形をとって続いていた。

この行事は、八月二七日の斎館開に始まり、五月三日の大御幣送饗まで、冬と春の物忌籠も含めて、座敷の一間に注連縄を張り、大例祭までの一〇か月にわたる神勤めを、祭司が主催することに意味があった。かつての先途が祭司と名を変えても、この行事全体を主催していたからである。

しかし昭和五年に、かつての先途から名称を変えて祭司としていたものを、神社の神官が務めるようになり、この形態が維持できなくなった。最後の祭司は昭和五年に勤めた旧般若坊の鳥海秀宣氏であった。その後は当時の大物忌神社の宮司であった旧成就坊の志田真鍬氏が祭司となり、共栄社が協力する形式で戦後まで続いた。戦後は祭司役を上蕨岡地区区長が担い、大御幣祭執行委員長という名称で今に続いている。

註

（1）神田より子『蕨岡延年』遊佐町教育委員会　一九九四、「鳥海山蕨岡修験の祭りと芸能」『民俗芸能研究』第二二号　民俗芸能学会　一九九六、「鳥海山蕨岡修験の胎内修行」『山岳修験』第一七号　日本山岳修験学会　一九九六、『科学研究費補助金研究成果報告書　鳥海山蕨岡修験の宗教民俗学的研究』一九九八

（2）山形県史編纂委員会編『山形県史　資料編15下　古代中世史料二』（山形県　一九七九）。この資料編には「この銘は後刻か、峰中堂跡より発掘したといわれる」の注がついている。

（3）前掲（2）に同

（4）「熊野信仰と東北展」実行委員会編・発行『熊野信仰と東北―名宝でたどる祈りの歴史―』二〇〇六

（5）大物忌神社吹浦口の宮蔵

（6）戸川安章「鳥海山と修験道」月光善弘編『山岳宗教史研究叢書七　東北霊山と修験道』名著出版　一九七七

（7）前掲（6）に同

（8）遊佐町史編さん委員会編『遊佐町史資料集　第一号　鳥海山資料（鳥海山史）』遊佐町　一九七七

（9）前掲（8）に同

（10）「羽黒山年代記　永正七年ヨリ真田在庁書　明和三年羽黒山宥栄写之ト云々」前掲（2）に同

（11）前掲（8）に同

(12) 前掲(8)に同
(13) 前掲(8)に同
(14) 松本良一『鳥海山信仰史』本の会　一九八四
(15) 松本良一「酒田の修験道」『酒田市史　資料編七』酒田市　一九七七
(16) 多次見弘賢『鳥海山龍頭寺略史』私家版　二〇一三
(17) 宮家準『山伏—その行動と組織—』評論社　一九七三、『修験道組織の研究』春秋社　一九九九
(18) 戸川安章　前掲(6)に同
(19) 戸川安章　前掲(6)に同
(20) 神田より子『吹浦田楽』遊佐町教育委員会　一九九六
(21) 神田より子『蕨岡延年』遊佐町教育委員会　一九九四
(22) 前掲(21)に同
(23) 戸川安章　前掲(6)に同
(24) 前掲(8)に同
(25) 前掲(8)に同
(26) 旧勝蔵坊鳥海篤夫氏蔵　松本良一『鳥海山信仰史』本の会　一九八四
(27) 松本良一　前掲(14)に同、宮家準『修験道組織の研究』春秋社　一九九九、「諸宗階級(下)」国書刊行会編『続々群書類従　第一二』平凡社　一九七〇
(28) 神田より子『科学研究費補助金研究成果報告書　鳥海山小滝修験の宗教民俗学的研究』二〇〇七

(29) 神田より子　前掲(21)に同
(30) 前掲(21)に同
(31) 前掲(21)に同
(32) 進藤重記『出羽国風土略記』(宝暦一二年〔一七六二〕) 歴史図書社　一九七四
(33) 戸川安章『修験道と民俗』岩崎美術社　一九七二
(34) 戸川安章　前掲(33)に同
(35) 戸川安章　前掲(33)に同
(36) 戸川安章　前掲(33)に同
(37) 戸川安章「羽黒修験の入峰修行における鎮魂思想について」『宗教研究』第一三八号　日本宗教学会　一九五二
(38) 宮家準『修験道儀礼の研究(増補版)』春秋社　一九八五
(39) 神田より子　前掲(21)に同
(40) 前掲(2)に同
(41) 宮家準編『修験道辞典』東京堂出版　一九八六
(42) 神田より子　前掲(21)に同
(43) 神田より子　前掲(21)に同
(44) 神田より子　前掲(21)に同
(45) 神田より子　前掲(21)に同
(46) 神田より子　前掲(21)に同

(47)　神田より子　前掲(21)に同
(48)　戸川安章　前掲(33)に同
(49)　岸昌一「鳥海山信仰史」神田より子監修『鳥海山　自然・歴史・文化』鳥海山大物忌神社　一九九七
(50)　神田より子　前掲(21)に同

第二章　鳥海山吹浦修験

はじめに

この章では、中世期には羽黒山の修験組織に所属し、鳥海山麓で修験集落を形成していた山形県遊佐町吹浦地域を取り上げる。

現在の鳥海山大物忌神社吹浦口の宮は、遊佐町吹浦字布倉に位置している。大物忌神社は江戸時代には大物忌・月山両所大権現を祀り、「大物忌之神社」と号し、別当寺であった両所山神宮寺を中心に、二五坊の衆徒、三社家、一巫女家の各家々からなっていた。明治元年(一八六八)の神仏分離令以降は、神宮寺を中心に全戸が神道に改宗し、鳥海山大物忌神社吹浦口の宮を名乗り今に至っている。

近世期まで神宮寺の衆徒として、また大物忌・月山両所大権現を祀る大物忌之神社の社家として、布倉の人々は大きな権益を持っていた。明治の神仏分離令以降、かつての衆徒・社家・巫女家の人々は、自分たちの権益を維持するために報徳社という組織を作り、山頂神社、七号目の御浜、山の財産の管理、鳥海山への登拝者の先達、御頭舞などを勤め、祭りも年中行事も舞楽も取り仕切ってきた。この報徳社の社員の長男は一六歳になると「大物忌神社社頭出仕を命ず」という達しが出て、花笠舞に参加するようになり、報徳社の社員として大物忌神社への奉仕を始めるのが勤めだった。社員は布倉から転出すると報徳社から抜ける規則で、その権利も放棄しなければならない。この形式は今も続いている。

昭和四年(一九二九)に神社の改革があり、それまで報徳社と神社は共存共栄だったが、神社が主導する形へと変わり、報徳社が持っていた権益や義務はなくなり、この時期以降の報徳社は神社の協力団体という存在になったという。

しかし今でも、正月五日に行われる管粥神事では報徳社の社員が重要な役を担うなどの形を残している。なお現在布倉に住んでいる報徳社の社員は一八戸である。

吹浦田楽舞を伝えてきたのは、遊佐町吹浦の布倉地区に住んでいた、鳥海山大物忌神社に仕える報徳社の人たちであった。花笠舞は八人なので、新人が入って来れば、次の過程に移れるが、次が出て来ないと何年も続けて出る。同時に何人も入った場合、親の年齢や入った順で子供の順も決まる。花笠舞が終わると、花笠の先導を勤める先払いの役、花笠の舞台を弓で鬼門に射る弓弾きの役を勤める。次が伶人で、祭りの行列や田楽の拍子を受け持ち、三管と太

吹浦大物忌神社　大物忌神社本殿・月山神社本殿

遊佐町吹浦宿町・横町から見た布倉地区（遊佐町提供）

吹浦大物忌神社宵宮祭の花笠舞

吹浦大物忌神社例祭の花笠舞

吹浦大物忌神社例祭の獅子舞

鼓からなる。次は大小の舞など一連の舞楽、その後三〇歳頃になると獅子頭を持って舞う御頭舞を演じる。これらを経て一人前として認められた。

鳥海山大物忌神社吹浦口の宮の祭礼では、布倉では、報徳社の社員の家々が毎年祭りの神宿を交替で勤めていた。一方門前町の宿町・横町では、それぞれの地域が一年交替で神宿を出し、かつては神宿が二軒あった[1]。しかし昭和六年に吹浦田楽舞が東京公演を行ったときから三町内が合同して、交替で神宿を行うようになっている。

一　古代・中世の吹浦地区

1　鳥海山大物忌神と大物忌神社

鳥海山大物忌神社吹浦口の宮の脇には鳥海山への登拝道があり、人々は神社の脇から鳥海山頂を目指した。鳥海山吹浦の北隣にある女鹿地区より先はもう秋田県である。

御頭《かしら》様と称する獅子頭が大物忌神の御神体として、正月三日より廻り始める巡行の範囲には、庄内地方のみではなく、秋田県由利郡一帯も含まれている。これは正平一三年（一三五八）に北畠顕信が出羽国一宮両所大菩薩に、由利郡小石郷乙友村（現由利本荘市小友）を神領として寄進（大物忌神社吹浦口の宮所蔵文書）したことに由来している。由利郡一帯の地方は長く大物忌神社吹浦口の宮の旦那場なのである。現在正月五日に行われている管粥神事において、粥に使う米と葦管が、この故事により長らく乙友村の人々から寄進されている。また御鉾御頭様の巡行に歩く人たちの中には、秋田県出身の人もいた。

鳥海山は標高二二三六メートルあり、秀麗なその山は有史以来数度の大噴火を重ね、最近では昭和四九年（一九七四）に噴火をみた。古代には鳥海山の噴火と、その山麓地帯の天変地異は蝦夷の反乱を予告するものと考えられ、奈良時代以降そのつど朝廷から封戸・位階・勲等が贈られ、昇叙されてきた。

大物忌神と神宮寺が記録に登場する(2)のは『日本三代実録』の弘仁年中（八一〇〜二四）の「大物忌神噴火、其後戦有」が初出である。その後『続日本後紀』の承和五年（八三八）には「奉授出羽国従五位上勲五等大物忌神正五位下」とあり、従五位上勲五等の位階が授与されている。

この頃にはまだ鳥海山の名前はなく、「飽海郡にある大物忌之神」という認識のされ方であった。その後『本朝世紀』には、大物忌神は天慶二年(九三九)に「正二位勲三等大物忌明神の山焼け―有御占事怪―」とある。これは大物忌明神の山焼けを占ったところ、事の怪と出たから、何かありそうなので位階を授与したということか。これ以降、江戸時代に入るまで位階の昇叙はない。

2 神宮寺

松本良一によれば、承和一一年(八四四)に慈覚大師円仁の弟子安慧《あんね》が出羽国に派遣されたとある。[3] 安慧(または安恵)[4]が実際に吹浦の神宮寺まで来たという資料はないが、神宮寺の宝永二年(一七〇五)の縁起には、天台宗の慈覚大師と関わりのある次のような記事がある(詳細は後述)。

鳥海山は吹浦より慈覚大師の開基ニて、(中略)
鳥海・月山両所大権現、毒鳥を平ケ被成候御剣其以後慈覚大師開基の節御自筆ニて、金胎両部の曼陀羅、同大師の絵像・木像、其外十二天之版木、山王の版木、何れも御自作にて(以下略)(大物忌神社吹浦口ノ宮所蔵文書より)[5]

同様の記事は、永正七年(一五一〇)より真田在庁が記録し、明和三年(一七六六)羽黒山宥栄が写したとされる『羽黒山年代記』にも見える。[6]

こうした事から、神宮寺はこの頃より天台宗だった可能性もある。また『日本三代実録』の貞観四年(八六二)には、「出羽国正四位勲五等大物忌神預之官社」とあり、ここに大物忌神が正式に官社としての社格を預けられている。

さらに元慶四年(八八〇)になると、「出羽国正三位勲三等大物忌神授従二位」を受けるまでになる。

同じく『日本三代実録』の仁和元年(八八五)には、

遊佐町吹浦神宮寺に伝わる
金胎両部曼陀羅絵図

遊佐町吹浦神宮寺に伝わる
慈覚大師自筆とされる画像

出羽国秋田城中、及飽海郡神宮寺西浜雨石鏃、陰陽寮言、凶狄陰謀兵乱之事、神祇官言、彼国飽海郡大物忌神、月山神、田川郡田豆佐乃売神、倶成此恠崇在不敬、勅令国宰恭祀諸神、兼慎警固、

などの記録がある。戦乱や凶狄陰謀兵乱など国内に何か異変があると、その前兆として噴火や石鏃の雨が降るなどして、大物忌神が神意を示したと捉えられた。そのため陰陽寮が占い、神祇官が祭祀を行わせていたようである。松本良一が指摘(7)したように、当時鳥海山付近は大和朝廷の前進基地であり、秀麗なその山容と、噴火の状況は、征夷とそれに伴う信仰の統制に最も適した山であったからと考えられる。

また延長五年(九二七)に作成された『延喜式』には次の記事が見える。

神祇　出羽国九座　大二座　小七座
　飽海郡三座　大二座　小一座
　大物忌神社　名神大、小物忌神社
　月山神社　　名神大

主税　出羽国正税
　月山大物忌ノ神祭料　二千束
　神宮寺料　　　　　　一千束

このように『延喜式』神祇の項には、出羽国飽海郡の大物忌神社・月山神社が名神大として登録され、また『延喜式』主税では、月山大物忌ノ神祭料として二〇〇〇束、神宮寺料として一〇〇〇束がそれぞれ認められていたことを示すものである。

中世に入ると、承久二年(一二二〇)には次の書状がある。大物忌神と月山神を祀った両所宮の修造を早急に完成す

るようにと、神主久永の訴えを受けて、鎌倉幕府が北目地頭新留守氏に宛てた催促の記録である。

　　関東御教書

出羽国両所宮修造事、不終其功之由、神主久永訴申候之間、去健保六年十二月、為催促雖被差遣雑色正家、故右大臣（源実朝）殿御大事出来之間、正家不遂其節帰参、然而有限修造依不可黙止、為催促所被差遣雑色真光也、無懈怠可終其功之状、依陸奥守（北条義時）殿御奉行、執達如件

　　　承久二年十二月三日　　散位　藤原（花押）奉

　　　　　　　　　　　　　散位　三善（花押）

　北目地頭新留守殿(8)

またこの時代になって初めて鳥海山という山の名称が、暦応五年（一三四二）の銘のある鰐口（大物忌神社吹浦口の宮所蔵）に登場してくる。

　　奉懸鳥海山和仁口一口

　右意趣者藤原守重息災延命如右　敬白

　　暦応五年壬午七月廿六日(9)

戸川安章によれば、この鰐口は山上の社に奉納されたもので、暦応五年（一三四二）は北朝の年号で、鰐口は修験関係の堂宇に懸けられるのが通例であるから、鎌倉末期には修験者が鳥海山と関係を持つようになっていた、(10)という。

正平一三年（南朝年号、一三五八）には北畠顕信が寄進状を両所大菩薩に宛てている。

　　奉寄進　出羽国一宮両所大菩薩

　　　由利郡小石郷乙友村事

右　為天下興復別而陸奥出羽両国静謐、所奉寄進之状如件

正平十三年八月卅日

従一位(行)前内大臣源朝臣　(花押)[11]

かつて神宮寺にあった大物忌神の本地仏の薬師如来像と、月山神の本地仏の阿弥陀如来像は、明治の神仏分離令により吹浦の北方にある女鹿の松葉寺に移された。この両仏の胎内に残された銘には、阿弥陀如来は暦応元年(一三三八)、薬師如来は永正三年(一五〇六)、慶長五年(一六〇〇)、寛文一二年(一六七二)の年代が記されている。[12]

①阿弥陀如来像

(胎内背部下方墨書)

仏師　良覚

法希う(ママ)

暦応元年三月廿五日

(胎内背部上方墨書)

仏師

願者　東福坊　千手坊　善住坊兄弟

慶長五歳庚子極月廿日

(阿弥陀如来像台座)

奉再興後背台座、為二世安楽也

羽州庄内鶴岡　芳賀次兵衛

遊佐町吹浦字女鹿　（松葉寺蔵）
木像阿弥陀如来像

遊佐町吹浦字女鹿　（松葉寺蔵）
木像薬師如来像

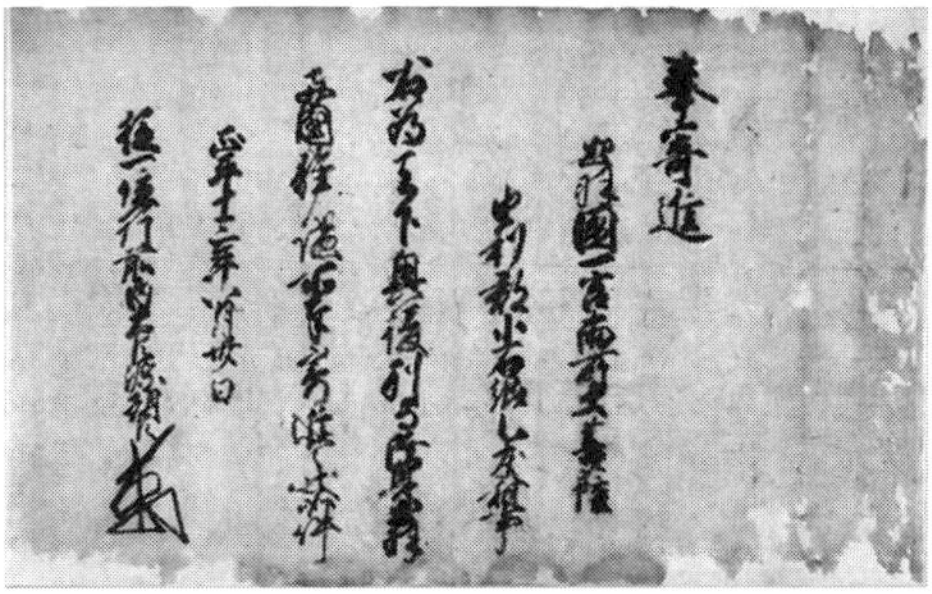

紙本墨書北畠顕信寄進状（複製）　鳥海山大物忌神社吹浦口の宮蔵　（遊佐町提供）
北畠顕信が由利郡小石郷乙友村（現由利本荘市）を両所大菩薩（大物忌神と月山神）に寄進した際の書状

遊佐町女鹿　松葉寺
かつての吹浦神宮寺本尊阿弥陀如来像と薬師如来像が祀られている。

宝永三年丙戌六月吉日

②薬師如来像

（胎内左肩より下方へ墨書）

永正三年丙三月十八日

最奥坊　成城坊、仏子（ママ）福泉坊　東福坊

権大僧都法印心澄　（花押）

（胎内腹部墨書）

願者　東福坊　善住坊　兄弟仏師　千手坊

慶長五歳庚子極月廿日

（薬師如来像台座）朱漆書、

（奉再興後背台座）為二世安楽也

羽州庄内鶴岡　伊藤久祐次

（宝永三年）丙戌六月吉日

③阿弥陀・薬師如来像胎内納札(1)

（表面墨書）

佐藤久太郎殿

奉金色彩色　本願人　同名八蔵殿

広田長佐衛門殿

（裏面墨書）

寛文拾二壬子年四月廿九日　権大僧都法印聖覚

④阿弥陀・薬師如来像胎内納札(2)

（表面墨書）

広田長佐衛門殿

奉金色彩色　本願人

俗出　諸結衆

（裏面墨書）

寛文拾二壬子年四月廿九日　権大僧都法印聖覚

以上の銘から、遅くとも暦応元年（一三三八）には神宮寺に阿弥陀如来像が安置されていたことがわかる。さらに、この五年後に暦応五年銘の「鳥海山」と刻印された鰐口が山上で見つかっている。

ここに記された仏師良覚と法希うの両名がどういう者か、はっきりとはわからないが、永正三年（一五〇六）の薬師如来像の胎内に刻まれた、最奥坊・成城坊・仏子福泉坊・東福坊、権大僧都法印心澄、また慶長五年（一六〇〇）の阿弥陀如来像と薬師如来像の両方の銘にある願者東福坊・善住坊、兄弟仏師の千手坊の名前は、学頭神宮寺を含む吹浦二五坊家と直接つながる家筋であり、この頃には二五坊・三社家・一巫女家からなる組織が確立していたと考えることができる。

また慶長一七年（一六一二）一〇月一八日銘の大物忌神社の棟札には、次のような記載がある。

（表面）

護持教主権大僧都法印祐盛　対大行使進藤但馬盛安清
聖主天中天　　大工　藤原末孫本間與左衛門清定
迦陵頻伽聲　　番匠奉行　新井弥左衛門
遠藤與五右衛門
答奉為並造営殿一宇　護持檀那藤原臣志村九郎兵衛光惟　小林九右衛門
村山番首茂次
哀憐衆生　小行使斎藤筑後守盛廣
我等今敬禮　相田勒衛尉廣次
門間勘衛尉信久
衆徒四箇法華懺悔　秋山與兵衛頼茂

（裏面）
志村伊豆守者河北亀ヶ崎守護也　上村利右衛門
二代守護者志村光惟当山建立也　丸山嘉右衛門
羽州一宮両所山祠宮寺　右材木三ツ川内ヨリ出也　渋谷藤右衛門
一千八百拾三人乎　斎藤孫三郎
天浦喜三郎
別当学頭法印祐盛　村井源四郎
于時慶長拾七年　一和尚　住蓮坊　右創立七月十五日　佐藤仁左衛門

壬子十月十八日　二和尚　林泉坊　初而拾月十八日巳尅迁述也　富樫庄右衛門
　　　　　　　　三和尚　成住坊　弐万二千二百五十三人但シ本山　吉村庄右衛門
　　　　　　　　　　　　　　　　　　　　　　　　　　　　　　　　本間久太郎
三庄遊佐郷　　　　　〆二万四千五十六人也　　　　　　　　　　　　加藤喜三郎
　飽海郡吹浦之邑也　右本番三郡ヨリ出也　　　　　　　　　　　　　村井源五郎
　　　　　　　　　　　　　　　　　　　　　　　　　　　村肝煎　高橋治左衛門
　　　　　　　　　　　　　　　　　　　　　　　　　　　　　　　伊藤助右衛門(13)

この棟札の表書には、護持檀那藤原臣志村九郎兵衛光惟、護持教主権大僧都法印祐盛などの名前があり、裏書には、「志村伊豆守者河北亀ケ崎守護也」「二代守護者志村光惟当山建立也」とあって、慶長一七年(一六一二)一〇月一八日の造営には河北亀ケ崎の守護者で二代目の志村光惟が檀那として当山の建立に強く関わっていたことがわかる。羽州一宮両所山神宮寺の別当は学頭の法印祐盛である。一和尚住蓮坊・二和尚林泉坊・三和尚成住坊の名前もあり、吹浦両所山一山の組織のあり方が具体的に見えてくる。

「衆徒四箇法華懺悔」の文字が見え、慶長一七年(一六一二)当時の宮殿造営の落成式に四箇法華懺悔が行われていた。

慶長一七年六月に出羽国国主の最上義光は、蕨岡と吹浦に寺領八七石五斗二升二合を寄進、また同年八月には社領五三石九斗五升一合を寄進している。(14)

二　近世吹浦の神宮寺・二五坊・三社家と本末関係

1 神宮寺

神宮寺は大和朝廷の蝦夷への進出の前進基地の意味も含めて、『延喜式』では「神宮寺料　一千束」と記載されるなど、古代から官寺としての色彩があった。

近世期になると、大物忌・月山両所権現社の社家であった進藤重記は『出羽国風土略記』(宝暦一二年(一七六二))[15]の中で、神宮寺について次のように述べている。

本号は梵宮山光勝寺といふ、院号は教観坊、号は学頭坊と称す、古記に見えたり。両所宮の神宮寺なるが故に両所山とも称す、

神宮寺一山の本号を光勝寺と称し、その学頭坊が教観坊を名乗っていたという。また進藤重記は、古い時代の住職名は不明だがとして、以下の中興開山の名前を列挙している。

一世憲信律師、二世法印宥遍、三世慶栄、四世秀順、五世霊精、六世実照、七世覚存、八世祐晟(元和二年五月寂、慶長十三年の棟札に祐盛とあるは是にや、祐晟字形似たる故あやまりしや)、九世範秀(元和九年に書きたるの八封の末文に、光勝寺住僧範秀書とあり)、十世秀存、十一世明舜、十二世覚槃、十三世堅覚、十四世宥鏡、十五世文念、十六世祐栄、十七世覚求、十八世尊恵、十九世得仁、二十世卓英、二十一世宗覚、二十二世賢雄、二十三世文雅、二十四世宗空、二十五世宥圓

進藤はこれら神宮寺の歴代住職のうち、元和二年(一六一六)五月に入寂した八世祐晟が、慶長一三年(一六〇八)の

棟札にある祐盛と同一人物と推測し、元和九年に書かれた八封末文にある光勝寺住僧範秀は九世範秀であろうとしている。

神宮寺の宗旨だが、これがめまぐるしく変わっている。前述した慶長一七年（一六一二）に別当学頭法印祐盛の許で落慶した大物忌神社の棟札には「衆徒四箇法華懺悔」が修法され、この時の落慶法会は天台宗の方式で行った。(16)

この当時の江戸幕府は様々な宗教政策を展開させ、宗教各派や各地の宗派はそれに翻弄された。慶長一九年（一六一四）に江戸幕府が、修験者に本山・当山の二派の別があることを認め、天台宗の聖護院と真言宗の三宝院にその支配権を認めた。これによって打撃を受けた羽黒山の当時の別当天佑は、寛永一六年（一六三九）に天台宗に帰入し、はじめは天海僧正の力を、天海の死後は幕府の関係を利用して羽黒派の独立を勝ち取り、末派修験の統制に乗り出した。第一章でも述べたが、これに反対した蕨岡は元々真言宗だったと、羽黒派から別れて、貞享元年（一六八四）に醍醐寺三宝院末となった。

一方の吹浦は、明暦元年（一六五五）に次の文書を蕨岡に宛て出し、真言宗から天台宗へ移ると宣言した。

取替手形之事

我等事元ハ真言宗ニて御座候得共天台宗ニて御座候故、五年以前宗旨を替天台宗ニ罷成候、我等寺より出シ来候牛王ハ両所山も版木いたし来候、両所山ト申は月山・鳥海山之事ニて御座候故、鳥海山共書来候へとも、互相論之事候間、摂津守殿御穿鑿之上、去ル寅ノ年より前ニ出シ候札守ニ鳥海山神宮寺と御座候ハヾ、札守ニ鳥海山ト書可申候、作用ニ於無之は札守も如牛王両所山ト書可申候、為後日右ニ手形取替候、此旨於違背は講義え被仰上如何様ニも可被付候、以上

明暦元年未七月九日

吹浦　神宮寺
蕨岡　観音寺(17)

鳥海山の衆徒は後述の小滝も含めて、羽黒山とは中世以来ゆるやかな本末関係を結んでいたと考えられる。それ故神宮寺以下吹浦の衆徒が「五年以前（慶安三年〈一六五〇〉）宗旨を替天台宗ニ罷成候」という事情は、羽黒山の宗旨替えに伴い、行動を共にしたとも考えられよう。

ところが吹浦では慶長頃から、羽黒山との本末関係を快しとしない空気が生じていた。例えば当時の羽黒山の別当であった光明院清順から、慶長三年（一五九八）に神職の一人であったとの内太夫は、羽黒山の霞下にありながら出仕しないのは如何であるかとの、催促を受けている。

河北中吹浦両所の太夫、於羽黒山大峰ニ当山出仕の処相定処ニ為如何吹浦斗出仕有間敷由承候。其故如何と申ニ、東卅三ヶ国之大神所と申、殊更出羽、奥州者羽黒山の敷地ニて御座候の所を、両頭之太夫斗、昔より羽黒山江出仕なき由、在庁被仰越候。乍去最上、長井、会津、越後迄の御師・在庁の仕置有之ニおいては、旁々後日までのいき通とくへき歟。為如何千手院方へは出仕せられ候哉。いわん哉、足下乍被居、御師・在庁を用間敷由承候。左候はゞ庄内のかすみ（霞）惣て自昔羽黒山之仕置可被相砌（カ）儀か。霞の儀はこなたの物たるべし。又は由利十二頭ニ御師・在庁を定候ニ、庄内に居ながら様の執行被成候ニおいて者、何ヶ度も委可申入儀也、仍如件、

光明院（印）法印　清順　（花押）

慶長三年五月十三日

吹浦太夫との内殿

参(18)

こうした空気がある中で、吹浦ではその後また真言宗へと宗旨替えをした。進藤重記は神宮寺は元は天台宗であったが、宝永年中(一七〇四～一一)に江戸筑波山護持院下になり、真言新義の法流を継いだと述べている。[19]宝永二年に両所山神宮寺、二十五衆徒、三社人が連名で、蕨岡との争論を寺社奉行に訴えた「乍恐口上書を以申上候事」(吹浦口の宮文書)に次の記述がある。

天下国家安全之御祈禱道場、則鳥海山ヲ奥の神前に仕、本地薬師秘法を以往古より勤来候所ニ、至中古ニ真言新義之学頭吹浦ニて勤来候事、[20]

これによると、宝永二年(一七〇五)の段階ですでに真言新義を名乗っていたのである。これ以降明治の神仏分離令に至るまで神宮寺は真言宗を堅持するが、一山の衆徒たちはその後も長く天台宗の方式を維持し続けてきた。これらについては後述する神宮寺の年間の行事の中で詳しく述べてゆきたい。

2　鳥海山の山頂争い

元禄年間になると、飽海郡蕨岡と由利郡矢島の両修験集団の間で鳥海山頂を巡る訴訟が起き、幕府の寺社奉行・勘定奉行・町奉行を巻き込む大きな事件となった。吹浦の神宮寺衆徒も訴訟に巻き込まれ、尋問に対して回答を迫られた。これはいまだに、関係のあった地域間に禍根を残すものとなっている。以下では土地を巡るこの争いの経緯を述べてみたい。引用する資料は、近代になって書かれた蕨岡の記録『大社実録』[21]である。

元禄一二年(一六九九)一二月に鳥海山における遊佐郡各村の地境が確定されたが、その中に由利郡に属していた矢島は含まれていなかった。同一四年八月一六日に、鳥海山逆峰の矢島衆徒が、鳥海山の御堂の修復を当山派修験の本寺である醍醐寺三宝院に願い出て、三宝院はこれを承認した。

同年八月二五日、これに対して順峰の蕨岡衆徒は、鳥海山大権現は昔より順峰が支配してきたところであり、鳥海山上は庄内領であると三宝院に訴えた。同年一〇月三〇日、三宝院江戸鳳閣寺は、矢島・蕨岡ともに当山派修験内部の者であるとし、ここは宗教上の結論をさけて、山上論争は宗教とは関わりのない領地の境界争いとして結論を出した。

元禄一六年（一七〇三）六月八日に、鳥海山上の権現堂の遷宮式を順逆両修験および信者が参集して行っていた。そこへ、棟札に書かれた内容に不満を持っていた由利郡矢島の百姓が堂内になだれ込み、棟札を奪ってしまった。そして同年一二月九日、矢島の百姓が蕨岡龍頭寺などを相手に鳥海山上の境界に関して、幕府寺社奉行宛に訴状を提出した。元禄一七年、宝永元年（一七〇四）の二度に渡り、関係者を江戸に呼び出し、また現地調査をして、宝永元年の絵図の裏書きに山頂は庄内領であるとの裁決状が記載され、この一件は落着した。

この事件で、吹浦神宮寺と同衆徒は、尋問に対して以下のような回答をした。

御尋ニ付以書付申上候

一、吹浦村両所山権現之縁起有之候ハヽ、指上ケ可申由被仰付、則従古来所持仕候縁起三通差上ケ申候、
一、出羽一宮之儀御尋ニ付申上候、右一宮ハ、庄内領飽海郡鳥海山大物忌之神社ニ御座候、
一、吹浦村両所山権現之儀ハ、鳥海山大物忌之神社、同領月山神社、右両所勧請之社ニ御座候ニ付、山号両所大権現ト奉申候、
一、月山権現、御本地阿弥陀如来ニて御座候、
一、鳥海山権現御本地薬師如来ニて御座候、
右之通当山ハ、両所勧請之社地ニ紛無御座候、為其一札差上ケ申上候、

庄内領飽海郡遊佐郷吹浦村両所山別当
神宮寺
同所衆徒役者
乗蓮坊
同所
浄楽坊
惣衆徒

宝永元年申ノ五月廿七日
寺社御役所

またこの文章を提出した翌年の宝永二年（一七〇五）に、吹浦は蕨岡を訴える訴状「乍恐口上書を以申上候事」[22]を寺社奉行書に提出した。内容は、古来より吹浦側からも道者を連れて鳥海山上に先達していたのに、これを差し止めるのは不当であること、蕨岡が出羽国一宮を名乗るのは不当であること、蕨岡がかつては牛王札に松岳山と書いていたのに、近頃は鳥海山と書くのは不当であること、鳥海山大物忌神社出羽一宮の題号は吹浦から名乗ったこと、鳥海山は吹浦で慈覚大師が開基したこと、鳥海山大物忌神の神事規式吹浦で古来より続けてきたこと、などを述べた。

この争議の発端は、吹浦衆徒が牛王檀那である道者七人を連れて鳥海山参詣の先達をしたところ、山頂の権現堂で蕨岡衆徒から初尾銭を取り上げられたこと、山頂の権現堂は蕨岡と矢島で建立したものだからと、道者を連れてくることを差し止められたこと、などであった。

松本良一によれば、庄内藩の歴史書『鶏肋編』にも承応三年（一六五四）の吹浦と蕨岡の争論が掲載されていることから、同様の争論が何度かあったことが見えてくる(23)。

近世以降、吹浦神宮寺衆徒は、鳥海山を中心とした修行体系や山頂の権現堂の建立に関わった形跡が見られない。近世期に修験道当山派に属していた蕨岡や矢島は、修験の山としての鳥海山頂の権利を吹浦には認めたくなかったのではないかと考えられる。

3 吹浦の一山組織

(1) 二五衆徒

宝永二年(一七〇五)に蕨岡との争論を寺社奉行に訴えたときの前述の文書「乍恐口上書を以申上候事」(吹浦口の宮文書(24))の文末には、以下のように神宮寺と衆徒二五坊、社人三人の名前が連名で記されている。

1 神宮寺　2 養善坊　3 乗養坊　4 善住坊　5 実蔵坊　6 最城坊　7 乗蓮坊
8 浄楽坊　9 勝養坊　10 西養坊　11 長楽坊　12 常義坊　13 宝住坊　14 本明坊
15 蓮蔵坊　16 宝蔵坊　17 栄蔵坊　18 円用坊　19 大善坊　20 成住坊　21 福泉坊
22 東福坊　23 清水坊　24 泉蔵坊　25 大教坊　26 戸ノ内太夫　27 千日太夫　28 式地太夫

進藤重記は『出羽国風土略記(25)』で、衆徒二五家について次のように述べている。

両所山に付たる衆徒也、古は天台修験にて延暦寺下也しと伝たり、宝永年中より真言に改宗す。二十五坊の内近年善住坊を潰して古絶たる遍照院を建。予按に遍照院は元和年中に亡して文殊坊の院号にや。此坊は文殊会有し寺とぞ。其他社地の西北の山下にて寺屋布といふ、今は畑地と成れり。延喜式に文殊会料二ケ束とあり。二十五坊は田楽法師也。十六歳より三十三歳まで舞役を勤む。番組数多有、楽免田地当時神領三十石五升一合の内に有

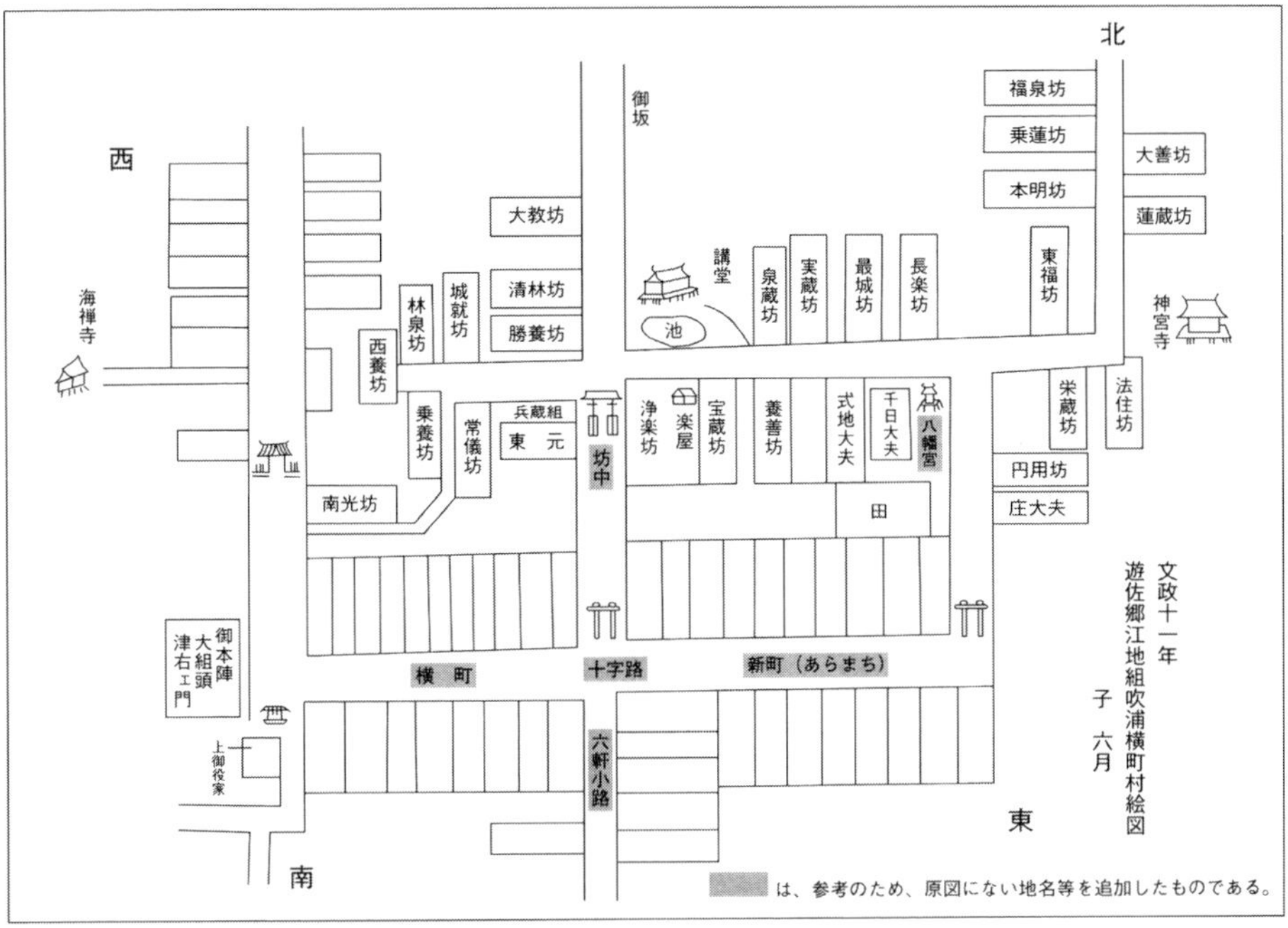

文政11年(1828)遊佐郷江地組吹浦横町村絵図（遊佐町提供）

り。水帳に詳なれば略之。二十五坊の内老僧三人を択て、一和尚・二和尚・三和尚といふ外に、役僧・承仕・法師有。鳥居の前に十字あり、東を新町、南を六軒小路といふ。北は坊中にして鳥居の内なれば、西は横町とて秋田への通路也。新町に死人あれば東の山下に葬送し、寺家爰に於て引導す。西へ死人を送らざるは鳥居有て穢を恐るるが故也。坊中に死人有れば鳥居の脇より出て新町を通り、光勝寺に葬送す。（以下略）

当時の進藤重記の理解では、両所山についた二五衆徒は、古は延暦寺下の天台修験であった。二五坊は田楽法師だと言い、一六歳より三三歳まで舞役を勤めた。その番組は多く楽免田地もあったという。

ここで注目したいのは、二五坊の内、近年善住坊を潰して、古絶たる遍照院を建てた、遍照院は元和年中（一六一五～二四）に断絶した文殊坊の院号ではないか、此坊は文殊会の有った寺である。『延喜式』に「文殊会料二ケ束」という個所である。善住坊は宝永二年（一七〇五）の訴訟文書に名前が見えるが、この坊と遍照院・文殊坊の関連はわからない。進藤重記は『延喜式』に記載の「文殊会料二ケ束」と関連づけて考えたのであろうか。

また二五坊の内、老僧三人（一和尚・二和尚・三和尚）の外、役僧・承仕・法師ありという。この老僧三人は慶長一七年（一六一二）の大物忌神社棟札に、一和尚住蓮坊、二和尚林泉坊、三和尚成住坊と記載され、この時代には役職を伴う組織が確立していたのである。

彼らの身分を見てみよう。天和三年（一六八三）正月に庄内滞在の国目付に提出した調書「酒井家世記[26]」には次の記載がある（傍線引用者）。

領分中　山伏の数

一、大峰山伏　百九十人　内三十七人　鶴岡城下有之
同十二人　亀ケ城下有之
同百四十一人　領分中有之

一、羽黒派山伏　百七十五人　内十七人　鶴岡城下有之
同十八人　亀ケ城下有之
同百四十八人　領分中有之

一、鳥海山派山伏　六十九人　内三十二人　蕨岡村松岳山
同二十五人　吹浦村両所山
同八人　新山村新光山

同四人　下塔村剣龍山

都合四百三十四人

このように、天和三年（一六八三）に、酒井家では吹浦村両所山神宮寺所属の二五衆徒を、蕨岡村松岳山の三三人の衆徒とともに鳥海山派山伏と認識していた。羽黒山が自分たちの霞下にあるとの認識があった[27]ことと合わせてみると、両所山神宮寺が天台宗や真言宗と宗旨を変えても、吹浦衆徒は近世前期には修験色の濃い集団だったと類推できる。

(2) 三社家と巫女家

社人として、戸ノ内太夫・千日太夫・式地太夫の三人の名前があり、このうち戸ノ内太夫は、前述の羽黒山の別当光明院清順から糾弾された「吹浦太夫との内殿」である。

『出羽国風土略記』『出羽国大社考』の著者である進藤重記は戸ノ内太夫の一族で、この一族は悲劇的な末路を送った。進藤重記の祖先の曾太夫がキリシタン・邪宗門の徒として処罰されそうになった。その子官太夫は、蕨岡が出羽国正一宮と唱えて、吹浦神宮寺を末寺扱いしたことを遺憾として、宝永四年（一七〇七）に出羽国正一宮を神宮寺へ返却するよう庄内藩に願いでたが、公儀御裁許破りとして、出羽国からの追放処分を受けた。その弟の林太夫は衆徒からの圧迫を受けて、享保二年（一七一七）に大物忌神社祠官の称号を止められ、翌年不本意のうちに亡くなった。その養子が進藤重記で、彼も神道の復興を図ったため、吹浦や蕨岡の衆徒との折合が悪く、その著書が物議を醸し出し二度にわたり閉門、さらに社地を横領したと訴えられて投獄され、宝暦三年（一七五三）に社職剝奪の上、田川郡に追放され、明和六年（一七六九）に亡くなった。その子丹治も様々な物議を生んで追放となった[28]。

進藤重記の『出羽国風土略記』巻之六[29]には「神楽方四人」の記載がある。

笛吹一人、太鼓打一人、舞方一人、巫一人、宝永四年神主公訴したる書付の内に新田目村に楽人の子孫有と云々云は、楽料もなしといへども、流例と成りて彼村より一人神楽の時来て笛を吹く。太鼓は荒木某代々職たり。慶長年中吹浦村百姓領主方へ出したる目安の内に、慶長十四年太鼓打料を集けるに、村役人左兵衛介といふ者私曲したる事有(此頃の領主は最上殿家臣志村氏なり)。今も荒木某月次の神事に宅より太鼓携、神前へ出仕す。元禄年中進藤家より領主の役所へ差出したる書付にも千日大(ママ)夫太鼓の役と有。舞方といふは獅子舞役也。或地(式カ)大(ママ)夫其役也。昔より樫をもつて履とせず獅子頭を樫にて彫みたる故なりとぞ。宮田村慶長十六年の水帳に舞田とありしは舞料なりしとぞ。また福枡村に幕免といふ田有て、古は進藤家の領なり、是獅子の幕免也。田持源助といふ者持来、毎年の九月九日流例として進藤家在職の頃迄初穂を納侍りき。巫女一人は上長橋村に在て、今に神子免といへる田地在とぞ、水帳等のこと未だ見ざれば委き事をしらず。其高を持たる者二月六月廻郷の神事に御鉾獅子頭を安置す。今一人の巫女は宮内村にあり、慶長十九年水帳に神子免百三十刈與五右衛門とあり、屋敷も御子免門屋と有。彼家近年まで巫女にて両社へ参仕せしに進藤家没収せられし後奉仕を止たり。

このように、新田目村に楽人の子孫があり、神楽には来て笛を吹いていた。太鼓は荒木氏が代々勤め、千日太夫を名乗っていた。獅子舞は式地太夫の役割であった。巫女は上長橋村と、宮内村に一人ずついた。これらの役の者は役料田をもらっている者もあった。そのうちのいくつかは慶長十六年(一六一一)の水帳に記載があるという。宮田村に舞田があり、これは舞料だったのであろうという。福枡村には幕免田があり、獅子の幕免であった。

また上長橋村の巫女には巫女免があり、宮内村の巫女は神子免一三〇刈分を持ち、多分、与五右衛門と称して、屋敷も御子免門屋といっていた。これらの巫女は進藤家が没落した後は奉仕を止めたという。これら巫女免あるいは神子免と称された田地を持っていた巫女たちは、かつて報徳社社員でもあった板垣家が巫女家と称していた以前のことなのか、詳細は不明である。

三　年中行事と祭祀組織

吹浦神宮寺衆徒の近世期の一山内での役割に関しては、前述の『出羽国風土略記』でも言及があった。詳細は不明だが、明治以降に組織された報徳社社員としての通過儀礼は以下の通りである。

一六歳になると、八人からなる花笠舞に出仕、その八年後に先払い・弓弾きの役を経験する。次に伶人として祭りの折の三管や太鼓などの拍子、次は大小の舞で、三〇歳頃に獅子頭を持って御頭舞を舞う。これらを経て初めて一人前と認められる。

1「鳥海山大物忌の神事規式」と「両所宮年中行義」から

以下では宝永二年(一七〇五)の文書「乍恐口上書を以申上候事」巻二[30]を手掛りに、年中行事を通して見えてくる修行と位階の様子を見てゆく。この文書は、鳥海山頂での蕨岡と吹浦の両衆徒の争議に関して、吹浦側が寺社奉行所へ訴えたもので、そこには当時の吹浦の年中行事が「鳥海山大物忌の神事規式」と記されている。この資料を中心に吹浦衆徒の修行と位階のプロセスを考えてみたい。また宝暦三年(一七五三)の進藤重記『出羽国大社考』にある「両所宮年中行義」(以下「年中行義」とする)[31]を補足として見る。

(1)正月行事

大物忌祭礼ハ、極月大晦日より正月八日迄神宮寺両所山大権現秘法を以護摩修行仕候。惣衆徒ハ柴燈を焼き、諸経・諸真言んニて昼夜共ニ講堂ニ相詰候て勤行仕候事。

同正月五日之牛王道師神宮寺くた粥吉凶を以、五穀一切之蒔物等、或ハ十二月之天気、風、雨之次第を知り、其年之善悪を考へ候事。

大晦日より正月八日まで神宮寺では大権現の秘法による護摩修行を行う。惣衆徒が出て柴燈を焼き、その間諸経・諸真言を唱えて昼夜共に講堂に詰めて勤行を行う、という修正会の儀礼が行われていた。修正会の期間中の五日には牛王導師が神宮寺において、管粥による吉凶の占いを行っていた。このときの導師の役が誰なのかは記載がない。

(2)春の物忌の行事

大物忌と申ハ、正月三日目之寅之刻より榊を両所之宮坂之下に厳置、此間一七日氏子之ものとも物忌仕候事。

大地を不動、洗濯不仕、勿論かミ、さかやき、爪抔もとり不申候、死人有之ニても右一七日之内ハ取仕廻不申。

是を以鳥海山出羽一之宮大物忌と奉申候事。

近世期には大物忌という祭神の名前の通りに、厳重に物忌が行われていた。大地を動かさず、洗濯もせず、髪もさかやきも爪も切らず、死人があってもこの七日間は取り扱わない、という厳しいものであった。なおこの七日間の期間中は、一山衆徒や導師に限らず、氏子の者も物忌をする。これが鳥海山出羽一之宮における大物忌だとある。

「年中行義」では、「二月初申大祭、正月第三の寅の刻より物忌す」とある。また「三月三日の神酒牛蒡餅を献し祓修行」とされている。

この物忌は春の一月から二月と、秋の一〇月から一一月の二回行われていた。

(3)四月七日より八日まで薬師如来の縁日

鳥海山大物忌之御本社、則本地薬師如来ニ御座候、依之四月七日より八日迄神宮寺講堂ニ相詰候て、薬師秘法を以勤行。惣衆徒法事、龍部・龍王之大小之舞、衆徒八人ハ両所宮へ罷登り、田楽舞相勤、社人共ニ相詰神事之規式仕候事。

「年中行義」には、四月七日・八日の行事に引き続き、「同月中申の日衆徒学頭へ集会、山王へ法楽を捧」とあり、「一山の事跡を見るに、両所山学頭衆徒も古来は天台修験にて鳥海山に入峯。明暦元未年蕨岡と出入せし訴状に、両所山神宮寺と申天台宗御座候とあり、比叡山の末寺にして山王を尊敬する事といふ」とある。

現在五月五日に吹浦祭として行われている祭りの本義は、この鳥海山大物忌神の本地が薬師如来なので、旧四月八日がその縁日に当たるからなのであった。それ故七日と八日の二日間にわたり、神宮寺で薬師の秘法による勤行が行われていた。

また「年中行義」によれば、旧四月七日と八日に薬師の秘法による勤行に引き続き、同月中の申の日に衆徒学頭に参集し山王へ法楽を捧げた。この「一山の事跡」が何によるのかは不明だが、両所山学頭衆徒も、古来は天台修験にて鳥海山に入峰していたからだとあり、進藤はこの時期の儀礼が、古来からの天台修験による鳥海山への入峰に起因していると考えていた。

一山の重要行事であった旧四月八日の薬師如来のための勤行に引き続き、中の申の日から入峰修行があったという。

⑷六月一四日より一五日まで阿弥陀如来の縁日

月山之神神社、本地阿弥陀如来、六月十四日より十五日迄如毎之神事之規式学頭・衆徒・社人共ニ不残罷出候て法式相詰申候。五穀為成就之、六月朔日ニ神酒ヲ作り、同十五日ニ両社之神前ニ奉供、虫祭ノ御祈禱仕候。

「年中行義」では「同十五日両社へ神膳玉酒（式地太夫是を醸す、玉は称美の詞也。是酒にて五穀の吉凶をトふ。清ルを吉とし、濁ルを凶とす）を献し、昆虫《ハフムシ》消除の祓を修行す」とある。

四月八日の薬師如来のための勤行に引き続き、六月一五日は月山の神の本地である阿弥陀如来の縁日に当たり、一山衆徒が参集して法式を勤める。この月は五穀成就のためと称して、六月一日に神酒を作り、同一五日に両社の神前に供え、虫祭りの御祈禱を行う。このときに醸した酒で五穀の吉凶を占っていた。

(5)秋の物忌の行事

十月三つ目之寅之刻より十一月始之申之刻迄、右之通鳥海山物忌仕候事。

「年中行義」では、「十一月初申祭、十月第三の寅より物忌祭式、同月廿四日天台智者大師の講あり、衆徒是を勤て出世とす、頭家に仏壇を飾る。左右に両界の曼陀羅(慈覚大師の筆也という)中に智者大師の画像を懸、香花茶薬餅菓を備ひ、児童祭文の発語を出せば衆僧三礼す。学頭壇上にて密法を修す。老僧中老等三礼唄散花薪の行道等あり、終て異口同音に大師の和讃を誦す」とある。

「年中行義」によれば、秋の物忌のあと、一一月二四日には天台智者大師の講がある。衆徒はこの天台智者大師の講を勤めて、「出世」となる。出世というのは修験道の本山派では寺格を表すもので、当山派では官位の一つであった[32]。

羽黒山での秋の峰は「諸国山伏出世の峰」と呼ばれ、末派修験はこの峰中修行によって位階昇進の許しを受けることができた[33]。ここでいう「出世」は次の「頭家」と関係がある。

「年中行義」によれば、頭家に仏壇を飾り、左右に慈覚大師の筆という両界の曼陀羅、中央には天台智者大師の画像を懸け、そこに香花茶薬餅菓を供える。このような荘厳をした上で、児童が祭文の発語をすると、衆僧は三礼をして、学頭は壇上にて密法を修する。さらに老僧や中老などによる三礼唄散花薪の行道があり、終わりに異口同音に大師の和讃を誦する、とある。

これらの記述から、一一月二四日に頭家が一山大衆を招いて、天台智者大師の講を催すのだとわかる。その席で

「衆徒はこれを勤めて出世とす」とあり、一年間に各自の役割を無事終えた者が、この日のこの儀礼の場で、位階の昇進があったと推定できる。さらに頭家を勤めた者の出世もあった、と考えられる。

天台智者大師の講は、一山の年中行事の中でも重要な意味をもっていた。それは神宮寺が宝永年中(一七〇四〜一一)にすでに真言宗に改宗していたが、宝暦三年(一七五三)の進藤重記『出羽国大社考』中に、慈覚大師の筆とされる両界曼陀羅と、天台智者大師の画像を懸け、天台智者大師の講を開催するという記述があることにも見てとれる。宗派を改宗すること以上に、神宮寺一山衆徒にとってこの行事が重要な意味をもっていたからであろう。一山衆徒の出世のプロセスであった天台智者大師の講は改変できない証しと考えられる。

また児童が祭文の発語をし、衆僧は三礼をする、学頭は密法を修する、老僧や中老による行道など、一山衆徒の役割分担もみられる。「年中行義」の中で「往古は児の舞もありしといへり、今は絶たり」とあり、すでに児の舞がなくなっていたが、それでも祭文の発語を児童が行うなど、神宮寺衆徒としての稚児の役割がなくなったわけではなかった。蕨岡も小滝も未だに祭礼の中に稚児の舞を残しており、一山衆徒としての年齢階梯の始まりの一歩がここにも垣間見ることができる。

⑹晦日月の行事

以下の行事は「年中行義」にのみ記載がある。

十二月七日の晩より八日まで学頭衆徒本地堂へ集会、薬師の法を修す。同当日学頭にて山王へ法楽、明年の頭を定む。八日講畢て衆徒の役僧鶴岡へ出府。護摩供物料俵并紫燈松葉五拾荷の指帋を受取、御林より剪出す。

同月大晦日より正月七日まで学頭にて護摩修行、衆徒集会、諸真言を唱ふ。又同夜より正月七日迄講堂にて衆徒紫燈修行。同大晦日社家本社へ御膳神酒を献し、国家安全の祝詞を捧て通夜す。

晦日月の行事は七日の晩から始まり、八日まで学頭も衆徒も本地堂へ集会して、薬師の法を修すとあり、七日の晩から八日まで通夜をしている。翌日は学頭において山王へ法楽を捧げる。大切なことは、一二月の八日講の場で明年の頭が定められる、の部分である。

一〇月第三の寅より物忌祭式が始まり、一一月初申祭り、引き続き同月二四日天台智者大師の講があり、衆徒の一人が頭家としてこれを勤めて出世となる。そして次の頭家となるべき者を選定する日が、この一二月の八日講の場なのである。

2 「鳥海山大物忌之神事規式」と「年中行義」に見る年中行事の意味

吹浦の鳥海山大物忌神社における年中行事は、春と秋の物忌行事を区切りとして、その後に重要な行事が続いている。春の物忌行事の後では薬師如来の縁日と、阿弥陀如来の縁日があった。秋の物忌行事の後には、天台智者大師の講があり、引き続き晦日月の行事と、正月の修正会の行事が行われていた。

春と秋には、大地を動かさない、洗濯をしない、髪・さかやき・爪を切らない、死人が出てもこの間は取り扱わないという、厳しい物忌を行っていた。こうした精進潔斎と籠りを行い、物忌を経た上で、一山の重要な行事が執行されていた。春秋の物忌は今でも大物忌神社の神官によって行われているが、かつては氏子たちも同様に物忌をしていた。地域社会が一体となって、厳重な物忌を遂行していたことを窺わせる記録である。

春の物忌を無事に終えると、四月の薬師如来の縁日を迎え、神宮寺衆徒による薬師の秘法が執り行われ、舞楽や田楽舞が演じられていた。これが今も見ることのできる吹浦祭の舞楽や田楽舞である。これらの芸能が本来は、薬師如来の縁日に薬師如来への法楽として演じられ、奉納されていた。これらの芸能を演じていたのは、一山の旧衆徒や社家の家の若者たちで、彼らにとって通過儀礼としての意味が含まれていた。

明治の神仏分離令以降、一山の組織が神宮寺の衆徒や大物忌神社の社家を排して、報徳社に改組後も続いていた。報徳社の社員は一六歳の花笠舞と称する田楽舞に始まり、舞楽の各役や、御頭舞まで、各年齢の階梯に応じた役割を演じて一人前と認められた。

この後、詳細な内容は不明だが、かつては鳥海山への入峰修行も行われていたとある。しかし近世期の記録で見る限り、吹浦衆徒による鳥海山中での入峰修行の記録は見あたらない。これは今後の課題としたい。

六月には阿弥陀如来の縁日を迎え、法式を勤める。この折には五穀成就を祈願して神酒を造り、神前に玉酒を供えて虫祭りの祈禱を行い、醸した酒で五穀の吉凶占いも行っていた。

秋の物忌が終ると、一一月二四日には頭家を荘厳して天台智者大師の講がある。衆徒はこれを勤めて出世となり、頭家のみならず、様々な階層での位階の昇進があったと予想される。児童による祭文の発語、衆僧の三礼、学頭が密法を修すること、老僧中老などが三礼唄散花薪の行道など、一山総出の大師の講であった。かつては稚児の舞もあったと進藤の記録にあるので、一山総出のこの場において初御目見えの稚児、各年齢の役割を勤め終えた衆徒が頭家に集まった。それらを経験した上で、天台智者大師の講を勤めるこの家の主である頭家がいる。

真言宗に改宗後も行われていた天台智者大師の講という儀礼の場で、衆徒たちはそれぞれの立場や年齢に応じて、出世を認められたのであろう。

晦日月になると、八日講がある。七日には学頭・衆徒は本地堂に参集して、薬師の法を修す。翌八日には学頭において山王へ法楽をし、この席で翌年の頭を定めた。

この頭家こそが、蕨岡の衆徒が最終目標としていた先途の役と比較できるのではないだろうか。蕨岡の先途は一〇か月に及ぶ胎内修行として、自坊に籠り、大堂に籠り、一年間の儀礼を主催した。その結果として、大先達大日の覚位という位階を受けることができた。(34)

吹浦には、修験道における修行と、その結果として得る位階という道筋は残っていない。しかし一一月二四日の大師の講を頭家が主催し、その結果として出世が認められた。そして翌一二月の八日講において翌年の頭を定めるとあるのは、一年間を通して、頭家が吹浦一山の重要な役割を果たしてきた証拠と言える。こうしたことから、正月修正会の期間に牛王導師を務めていた者も頭家ではなかったかと考えてみたい。

これが現在五月四日の吹浦祭における宵宮祭で、来当神宿祭、本年度から来年度の神宿への当屋渡しの式へと続いている形式に相当するものと考えられる。かつての頭家は神宿と名称を変えたが、これが「当屋渡し」として今も行われている。

現在の神宿は、大物忌神社の旧社家の人々の住む布倉地区、大物忌神社の氏子地区で門前町に当る宿町・横町の三地域が交代で神宿を担当しているが、昭和五年(一九三〇)までは布倉からは毎年、宿町と横町からは交互に神宿を出していて、神宿は社家方からと町方からの二か所あるのが本来の姿であったという。この「本来」といわれるものが、近世期以来続いているものなのか、明治初期の神仏分離令の改変に伴なう変化なのかは、聞書きのみで近世期の宿町と横町の記録がないので不明である。しかし宿町と横町からは交互に神宿を出していた記録は、大正一一年(一九二二)以降、昭和三六年までの横町の記録『神宿一途』(35)によって明らかである。

現在五月四日に大物忌神社斎館で行われている「当屋渡し」の式は、神官が参与するものの、神社の神事とは直接関わりがなく、地域の神宿の当屋渡しの形式を残している。

そうしたところから以下のような推定も可能であろう。すなわち近世期において「翌年の頭を定める」のは一二月八日であった。しかし「頭家渡し」の式は、現在も続いている吹浦祭の、本来の姿であった四月八日の薬師如来の縁日の折に行われていた。旧乗蓮坊の故中村光孝（昭和五年生）家では、父の時代の大正九年に自宅で神宿をやった。中村氏によると、旧坊家では正月になると檀家の人々が正月礼に来るので、数年後の神宿が決まると「何年後には神宿をやるので寄付をよろしくお願いします」と頼んでおく。この役は年齢順なので、何年後は誰という計算もできる。前年の晦日月の八日講の際に決まった頭家の役について、すぐ次の正月に寄付を仰ぐことも可能になるのであろう。

こうした経過を経て、一二月三一日の大晦日から正月八日まで神宮寺では両所山大権現の秘法をもって護摩修行を行う。総衆徒は柴燈を焼き、諸経・諸真言を唱えて、昼夜ともに講堂に詰めて、修正会の勤行を行うのである。その間正月五日には頭家が務めたであろう牛王導師が神宮寺において管粥による吉凶の占いをする。この正月五日の管粥による吉凶の占いは現在も行われており、この際には報徳社社員も参加して、占いの判断をする。今はその結果を「御判」と称して牛王宝印とともに、御頭神事で廻る氏子の家々に配る。導師が神宮寺で管粥による吉凶の占いを行い、人々はその結果をもらって新しい年を迎え、農作やその年一年の判断材料にする。これを行う牛王導師こそ、出世を認められた頭家の役割だったと考えられる。

四　吹浦衆徒の祭礼と檀那場

1　薬師如来の縁日と例大祭

鳥海山大物忌神社吹浦口の宮の年中行事と例大祭が、いつ頃から行われていたのかはわかっていないが、前述のように宝永二年（一七〇五）の「鳥海山大物忌の神事規式」(36)によれば、「鳥海山大物忌本社の本地は薬師如来なので、四月七日から八日まで神宮寺の講堂に詰め、薬師の秘法を勤業し、総衆徒は法事を行う」という。この折に「龍王の大小の舞を舞い、衆徒八人は両所宮へ登り田楽の舞いを勤め、社人共に神事の規式を行う」とある。鳥海山大物忌神社の本地仏である薬師如来の縁日である八日とその前日の七日に神事を行い、田楽などの芸能も演じられていた。

また宝暦三年(一七五三)の「年中行義」(37)に、四月の行事が詳細に記録されているので紹介したい。

四月七日八ツ時

御池の嶋中にて田楽あり。同暮時両社の御戸を開御燈を献し、祓修行。同刻田楽あり(俗に花笠踊といふ、元禄年中神主方より領主へ祭式言上の書付に四月七日晩田楽踊とて衆徒八人本社の庭へ上るとあり)、衆徒八人花笠を着太刀を帯、手襷を懸、染絹の額包し、提脚にて踊る、四人は竹籟を摺、八人の外衆徒弐人太鼓笛を携へ持(弐人の衆徒道服を着し、頭巾を被る、(中略))往古は児の舞もありしといへり、今は絶たり、

当時は四月七日の八ツ時、つまり二時頃に拝殿前の池の中央の嶋の中で田楽があり、さら暮時に山上にある両社の御戸を開き御燈を献じ、祓いをして、同刻に再度田楽があった。当時は同じ日に二回田楽を催していた。一回目の田楽は嶋中で行われていたということなので、花笠舞以外の舞楽系統の舞を指しているものと思われる。暮時には衆徒八人が花笠を着て太刀を帯び、手襷を懸け、染絹の額包し、提脚にて踊った。そのうち四人が竹籟を摺る。今と違うのは、染絹の額包という装束と、四人が竹籟を摺る部分である。現在の衣装では頭には鉢巻きだけを着け、八人全員が簓を摺る。この当時、他の四人が何を持っていたのか、または何も持たなかったのかは記載がないため不明である。

またこの時代にはすでに絶えていたが、かつては児の舞もあったという。

翌八日、本社へ社家神膳を献す、同八ツ時、御坂の下へ御鉾獅子頭を渡す、社家御供に候す、社家笏に金幣を添え持ち、巫女神人後に候す、衆徒宝物を守護して出(衆徒弐人額包し刀を帯、袴を着し、三方に戴て是を持ち出つ)、

太鼓二声、笛二管（社家方より弐人、衆徒方より弐人）、調子を合て御坂を下る、僧徒学頭より行列して御坂の下に出迎ひ、社家の手にある金幣を取りて頂戴す、拝終て社家前に進ミ僧徒後に列す、本地堂左に三巡す、終に声明して僧徒入堂、社家金幣を納て御坂の下試楽の屋の前に退出、則刻田楽獅子一双して出ツ、八人の法師御坂の下にて花笠を着て踊る（七日の夜に同じ事也）。

夫より御池の辺を練出す、法師立烏帽子を着し、長刀を持て先駆、同一人弓矢を携へて後を警固す、御池の東に至れは郡民競集て挿頭の花を（牡丹菊等なり）取其後獅子を舞し、巫女神楽を奏して退出、御池の中に一嶋あり、磤馭盧島《オノコロ》を表すといへり、前に楽屋あり、法師二人月日を置たる立烏帽子を着し扇を取て島中にて舞古歌を吟し（見渡せば柳桜をこきませて都そ春の錦なりけり）笏拍子にて謡ふ是も田楽の番組にして、宴舞龍王といふと僧家の古記に見へたり、俗に大小の舞といふ。

次に鳥甲をかむり、浄衣を着し、鉾を取て、滴瀝潮《シタタリタルシホ》の凝りて嶋と成し神代の事を表す、次陰陽の両神（古制の面二つあり）耕し織り給ふを表するの舞あり。（中略）田楽終て本地堂にて学頭衆徒密法を修行す。

金幣を本社から本地堂へと移動させることが主な儀礼の内容である。社家が大物忌神社の本社に神膳を献じた後、笏に金幣を添え持ち、巫女と神人は後に従い、行列をして御坂を下る。御坂の下では僧徒と学頭が行列して出迎え、社家の手から金幣を受け取り、本地堂を左に三巡して、最後に声明をして僧徒は入堂する。ここでは金幣は御神体のごとくに扱われている。

この儀礼の後で田楽や舞楽などの芸能がある。衆徒八人は花笠を着て田楽を踊るが、これは前日に同じという。現在の田楽は、宵宮祭には生花、大祭には造花を使う。この文書からは生花か造花かはわからないが、「夫より御池の辺を練出す、法師立烏帽子を着し、長刀を持て先駈、同一人弓矢を携えて後を警固す、御池の東に至れば郡民競集て、挿頭の牡丹菊等の花を取る」とあるので、この花笠は造花だとわかる。またここでは田楽後に獅子舞・巫女神楽、御池の中の一嶋で大小の舞ともいう宴舞龍王の舞と、現在では諾冊舞という耕作・織物を表現するという陰陽の両神の舞がある。現在の日程では田楽が祭りの最後に行われていて、大小の舞も陰陽の両神の舞も前日行われている。

また芸能の後で、本地堂にて学頭衆徒による密法が行われていた。現在とは順番がかなり違ってはいるが、稚児舞が無くなったこと以外に芸能の数に変化はない。しかし本地堂を三巡するとか、本地堂での学頭衆徒による密法など、仏教的な行事がなくなり、宗教儀礼が変化している。

2 宗教活動の場と檀家

ここでは鳥海山吹浦修験が宗教活動をしていた場との関係を見てゆく。吹浦衆徒の活動の範囲について述べ、檀家との関わりを考えてみたい。

近世期には吹浦衆徒は、春先になると牛王宝印を御判と称して配布していた。この範囲を彼らの宗教活動の場と捉えたい。修験道における宗教活動の場は、修験道を信仰する壇徒および彼らの住む地域であり、霞場あるいは檀那場と称されていた。具体的には守札を配り、祈禱をして廻るなど、山伏としての職務や彼らの活動する一定地域を指す。その際に配布する牛王宝印は、諸社寺で主神の眷属とされる鳥などを組み合わせて牛王宝印の字を作り、これを刷って符としたもので、厄除けや守護の符とされた(38)。

吹浦における宗教活動の中心となるのは、「御鉾獅子」による廻村と御判と呼ばれる牛王宝印の配札である。鳥海山周辺にあって吹浦衆徒が廻村して廻る範囲に住む人々がその対象である。この地域に住む人々のために、吹浦の神宮寺衆徒は媒介役として、鳥海山への信仰を支え、人々の祈願内容を鳥海山の神々に伝え、その成就を達成するために様々な祈禱や儀礼を行う。そしてこの特定の地域内で、彼らは守札を配り、祈禱をして廻るなどの宗教活動を行ってきた。こうした地域における「霞場」あるいは「檀那場」の家々を吹浦では檀家という。

檀家の人々の祈願に対して、神宮寺衆徒は、鳥海山の神々からの具体的な印、あるいは荅を示さなくてはならない。修験者は神々と人々の媒介者だと考えられ、信じられていたからである。それ故彼らは、修行や籠りを行うことで得られた力、つまり鳥海山の神々から授かった特別な呪力を発揮するものと考えられてきた。そしてその呪力の成果としての呪物を牛王宝印として、家々に配布して廻る。

3　御鉾御獅子の順行

こうしたことを前提として、これから吹浦衆徒の檀家と牛王宝印について具体的に述べてゆくことにしよう。宝暦三年(一七五三)に進藤重記が書いた『出羽国大社考』巻之二「両所宮年中行義」[39]を見ると、今も続いている御鉾御獅子の順行が詳しく記載され、当時の順路と日程がわかる。そこでこの御鉾御獅子の順行から、吹浦神宮寺の当時の信仰圏について考えてゆく。なお本項では御鉾御獅子の順行(この「順行」の表現は進藤による)に限定して述べてゆく。

正月三日の晩神主家にて神楽あり、佐藤式地獅子を舞す、荒木氏太鼓を拍。神事終りて神酒を酌。明朝まて御鉾を祭る。同四日の朝式地宅へ御鉾獅子頭を渡す、当日夕飯まて饗応あり。朝飯過神宮寺にて獅子を舞す。其後社中社外御鉾獅子頭を渡す。同日尾落臥村永泉寺にて神事修行、終りて門前升川箕輪村迄順行す。同六日浦辺より由利郡大砂川村迄。翌七日役所横山氏にて神酒備進す。其後、貝浜通順行、蚊潟へ。(中略)同九日前川村より大竹村迄。十日小国まで。十一日仁嘉保平沢御役所。十二日平沢より蚶潟まで海辺を順行。十三日本社へ帰座。

二月初子の日、荒瀬郷門田村、新田目村。翌丑日、嶋田古川両役所。翌寅日、吉田新田村、平田郷迄。上曾根村御鉾の止宿たり。其の主は善性院といへる修験也、往古は両所宮の神役人にして、由理・飽海両郡御鉾順行の供をつとむるの職たり。巳の日、本社へ帰座。

これより遊佐郷を廻る。

四月中申の日、酒田山王神事。御鉾御獅子を渡す。八、九十年前は申の日より五日以前の卯の日に亀ケ崎城内。中子の日、宮海村。六月八日より十五日まで遊佐郷を廻る。九月中申日、宮海村まで。

以上が宝暦三年(一七五三)の御鉾御獅子の順行の範囲である。これをそのまま神宮寺一山衆徒と社家の檀那場といえるのかは、判断がつかないが、吹浦大物忌神の御神体としての御鉾御獅子が、この範囲を廻村していたことは間違いない。それが吹浦大物忌神社の信仰圏に当たると考えることはできよう。

鳥海山は吹浦のすぐ北にある女鹿より先はもう秋田県である。現在の大物忌神社の御鉾御獅子の廻村の範囲は、秋田県側では西目・象潟・小野浦・旧仁賀保郷の四地域であり、かつての由利の郷に当たる範囲である。また山形県側の飽海の郷は酒田市の旧西荒村・北平田、そして蕨岡を除く遊佐町全域と八幡町である。由利の郷と飽海の郷が吹浦神宮寺衆徒および社家の檀那場だったと推定できよう。

御頭様と称する獅子頭が大物忌神社の御神体として、正月三日より廻り始める順行の範囲には、このように庄内地方のみではなく、秋田県由利郡一帯も含まれている。これは正平一三年(一三五八)に北畠顕信が出羽国一宮両所大菩薩に由利郡小石郷乙友村(現由利本荘市小友)を神領として寄進(大物忌神社吹浦口の宮所蔵文書より)したことに由来している。由利郡一帯の地方は長く大物忌神社吹浦口ノ宮の檀那場だったのである。また御鉾御頭子の順行に歩く人たちの中には、平成八年(一九九六)当時は秋田県出身の人もいた。

なお『出羽国大社考』によれば、この御鉾御獅子の順行とは別に大晦日より正月七日まで修正会の行事があり、前述の年中行事の項で見た通り五日には「管粥」という占いを行っていた。

この行事を今は「五日堂祭」と称し、名称は変わったが、やっている内容はこの記録と同じである。そしてそこに参加するのも神社の宮司や神官だけではない。かつての神宮寺衆徒や大物忌神社の社家の人々により構成されている報徳社の社員がこの神事に参加する決まりであった。(40) この五日に行われている管粥神事において、粥に使う米と葦管が、前述の故事により長らく乙友村の人々から寄進されていた。そしてこの五日堂祭の折の管粥で占った結果を、現在は御鉾御獅子の順行の際に各家々に配って歩いている。

しかし近世期にこの行事を主体的に主催していたのは前述のように牛王導師である。頭屋が牛王導師を勤め、祈願を込めた牛王宝印とともに、各衆徒に分配する。そしてそれを各衆徒がそれぞれの檀家の家々に、牛王宝印と占いの結果を一緒に配っていたと推測することができる。

五　神仏分離令による変化と神道化

1　神仏分離令による神道化

慶応四年(一八六八)三月一七日に維新政府は全国の神社に対し、神社所属の僧侶の還俗を命じた。同年三月二八日には仏像を神体とすることを禁止し、神前の仏像・仏具を取り除かせた。これが神仏混淆廃止令である。そして明治二年(一八六九)五月に酒田県よりその管下に対し、「神仏習合の儀廃止、別当・社僧の輩還俗の上、神主・社人の称号に転じ、自ずから神道をもって勤仕すべきこと」との布達が出された。

明治二年に酒田県からの布達により、神宮寺の別当は還俗し、名を宮菅秀勝と名乗り神主になる願いを出して、一二月に大物忌・月山神社の神主職を許され、神宮寺衆徒も一山をあげて神道に改宗した。真言宗だった神宮寺の別当源秀勝と神宮寺衆徒が連名で酒田民政局を経由して、神祇官役所へ復飾願いを出した(41)。

こうして神宮寺別当以下二七人の衆徒・社人は神職となった。そのため神宮寺の本尊として祀っていた薬師如来像と阿弥陀如来像は、廃棄を免れるべく衆徒たちが、真夜中に密かに船で女鹿松葉寺に運び出したという。今も松葉寺に本尊として大切に祀られている。

この変化は吹浦が、鳥海山の山頂の権利から、周辺地域への配札までを含めすべてを独占的に掌握できることを意味する。

このことを蕨岡側が知ったのは明治三年になってからであった。蕨岡はすぐさま羽後一宮大物忌神社の所在について問い合わせをするが埒があかない。そのため一〇年以上の年月をかけて裁判を起こし、酒田県、続いて山形県、さらに神祇官・教部省に訴えた。続けて内務卿大久保利通、松方正義などにも上申書を提出した。そして明治一三年になって左大臣熾仁親王より、国幣中社大物忌神社は、鳥海山山上を本社と定め、蕨岡・吹浦を両口の宮とする旨の達しがでた(42)。詳細は第一章「鳥海山蕨岡修験」を参照していただきたい。こうして吹浦と蕨岡は鳥海山大物忌神社両口の宮として今に至っている。

明治の神仏分離令を契機として、吹浦神宮寺の学頭であった宮菅秀勝を神主として、二五坊・三社家・一巫女家の人々が社人に復飾した。

神仏分離令に続き明治四年には神職の世襲を廃止し、精撰補任が原則となり、神官職制が定められ、官国幣社の神職は待遇官吏となった(43)。鳥海山大物忌神社もこの制度の中にあり、歴代の大物忌神社の宮司は地元出身者とは限らなくなった。

なお鳥海山の修験衆徒だった蕨岡と吹浦から出た宮司は、昭和の末になってからであり、近くの鶴岡から二人、酒田から二人であった。なお一四代宮司で吹浦出身の故長谷川芳彦の後は、酒田出身の伊藤真垣氏が一五代目の宮司を勤め、一六代目の高橋廣晃氏（酒田市出身）に至っている。

こうした状況下で、大物忌神社における官祭としての祈年祭・例祭・新嘗祭を、蕨岡と吹浦が交互に行う協議がなされ、吹浦村惣代と戸長、そして蕨岡村惣代と戸長が、連名で山形県令三島通庸宛に協議書が提出された。これは明治一四年二月二三日付の「鳥海山大物忌神社官祭隔番之儀ニ付願」(44)に関するもので、こうして吹浦と蕨岡が隔年で官祭を執行することが定着し、官祭がなくなった今も、勅使が来る祭礼を隔年で行うことが続いている。

2　報徳社

⑴ 報徳社の規則と組織

吹浦二十五坊は神宮寺配下で、一時は修験道に属し衆徒と称されていた。明治四年に神仏分離令が発令され、同じく明治四年の太政官の発令により、大物忌神社は国幣中社となり、神宮寺の衆徒は一山挙げて神職となった。そこでそれまでの権益を守り、衆徒のかつての権利や義務を継続すべく、衆徒二十五坊・社家三家・巫女家の人たちは「報徳社」という組織を作った。明治四二年改正の「報徳社々則正本」（旧常儀坊の林稔家文書）(45)によれば、以下の通りである。

報徳社々則

第一章　総則

第一条　本社ハ鳥海山吹浦口之宮ニ古来ヨリ相伝ノ祭典儀式等ヲ維持センカ為メ、従来奉仕ノ旧社家ヲ以テ一ノ団体ヲ組織シ、神恩ノ万分一ヲ報謝スルモノトス、
第二条　前項ノ目的ヲ達センカ為メ、社名ヲ報徳社ト称シ、大神ノ御所在地即チ吹浦村字布倉ニ置ク、
第二章　社員
第三条　旧社家ニシテ現今字布倉ニ住居スル弐拾八戸主、及該家相続権ヲ有スル拾六歳以上ノ男子ヲ以テ社員トス、但字布倉以外トイヘトモ、既ニ転居シタル者ハ此限リニアラス、
第四条　旧社家ノ相続権ヲ有スル者ニシテ拾六歳ニ至レハ、宮司ノ命ニ依リ旧例ニ随ヒ神社ヘ奉仕スルノ義務アル者トス、但兵役及家事不得止他出スル者ハ、旧例ニ依リ代理ヲ以テ社役ヲ勤ムル者トス、
第五条　前項ノ義務ヲ勤メサル者、及敬神尊皇ノ道ニ背キ不正ノ行為ヲ成ス禁錮以上ノ刑ヲ処セラレタル者ハ、総集会決議ニ依リ除名スル事アルベシ、
第六条　字布倉及目今居住ノ地ヨリ他ニ転居スル者ハ、報徳社員ノ資格ヲ失フト共ニ、該社ノ財産ノ所有権ヲ脱却スルモノトス、但他字ニ転居ストイヘトモ、報徳社ノ承諾ヲ得旧社家ノ義務ヲツクスモノハ此限リニアラス、
第七条　旧社家ノ宅地ヲ買受ケタル者ニシテ、前住人ノ社役相続人トシテ連署出願スルトキハ、総集会ノ決議ニ依リ入社ヲ許可ス事アルベシ、（以下略）

これによると、旧社家の者で字布倉に居住の二八人の戸主と、その家の相続権をもつ一六歳以上の男子を社員とし、布倉から転出する者は資格を失い、報徳社の財産の所有権を脱却する。神社の年中行事にはすべて奉仕するもので、社則により参加は長男のみで、一六歳になると「大物忌神社社頭出仕を命ず」との命令書が発布され、花笠舞から仕

事が始まる。この社則により、昭和一八年(一九四三)頃までは長男のみで行っていた。

元大物忌神社宮司の故長谷川芳彦(明治四〇年生)によると、自分たちの神社という意識で守ってきた。報徳社の社則として、祭礼の折に花笠舞に出ない者は白足袋三足、猿田彦舞に出ない者は白足袋二足、大小舞に出ない者は白足袋一足を出す決まりがあった。これと関連して、昭和三年の大例祭役割の末尾に以下の但書きがある。(46)

一、大小舞人及柳舞代理者には金五十銭程度にて、足袋壱足もしくは(タオル)弐本の事、

一、笛吹太鼓打ち等調子方代理者には金二十五銭程度にて(手拭)弐本の事、

一、神楽舞人代理者には壱円程度にて足袋弐足の事、

一、花笠舞人代理者には壱円五拾銭程度にて足袋三足の事、

また六〇歳になると、年老といって二人の長老が神輿のそばにつき、大物忌神と月山神の金色の御幣を持って祭りの行列につき従った。旧社家の家に生まれた者たちは、年老を経ることで一生の勤めを果たしたことになった。

(2)鳥海山管理と報徳社

報徳社は、鳥海山へ登拝する道者の道案内をする先達も勤めてきた。第二次世界大戦後は社員の家でなく旅館に泊めるようになったが、戦前は「鳥海山参拝道者宿取扱所」の看板をかけ、社員の家を道者宿として公認で泊めて、精進料理を出した。鳥海山内の宿泊は神社で人を雇って管理していたが、七合目のお浜は報徳社が管理し、順番に泊まり込み、宿泊者の食事も作った。

飽海・由利郡一体では鳥海山への信仰が強く、各集落に登拝講があった。三～五人で鳥海山への御山駆けの代参の人々が登った。代参に決まると、村の鎮守の神社にお籠りして、女の人の手を掛けずに自分たちで料理を作り、精進潔斎して白衣で登った。御山を駆ける日は村中の人が仕事を休んで氏神に登拝の無事を祈った。登拝する道者は一の

鳥居までは草鞋を履き、その先からは草鞋を脱いで登った。

代参の人たちは、鳥海山の山頂の社から講中安全のお札を頂き、鳥海松と称する這い松と、しゃくなげの枝を採り、これにお札を添えて、村中の人たちに配る。人々はこの枝を田の水口に挿して虫除けとし、また田や家の門口に挿して災難除けとした。彼らが村に戻ると、村中で集まり坂迎えの振舞をした。鳥海山に登った際に履いていた草鞋は産土の神の松に掛けておく。

戦前の話になるが吹浦では、山から道者が降りて来ると、子供たちは「ドーシャドー、ジェンマケ、ジェンマケ」（道者殿、銭を撒け）とはしゃぎ立てた。すると一銭貨を投げてくれたものだという。また第二次世界大戦中から、夫・子供が戦争から無事に帰って来るようにと、女性が鳥海山に登るようになった。今では女性の参拝客の方が男性よりも多い。かつては女性は巫女石まで登り、そこから鳥海山へ向かって遙拝して帰ってきた。

報徳社は昭和四年の大物忌神社の改革によって次のように変化した。

①報徳社が関わっていた年中行事が神社主導になり、報徳社が直接関わるのは御頭舞だけになった。
②旧四月八日の大祭には報徳社社員が役割を決めていたが、神社が決めるようになった。
③祭礼の御輿は老いも若きも担いでいたが、若い人だけとなり、結局人がいなくなった。
④笙・篳篥・大笛の三管は報徳社所有の物を使っていたが、これは葬式に使うので使ってはならないとされた。
⑤正月過ぎに飽海・庄内・由利郡を廻る御頭神事には、白足袋と白衣一枚でやるようにいわれ、真冬の雪の中を白衣一枚で歩くのは大変だった。
⑥神社で精進潔斎するのに神社の風呂の使用を止められ、町の風呂に行くようにいわれた。
⑦昭和七～八年頃に社務所ができ、すべてそこで取り仕切るようになった。

3 吹浦二五坊・三社家・一巫女家

かつて吹浦・布倉地区は通称で鳥居内と呼ばれ、大物忌神社への出仕が義務づけられていた。吹浦にあった二九坊と明治以降に新規に住民となった一軒で、明治以降に神職となった家は、平成八年には一八戸を数えるのみである。ここでは地域の人々の記憶を頼りに再現した。×記号は布倉に住んでいない人々を指す。

1　本明坊（又は本妙坊）　佐々木迪幸
2　栄蔵坊　栄田　昌
3　西養坊　小西光夫
4　東福坊　長谷川芳彦
5　乗蓮坊　中村光孝
6　大教坊　大野三作
7　長楽坊　鳴瀬×
8　最浄坊　筒井誠一
9　乗用坊　斎藤（鳥居外）×
10　實蔵坊　今野義雄
11　常楽坊　山本（鳥居外・駅前）×
12　福泉坊　不明×
13　圓養坊　丸岡正俊（当時報徳社社長）
14　法住坊　後藤徹也

15　蓮蔵坊　　　　　　吉田（鳥居外）×
16　大善坊　　　　　　大沼豊
17　清水坊　　　　　　藤井昭二
18　泉蔵坊　　　　　　菅原重俊
19　勝養坊　　　　　　不明×
20　成就坊（または城就坊）大西重徳
21　林泉坊（成就坊の分家か）林賀（現酒田）×
22　常儀坊　　　　　　林稔
23　宝蔵坊　　　　　　永田嶽典
24　養善坊　　　　　　久村×
25　遍昭坊　　　　　　不明×
26　式地太夫　　　　　敷地（所沢）×
27　千日太夫　　　　　荒木旬
28　正太夫　　　　　　斎藤昌義
29　巫女家（ミコイェー）板垣政勝（現酒田市東泉町・旧報徳社社員）×
30　大日向（俗人）かつて鶴岡から来た士族という、神札などを作っていた×

旧乗蓮坊の故中村光孝の祖父の芳吉（通称ヨシゾー）は、この人たちの名前を折り込んだ次の歌を作り、今の人たちも口ずさんでいる。

デンジョーボー（大善坊）だして、金槌まなこの乗蓮坊、笛吹きの大教坊、ダシ（東南）の風のセーレーボー（清林坊）、石臼頭の東福坊、コロモンタタキの法住坊、ジジクチも動けば、ババクチも動く。ネッカラコッカラ栄蔵坊、南蛮喰いの圓養坊、大糞たれの正太夫、鼻水垂しのブンゼン（豊前守＝千日太夫）、デゴズケ（大根漬）ハヤシトッテ、ジンダッペ（じいさんの男根）ハヤシトッテ最浄坊、ガタガタオトシ（蕎麦屋だったので蕎麦を打つ音）の実蔵坊、デロロ舞（諾冊舞）の泉蔵坊、太鼓叩きの常儀坊

歌の中に「笛吹きの大教坊、（中略）デロロ舞（諾冊舞）の泉蔵坊、太鼓叩きの常儀坊」とあるように、泉蔵坊家は代々舞楽の諾冊舞を演じ、大教坊家と歌詞にはない宝蔵坊家は舞楽や花笠舞の笛を吹き、常儀坊家は太鼓の家と決まっていて、この家の者は花笠舞に出なくてもよかった。

式地太夫の敷地家（現所沢）、千日太夫の荒木旬家、正太夫の斎藤昌義家が鳥海山大物忌神社の社家であった。「報徳社々則正本」には「社家ヲ以テ一ノ団体ヲ組織シ（中略）、社名ヲ報徳社ト称シ（中略）、旧社家ニシテ現今字布倉ニ住居スル弐拾八戸主、及該家相続権ヲ有スル拾六歳以上ノ男子ヲ以テ社員トス」（明治四二年、林稔家文書[47]）とあり、明治以降は衆徒も社家も報徳社社員として利害を同じくする。明治四二年の「報徳社々則正本」の文末には、斎藤重信（または斎藤政治）・荒木元米・敷地笠麿という旧社家と旧巫女家の板垣善太の名前が見える。

旧報徳社社員で巫女家《みこいえ》だったのは現酒田市東泉町の板垣政勝家で、祖母まで巫女を勤め、板垣氏の妻や娘さんも巫女舞を舞ったという。

4　御鉾御獅子巡行

お頭様と称する獅子舞の巡行は、かつて正月元日から八〇日間かけて、大庄屋や檀那宅を廻り、そこに信仰の厚い

人々が集まって、お祭りをしていた。北は秋田まで南は酒田まで行く。この八〇日間の巡行を五つにわけて、秋田県の仁賀保へ一三日間、遊佐前半、遊佐後半、荒瀬へ一三日間、夏のお浜入りの頃に一五日間、麦刈り獅子と称して残りの地域を廻った。

鳥海山の信仰の基礎はこの御頭行事にあるといわれている。かつて旧坊家では正月の五日堂祭で行われた管粥神事の結果をもって檀家廻りをしていたが、今はこれに代わって御頭様が家々を廻るときに、門前で御祓いをした後でお札と一緒に配っている。平成七～八年頃まで個人の家を廻っていたが、廻る人数が足りず、今では各地域の公民館に集まってもらい、そこでお祭りを行うようになった。

六　年中行事と祭祀組織

神仏分離令・修験道廃止令の波を被って大きな変革を遂げた鳥海山周辺の中で、吹浦口の宮も例外ではなかった。神宮寺を初め本地堂や講堂などの建物、阿弥陀如来や薬師如来などの仏像、学頭や衆徒ら仏教徒の復飾など、仏教の色彩はすべて払拭された。年中行事も例大祭も形式上は仏教色を抜き去った上で継承されることになった。

1　旧社家の人々の年中行事

明治二五年(一八九二)に記録された『吹浦蕨岡通常祭儀之外古来伝ハリタル祭典旧儀』(48)には、古来から伝わる祭典旧儀を大別すると、(1)葦管神事、(2)春冬物忌祭り、(3)備荒祭、(4)大例祭、(5)月山神社例祭の五つであるという。以下でその内容をみてゆこう。

⑴正月の葦管神事

五穀豊熟の祈禱をするもので、旧暦一二月除夜に始まり、正月元旦より七日の夜で終わる。旧社家が集まり、元旦鶏鳴より三日間は本社で祈禱を行う。また御頭舞や舞楽がある。元日には御鉾御頭渡御があり、飽海郡と由利郡の全域を廻るのが恒例である。

五日の午前四時頃から、鍋で一升の米を煮て粥を作り、五穀の符号をつけた葦管を粥に挿したまま神前に奉納する。暁になると、五穀の豊熟を祈り、神占を問うて、葦管を粥の中から抜き、雲足台に横に並べ、粥は参詣人に分ける。翌六日の朝、神職と旧社人の古老が葦管を割り、管の湿り具合や粥の多少により五穀の豊否を占う。これを御管開きという。この占いは古来農家や米商人が神社に請うものであった。八日の朝に物忌が解かれる。

なお、正平一三年（一三五八）に北畠親房卿が由利郡小石郷乙友村を寄付して以来、葦管粥の料が同村より奉納されている。

⑵春冬の物忌祭

春は五穀豊熟を祈るため旧暦正月第三の寅の日寅の刻から七日間、冬は五穀成熟を感謝して旧暦一〇月第三の寅の刻から七日間、神職及び氏子一同厳重な物忌をする。

七日間のうち、第一・第四・第七日に祭典を行う。本社の御坂の前には榊を立て注連を掛けて物忌を表す。俗にこれを大祭《オマツリ》という。

物忌の条目は髪・月代・爪を取らない、穢物を洗わない、病を問わない、喪を問わない、葬礼をしない、竹木を剪らない、土を穿たない、灰を取らない、音楽をしない、等である。

(3)三月三日の備荒祭

旧暦三月三日に行われる祭りで、山ごぼうの葉を煮て細かく刻んだものを餅で包んだものを神饌として備える。凶年に備える備荒食をもって祭りとする。

(4)大例祭

現在新暦五月四日・五日に行われている例大祭は平成以降のもので、それまでは五月七日と八日が例大祭日であった。これらの日程は明治以降何度かの変遷を経て今のようになった。明治一六年の『社務所御用留帳』(大物忌神社蔵)(49)には、大物忌神社吹浦口ノ宮の例祭は、古来より天候が悪く雪もまだ多いので、今年から神御輿の渡御は旧暦四月八日に復帰させてもらいたい旨、内務省と山形県令に願い出た、と記されている。こうした紆余曲折の末に、旧暦四月八日に決まった。

明治二五年になると新暦五月八日に祭りが行われている。旧日本妙坊の故佐々木迪幸家に残る「吹浦蕨岡通常祭儀之外古来伝ハリタル祭典旧儀」(明治二五年)(50)には「大祭が旧暦四月八日なのは、貞観一三年(八七一)四月八日に鳥海山が噴火をしたことに由来」するという。

近世期に寺社奉行所へ届け出た「乍恐口上書を以申上候事」によれば、四月八日に祭典を行うのは、この日が鳥海山大物忌神の本地仏である薬師如来の縁日にちなむとあった。説明として仏教的要素を盛り込めないための苦肉の策として噴火した日と定められたが、『日本三代実録』には貞観一三年(八七一)以前の弘仁年中(八一〇～二四)にも「大物忌神噴火」の記録があり、四月八日に祭典を行う説明が後付けだとわかる記事といえよう。

以下では、上に挙げた「吹浦蕨岡通常祭儀之外古来伝ハリタル祭典旧儀」(51)から吹浦の大例祭を見てみよう。当時の頃の祭りは新暦五月七日と八日に行われていた。

大例祭

旧社人ノ中ニ於イテハ大例祭ノ際、花笠舞ノ列ニ加ルノ順序ト、社頭出仕ヲ命セラル、順序トニ依リ、予定スルヲ例トス、
祭典ト同時ニ、境内御池ノ嶋上ニ於イテ田楽アリ、此田楽ヲ宴舞龍王ト云ヒ、又大小ノ舞龍王ト云フ、但御池ノ嶋ハ磤馭慮島ニ象トナリテ作レルモノト言伝タリ、
大小ノ舞ハ男子二人装束ニテ、月日ヲ置タル立烏帽子ヲ着シ、扇ヲ取テ舞踏ス、但笏拍子ニテ古歌ヲ唄フ、其歌ニ曰ク、

見渡セバ　柳桜ヲコキマセテ　都ソ春ノ錦ナリケル

此田楽ニ次キテ諾冊二神ノ舞アリ、
是ハ鳥甲ヲ冠リ、浄衣ヲ着シ鉾ヲ取、滴瀝潮ニ凝リテ嶋ト成リシ、神代ノ故事ヲ表スルノ舞ナリ、
又次ニ、此ノ舞人ニ於テ陰陽両神ノ面ヲ冠リ耕織ヲ表スルノ舞ナリ、
祭典畢ルト同時ニ、舞人一同御本社ノ御坂ヲ登リ、庭上ニ於テ花笠舞アリ、

この記述は、前述した進藤重記の宝暦三年（一七五三）『出羽国大社考』巻之二「宮年中行義」とほぼ変わりがない。祭典が終わると、舞人たちは御本社の御坂を登り、庭で花笠舞がある。近世期には坂を下って行われていた花笠舞が、ここでは坂を登り、神社本殿の脇の庭で演じられる現在の形式になっている。

花笠舞が終わると、来当神宿が本年の当家から当渡しを受ける神宿の受け渡し式がある。式では来当の家に御鉾・御頭が渡御し、次に神職が出て来る。そして来当より当神宿へ七度半の迎えが立つ。当神宿主人は迎えに応じて御幣を捧げ、近親の者を随へて、来当に御幣を渡す。来当主人はこの御幣を神床に安置し、その後祭典を行い、終わると

直会となる。

翌八日ハ官祭

先ツ大物忌神社・月山神社両神輿ヲ両神宿へ渡御ス祭典執行式アリ、舞楽恒例ノ如シ、畢テ神輿ハ一ト先御坂ノ下ニ還御ス、此際予テ神宿ニ奉案スル麻ノ大幣帛、及大花鉾ヲ練リ出シ、且神宿親類有志者及台花ヲ持タル男女ノ小児数十名之ニ供奉ス、但供奉ノ人々ハ御本社ニ上リ参拝スルヲ例トス、

須臾アリテ参拝ノ人々ハ御本社ヨリ金幣ヲ供奉シテ御坂ヲ下リ、順次神輿渡御ノ列ニ加ル、此時宮司坂ノ下ニ於テ奉幣ノ式アリ、

畢テ行列ヲ立テ両神輿ヲ始メ、摂社小物忌神社神輿、摂社城輪神社神輿等、順次進行シテ毎町渡御アリ、

畢テ拝殿ニ還御ス、此時舞楽ヲ奏スルコト左ノ如シ、

第一花笠舞

是舞ハ曩ニモ言ヘルカ如ク、旧社人十六歳以上ノ長男タルモノ八人ヲ以テ組織ス、外ニ先払ナル者一人アリ、花笠舞ノ上席ニシテ、新入者ト交換シ、其列ヲ脱シタルモノヲ以テ之ニ充ツ、何レモ烏帽子狩衣ヲ着シ、太刀ヲ帯キ、白手繦ヲ懸ク、先払ハ外ニ鞘ヲ外ツシタル長刀ヲ持ツ、花笠ハ直径三尺二寸之円輪、竹ニテ作ルモノ、之ニ紙ヲ張リ、之ニ花ヲ挿シ、周囲ニハ八ツノ四垂ヲ附スルモノニシテ、左図ノ如シ、

(図省略)

舞台拝殿ノ前ニ之ヲ設ケ、其四方ニ榊ヲ立テ、注連縄ヲ張ル、

先ツ二ノ鳥居内側ニ於テ一舞シ、夫ヨリ鳥居ヲ出テ御池ノ南ヨリ東ニ回リ舞台ニ上ル、先払ハ先登シテ長刀ニテ注連縄ヲ切リ払フ、次ニ装束ヲ附タル弓取二人登リ神前ニ一揖シ、内一人ハ更ニ鬼門ノ方ニ向ヒ天下泰平治国安

民ノ事ヲ念シ、矢ヲ放ツコト二度、然後八人ノ舞台登台、太鼓ト笛トノ拍子ニ舞人サヽラヲ合セ舞踏ス、畢テ花笠ヲ舞台ノ四方ニ棄擲ス、観客其の花ヲ争ヒ拾ヒテ、以テ一ノ楽事トス、奇観ト云フヘキナリ、右弓ヲ射ルコトハ、承和六年ノ戦争ノ際、賊軍強梁官軍殆ト撓敗セリ、依之大神ニ籖（殲カ）賊ヲ奉祈ルニ奇ナル哉、石鏃ヲ零ヲスノ運ニ会シ、強賊忽亡タリ、是大神ノ威稜ナリトシテ、叡感不斜、爵位封ヲ賜リタルコトノ古事ニ起固（因カ）セルモノト云ヒ来レリ、

第二大小ノ舞

第三諸冊二神ノ舞

第四陰陽両神ノ舞

右ハ御池ノ嶋上ニ於テ舞フコト前夜ニ同シ

畢テ拝殿ニ於テ還御祭ヲ執行シテ退下ス、（以下略）

翌八日は例祭で、拝殿で御初輦祭を執行する。大物忌神社・月山神社両神輿が両神宿へ渡御し、祭典がある。舞楽がいつも通りに演じられるというが、上記の四演目かと思われる。その後、神輿は神宿から一先ず御坂の下に還御する。麻の大幣帛と大花鉾を練り出し、神宿の親類や台花持ちの男女の小児数十名が供奉して、御本社を参拝する。その後、御本社より金幣を供奉して御坂を下り、神輿渡御の列に加わる。行列を立てて両神輿、摂社小物忌神社神輿、摂社城輪神社神輿等が順次進行する。この時代には本社の両神輿や摂社の神輿が各町内を渡御していた。その後拝殿に還御して舞楽が奏される。

第一花笠舞。この舞は旧社人長男で一六歳以上の者八人で組織されており、この外に先払い一人がつく。先払いは花笠舞より上の席で、新入者が入って来ればこの者と交代し、その列から抜けることができるという。「一六歳にな

ると社頭出仕を命じられた。そして花笠舞を舞うようになる」という元宮司の故長谷川芳彦の記憶と一致した部分である。

彼らは烏帽子と狩衣を着て、太刀を帯き、白手繦ヲ懸ける。先払はこの外に鞘を外した長刀を持つ。花笠は直径三尺二寸の円輪からなり、竹で作ったものに紙を張り、これに花を挿し、周囲には八枚の四垂を附ける。

舞台は拝殿の前に仮設で設け、その四方に榊を立てて、注連縄を張る。先払いと花笠舞の舞い手はまず二の鳥居の内側で一舞し、そこから鳥居を出て御池の南側から舞台に上る。まず先払が先に舞台に登り、長刀で周囲の注連縄を切り払う。次に装束を附けた弓取が二人登り、神前に礼をしてから、一人が鬼門の方に向い、天下泰平治国安民を念じて二度矢を放つ。その後で八人は舞台に登り、太鼓と笛の拍子にあわせて、舞人は簓をすり合わせて舞う。舞い終わると、花笠を舞台の四方に投げる。観客はこの花を争って拾うが、これを一の楽しみとしている。奇観というべきであるという。

ここで弓を射るのは、承和六年(八三九)の戦争の際に、賊軍が強梁で官軍が殆ど敗しそうになったとき、大神に祈ったところ石鏃が降ってきて、強賊も滅びた。これこそ大神の威稜に違いないと、叡観不斜、爵位封を賜ったとの故事に由ったと伝えられている。

第二大小ノ舞、第三諾冊二神ノ舞、第四陰陽両神ノ舞。これらは前夜、御池の嶋上で舞ったものと同じだが、花笠舞の後に行われるこの三演目は現在は前日の宵宮祭のみで、祭礼当日には行われていない。

⑸月山神社例祭

旧六月一四日の夕方から執行され、御浜出の神事と称し、神社拝殿での祭礼、池の中島での田楽の後、大物忌・月山両大神の御神輿が西浜の浜辺まで渡御し、篝火を焚いて祭典を行う。この際、宮司は飛島に向かって祝詞を奏上する。伝承では、飛島は鳥海山の一部が分裂飛び去ってこの島ができたと伝えている。また島でも同日同時刻に風神のお伴で海辺まで渡御し、浜辺で祭典を行う。

この御浜出の神事では、今は西浜、飛島、鳥海山頂、鳥海山七合目の御浜、宮海（酒田市）の大物忌神社の五か所で同時に火を焚くので、火合わせ神事とも呼ばれている。この火を焚く行事は近世の記録にはなく、明治期になって始められた行事と考えられる(52)。

一五日は月山神社の例祭で、玉酒神事を行う。二日前の晩から一夜酒を醸し、この酒を四個の器に持って大物忌と月山の両神に供え、また酒の泡立ち具合で暴風雨や悪虫などの有無を占う。

全体の年間行事は仏教色を除いた形で行われているが、形式上は近世期のものと変化がない。ただ正月の葦管神事では近世期の修正会の際に中心人物だった牛王導師に代わるものがいない。

2　檀家と神宿

吹浦二十五坊と三社家の檀家の範囲で、正月五日の五日堂祭で行われた管粥神事の結果をもって、坊家は檀家廻りをした。その範囲は門前町である横町・宿町から、最上川の北、そして由利郡まで、また幕末まで庄内領であった女鹿・小砂川・上浜辺りまでが檀家であり、各家々ではその辺りまで親戚がある。

大物忌神社の祭礼の折にこの檀家の家々から寄付をもらい、名簿を作り、御幣大願主として祭礼の行列に参加してもらう。

鳥海山大物忌神社の祭礼には神宿ができる。旧神宮寺衆徒や大物忌神社の社家の人々合わせて二八軒は、昭和一四年（一九三九）までは毎年交代で神宿を勤めていた。二八軒はそれぞれが檀家を持っていたので、神宿を勤めていた頃は、檀家から寄付を仰いで祭りを行っていた。

地元では「神宿」とは神の宿という意味で、祭礼の折の旅所という。現在は旧社家の人たちの住む布倉、そして門前町である町方の横町・宿町の三町内が交互に神宿を勤めているが、昭和五年までは布倉からは毎年、横町・宿町からは交互に神宿を出していて、神宿は社家方からと町方からの二か所あるのが本来であったという。そして当年度の祭礼に神宿となるものを本当神宿、次年度になるものを来当神宿という。

布倉に住む旧東福坊の故長谷川芳彦によると、来当神宿になると一年間潔斎をした、自分の家の祭壇と入り口に御幣を立てておくので、誰が見ても来年度の神宿だとわかった、とくに旧社家では檀家や親類に多額の寄付を頼むので大掛かりなものだった、旧社家では檀家や親類からの寄付で神宿の経費を賄っていた、という。

神宿は前述のように、近世期には頭家と称していたと推定できる。この頭家が明治以降に神宿と名称を改めて、昭和の時代まで続いていたのである。

旧本明坊（または本妙坊）の故佐々木迪幸（昭和四年生）家では、昭和四年・一五年に神宿をやった。妻の実家や親戚や知人から寄付をもらって神宿を勤め、祭り終了後は湯の田温泉に招待した。当時は五月八日が例祭日であったので、五日から家の中を開放して飾りつけをした。赤松の大木を置き、その周囲に注連縄を張り、松が自然に生えているように飾る。また部屋一杯に板を張り、寄付をしてくれた人たちの名前の入った灯籠を飾った。紙製で桜の絵が入っていた。

檀家の人たちはこの坊家を旦那坊といい、正月元旦には正月礼に来て、坊家の祭壇で拝んでいった。本明坊には毎年四〇人くらいの人たちが正月礼に来ていた。

旧乗蓮坊の故中村光孝（昭和九年生）家では、大正九年（一九二〇）が神宿だった。旧坊家では正月になると三か日間は檀家が正月礼にくるので、神宿に決まると数年前から正月に、「〇〇年後に神宿をやるので寄付をよろしくお願いします」と頼んでおく。

かつて布倉に住んでいた旧長楽坊の鳴瀬直吉氏の『鳥海山大物忌神社神宿』(53)によると、明治三七年に鳴瀬直吉が来当神宿と決まり、「神宿献納人名簿」を書き残していた。五一人分の寄付者の名前が記され、金額と献納品の内訳が記されているので、その一部を見てみよう。

明治三十七年　月　日　成瀬《ママ》直吉

一金弐拾円　旧宮田村　曽根原六郎右衛門

外に餅米一俵、清酒一樽

一金　拾円　同　村　渋谷重助

一餅米一俵　同　村　小松丑松

一金拾五円　吹　浦　村　阿部喜代松

一金　五円　楸　嶋　村　本間丑太郎

外に花一台

一金　壱円　出　戸　碇谷子之吉

一金　参円　旧中山村　尾形久米吉

鳴瀬直吉が来当神宿と決まり、翌年の本当神宿の準備を始めている。明治三七年という時代に二〇円と、餅米一俵、清酒一樽も現物で寄付している。「神宿献納人名簿」には大口の寄付者から順に記載されるので、旧宮田村の曽根原六郎右衛門氏が当時の長楽坊の最も有力な檀家だったことになる。同じく宮田村から多額の寄付が来ているので、宮田村には長楽坊の大きな檀家があったのである。

神宿の親類や有志というのは、今では御幣大願主と称される有力な後援者で、彼らの寄付によって神宿は成り立っていた。それに報いるように、「曲玉」と称する玉でできた結袈裟が残されている。今では御幣大願主は麻を簡単に巻いた結袈裟を身につけるが、布倉の旧坊家では有力な檀家であり、祭りの折に御幣大願主として、大口の寄付をしてくれる檀家には、結袈裟の代わりに管ガラスと色ガラスを交互につなげた曲玉を差し上げることもあった。すべての神宿がこのような曲玉を作っていたのかは不明だが、東福坊家と本明坊家の二坊家には曲玉が残っている。

東福坊の故長谷川芳彦によると、布倉では昭和五年まで旧社家二十八坊が順番に神宿をやっていた。当時東福坊家でも神宿を勤めた際に大口寄付者の御幣大願主には、白地のガラス製の曲玉を差し上げていた。曲玉をもらった人は、これを首から懸けて行列に参加することを誇りにして、曲玉を家宝にするという。

本明坊（または本妙坊）の故佐々木迪幸（昭和四年生）家でも、御幣大願主には、管ガラスと色ガラスを交互につなげた曲玉を差し上げた。昭和五年まで個人の家で神宿をやっていた頃は、行列に参加する御幣大願主には太刀持ちの御供の子供がついた。御幣大願主が三〇人いると、三〇人の太刀持ちが付いた。

3　宿町と横町

ここでは大物忌神社の門前町である宿町と横町の人々の祭祀組織を記述してゆきたい。

吹浦大物忌神社の祭礼の象徴でもある田楽は、旧社家の若者が一六歳になったときに出仕を求められる義務としての芸能であった。また明治以降に報徳社になってからは、田楽に出られることは権利でもあった。現在の吹浦田楽は昭和四五年に保存会が設置され、昭和五二年（一九七七）には組織の改正がなされ、誰にでも開かれた芸能となった。

保存会の規約にある会員の資格として、「本会の目的に賛同する者は、会員になることができる」という項目があり、誰でも自由に参加できるようになった。しかし平成八年度の会員名簿を見ると、五〇人の会員の内、六人の神職をのぞくと、旧社家の人々が住む布倉以外からの参加者は一二人にすぎない。

平成八年当時は大物忌神社の大祭の花形とも見られる田楽を、地元の若者たちは「あこがれ」の対象としては見ていなかった。横町や宿町の若者にとって、祭りにおけるあこがれの対象は、五月五日に行われる大祭の御輿渡御を先導する「奴振り」である。「かっこいいよなあ」という言葉を若者が口にするのは、奴振りの大きなアクションを見たときであり、「田楽は自分たちとは違う人たちがやるもの」という意識が強かった。

布倉に住む旧社家の人々と、その檀家でもある門前町の人々の間には、長い間、見えない垣根があった。横町や宿町の人々は、布倉に住む旧社家の人は言葉使いが違うという。家並みも違う。旧社家の人々の住む鳥居内と、横町・宿町の門前町が広がる鳥居外という区分もあった。

宿町と横町は大物忌神社吹浦口の宮の門前町をなす地域であり、布倉地区の旧社家の家々にとっては、檀家でもあった。この両地区にはそれぞれ氏神はあるが、大物忌神社吹浦口の宮の氏子でもあり、自分たちの町内の氏神社との二重氏子となっている。

横町には大正一一年から昭和三六年までの神宿の記録を残した『神宿一途』(54)と称する冊子があり、年ごとの祭主・神官・本当神宿主人、来当神宿主人、御幣持ち・御花持ち・御供物持ちなどの名前が克明に記されている。

この記録によると、昭和一三年までは横町と宿町で交互に神宿を出していた。この年まで布倉は独自に自町内で神宿を出し、昭和一四年になって初めて、布倉の佐々木重泰の名前が来当神宿主人、そして昭和一五年には本当神宿主人としてここに記載される。このことから、昭和一五年から布倉・横町・宿町の三町内で、交代して神宿を出す形式ができあがったことがわかる。

この頃から、祭りの際には同じように神宿を出し、相互扶助の形態ができあがったと見ることができる。こうして町内ごとに順番に神宿を出す体制ができあがっていった。

布倉の旧社家が布倉地域内で毎年交互に神宿を勤めていた頃は、横町と宿町の両町内でも、それぞれの町内で二年に一度個人が神宿をやっていた。横町の高橋留五郎氏（大正一三年生）によると、横町と宿町の人々が個々の宿で神宿をやっていたのは昭和三〇年までで、その翌年の昭和三一年から神宿を引き受ける家がなくて婦人会館で行った。その後も数年間神宿の引受け手がなく、昭和三二年に神社の斎館建設以降はそこが神宿となり、今に至る。

布倉に住む旧社家の人々にとって、神宿を行うことは自分の地位の昇進と確認を意味していた。これは、三「年中行事と祭祀組織」で述べた通りで、そのために檀家の人々の寄進を仰ぐなど大規模なものであった。

一方、宿町や横町の人々にとっての神宿は、自分たちの住む地域の行事の一環であり、地域住民としての義務であった。それ故、同じ神宿と称していても、その性格は異なっていた。今は神社の斎館を神宿として三町内が交互に神宿としての役割を果たしている。ここでは旧社家と門前町という区別は全く見られない。田楽も数年後には布倉からの参加者は半数を割り、吹浦全体の行事となってゆくことであろう。現在では「大物忌神」の求める物忌みをしているのは、大物忌神社の神職だけである。

七　現代吹浦の祭祀組織

1　吹浦祭協賛会

昭和四〇年代後半頃には祭りに人が集まらなくなり、御輿の巡行は車で廻り、奴振りもできず、また行列も整わない状況であった。そこで昭和五一年（一九七六）頃、本明坊家出身の故佐々木俊男医師が、祭りを盛り上げよう、祭りを通して地元を出た人にも故郷を見直してもらおうといってきた。そこで佐々木医師、当時の吹浦田楽保存会長の故中村光孝、役場にいた菅原洋一氏が話し合い、地域の長老の了解を得て、農協、地域の役員や、野球部員などに祭りを盛り上げようと呼び掛けた。そして奴振りの衣装や道具、田楽の衣装は佐々木医師が寄付をしてくれた。また田楽の仮設舞台は佐々木医師の母のタマさんの名前で建てられた。そして吹浦地区の全一七集落にアンケート調査をして、一戸二〇〇〇円の祭りの協力金を得た。

こうして昭和五八年に大物忌神社祭協賛会を作り、祭りに協力してくれる家々を広く募るようになった。この折のメンバーは次の通りだった。

祭協賛会初代会長　佐々木俊男
副　会　長　鈴木孝四郎（二代目会長）
総務部長　中村光孝
事務局長　石垣孝夫

協賛会ができた後に復活したのは、中学生の参加を得て御輿が担げるようになったことである。菅里中学校の創立三〇周年記念に花笠舞を舞ったのをきっかけに、校長先生が積極的に祭りに協力してくれるようになった。現在、遊佐中学になっても続いている。

奴振りも保存会を作り、後継者を育成するようになった。また船御輿が復活した。さらに小学校の六年生は厄年に当たるとして、厄祓いを兼ねて子供の樽御輿が新設された。

平成八年当時、協賛会に加盟している家々は八六〇世帯になった。また協賛会の協力を得て、絶えていた芸能などの復活も試みている。

2 吹浦田楽保存会

吹浦田楽保存会ができたのは昭和四五年で、この年に盛岡であった東北北海道芸能大会に参加することになり、その機会に保存会を発足させた。当時の保存会長は大物忌神社の宮司で、また神社の責任役員が保存会の役員になった。

吹浦田楽保存会の初代会長は旧圓養坊の故丸岡正俊で、昭和六一年まで勤め、その後も長く報徳社社長として活躍した。二代目会長は旧乗蓮坊の故中村光孝で、その後は息子の眞輝氏となり今に至っている。

昭和五二年に組織の改正を行い、平成二年から大物忌神社の神官も会員になっている。総会は祭の一か月前の四月七日に行われている。本来は四月八日だが、この日は神社の永年祈禱の日で、前日から神官は参籠するので、四月七日に行っている。

3 吹浦田楽の曲目、衣装、舞い方

現在舞われているものとしては、花笠舞・大小の舞・諸冊舞で、これらを総称して田楽舞と言っている。今は絶えたものとして進藤重記は『出羽国大社考』巻之二の「年中行儀」の中で稚児の舞があったとしており、その当時にはすでに絶えてしまっていた。

⑴花笠舞

花笠舞は、舞い手八人、弓取り二人、先払い一人、楽人三人（太鼓一人、笛二人）の一四人からなる。花笠の舞い手八人は、五月四日の宵宮祭には生花を、五月五日の本祭には造花を花笠につけて舞う。花は宵宮祭のときには八重桜・山吹などの生花を使うので、担当の者が近くの家や山を事前に下見をしておいて、宵宮祭当日に確実に咲いているものに目星をつけておく。花笠は竹製で白い和紙を貼り、頭頂は藁を束ねて紅白の水引で三か所を結ぶ。その上に花を刺すのである。花笠からは御幣状に切った和紙を長く垂らす。

〈編木《ビンザサラ》〉現在の花笠舞では舞い手八人がすべて編木を手に持って舞うが、『出羽国大社考』の記述では、八人のうち四人のみが「竹籟を摺る」とある。他の四人は何も持たなかったのであろうか。民俗芸能研究家の故本田安次は、昭和六年に日本青年館で演じられた吹浦田楽舞を見ており、「羽州高寺・新山・吹浦・蕨岡の田楽」(55)の中で諸冊二尊の舞を取上げ、「八人全部がささらを持つのは変わった形」と述べており、この頃には八人の舞い手が全員編木を手に持って舞っていたことがわかる。

この件について、蕨岡では田楽舞は絶えてしまったが、次の記録がある。明治三八年（一九〇五）に神宿をやった明光坊の小野清継氏は明治三五年に二編木、三六年に一編木を勤めたことが、清継氏自身の手になる二冊の「定田楽日記之次第」（明光坊、小野政子家文書）(56)に残っている。そこには「田楽役は、四の鼓から毎年勤めて一の鼓まで、四の編木から一の編木までの八つの役を八年間勤める」とあり、初めの四年間は鼓の役を、後の四年間は編木の役をしていた。かつての吹浦の花笠舞にも鼓を持つ役があったのであろうか。

この舞い手が手に持つ編木は、いたやの木を鉈木作りにしたものを使い、長短交互に入れてあり、ほぼ半円になる。今の編木は、かつてのものと比べて短くなり、ザラッという音がするが、昔の編木は、きちんとした半円になるくらい長く、ザーッという音がしたという。

〈衣装〉　衣装は『出羽国大社考』によれば、四月七日の花笠舞には、八人の田楽舞衆徒は花笠をつけ、太刀を帯び、襷を懸け、染絹で額を包み、揚げ脚にて踊るという。八人のうち四人が竹籟を摺る。八人のほか衆徒二人が太鼓、笛を携えて持つ。この二人は道服を着て頭巾を被る。進藤重記は、大社の風俗と神祇服忌令では、大社の神事に僧尼が参詣するときには頭を塞ぎ、胴服を着ていれば構わないと記されているところからきたのではないかと推測している。

かつて花笠舞の衣装は舞い手が自ら用意したという。だから皆が紋付にたっつけ袴を着てはいたが、柄も色もまちまちであった。これは母が嫁入りに着た花嫁衣装の帯を解いて袴に作り替えたという。

これだと擦り切れてあとの始末が大変なので、吹浦祭協賛会ができた昭和五一年に、お揃いの衣装に作り替えた。現在の衣装は、黒色の紋付に綾錦の袴をはいて股立ちをとり、白の襷を左肩に懸け、白の脚絆、白足袋に、和紙を巻いた草鞋を履き、腰に太刀を差して武士姿を装う。なお先払いの衣装は花笠舞の舞い手と同じであるが、烏帽子を被り、手に長刀を持つ。弓取りと楽人は烏帽子を被り、白衣に浅黄色の袴をはき、狩衣を着て、白足袋に草履を履く。

〈舞い方〉　花笠舞を舞うときには、舞台の上で笠の花を揺らすことが大切で、足を上げたときに腰を引くとうまく揺れるという。布倉に生まれた者は「ジラーリ」という花笠舞の口拍子で覚えたので、花笠舞のことを通称「ジラリ」という。一六歳になって練習を始めるが、終わってからも家に帰って練習をした。摺り足で進むので畳を上げて練習をするが、そのために床板を抜いてしまった者もいたという。

なお民俗芸能研究者の故新井恒易は昭和一八年に吹浦の祭礼を取材しているが、このときの宵祭りには花笠舞がなく、新井は相当以前から中止していたと指摘している。[57] この件で、平成二九年の吹浦の祭礼の折に現地で確認したところ、以下のような証言を得られた。吹浦大物忌神社責任総代の一人高橋留五郎氏(大正一三年〔一九二四〕生)の記憶では、昭和一六年から宵宮祭の花笠舞は中止になったとのことであった。また現保存会長の中村真輝氏が昭和四五年に花笠舞に入った当時はまだやっておらず、五〇年に入った頃、舞い手は宵宮祭で舞ったということなので、この五年の間に再開したことがわかった。

⑵大小の舞

大小の舞は、二人の舞い手と笏拍子を打つ者一人からなる。前掲の『出羽国大社考』によれば、この舞は宴舞龍王ともいったと言う。法師二人が月日を置いた立烏帽子を被り、扇を持って嶋の中で舞う。当時は法師姿で舞っていた。

〈衣装〉 現在の舞い手は、直面の二人が烏帽子を被り、白衣に浅黄色の袴をつけて白足袋を履き、日天・月天をつけた烏帽子を被り、手に白扇を持って舞う。

〈囃子〉 囃子は笏拍子を打つもの一人が付く。

⑶諸冊舞

一人の舞い手が二つの面を交互に取り替えて舞うもので、笛と太鼓の囃子が入る。

〈衣装と面〉 『出羽国大社考』では「鳥甲をかむり、浄衣を着し、鉾を取て滴瀝潮の凝りて嶋と成し神代の事を表す、次陰陽の両神(古制の面二つあり)耕し織り給うを表するの舞あり」と書いている。これが現在では諸冊二尊の舞と言われている舞である。一人の舞い手が二種類の面を交互につけて舞うもので、初めに青色で鼻長の諸面をつけて、次に茶色で鼻長の冊面に替えて舞う。鼻の長さはほぼ同じである。

進藤重記は大小の舞のことを「宴舞龍王というと僧家の古記に見えたり、俗に大小の舞という」と書き残している。

本田安次は、前掲書で[58]「この曲は実は二つの曲であると思う。そしてこれこそ宴舞龍王ではなかったかと思う。鉾の扱い方は正に左右の舞を一つに仕組んだ振鉾であり、また後の部分で、足拍子をしきりに踏んで廻ったのが陵王の積りではなかったか、ただ出入によちよちと歩いたのは、これがまったくの舞楽ではなく、翁舞をもととした舞曲にそれが編曲されたものであったが故ではなかったかと思う。猿田彦舞が順まわりであったのに対し、大小舞も、是も、花笠舞もすべて逆廻りであった。然らば「諾冊二尊の舞」はどこへ行ったか。是はやはり、「諾冊二尊の舞」の次に演じたと記録にある陰陽両神の舞を指しているのではないかと思う。やはり両神が出て、ある仕草に及んだもので、名取郡の熊野堂で言えば「二の舞」であったに相違ない（吹浦には、今はこの曲は絶えているらしく、青年館では演ぜられなかった）」と記している。

現在では、「諾冊二尊の舞」の鉾を振る舞の部分が「振鉾」であり、足拍子を踏んで廻ったのが「陵王」ではなかったか、と推測している。そして「諾冊二尊の舞」は、今は演じられていない「陰陽両神の舞」を指していたのではないかという。この解説の方が舞い方からしても納得が行くように思うが、いかがなものであろうか。

今演じられている諾冊二尊の舞では、鉾を二本と、扇を一本持ち、面をつけ替えて四方を廻る同じ動作をする。笛と太鼓の囃子が入る。

⑷伶人

花笠舞・大小の舞・諾冊舞を総称して田楽舞というが、これらの舞には囃子がつく。囃子の楽器は誰もができるというわけにはいかない。田楽の舞い方や足の踏み方を知らないと、速さがあわない。楽器は三管といい、大笛《おおてき》・笙《しょう》・篳篥《ひちりき》からなる。

⑸台花

五月五日の例大祭の行列には台花が出る。和紙の造花を台に挿し、これを持って行列のお供に出るもので、数は三五以上と決まっている。神宿を個人の家でやらなくなってからは、宿町は一三、横町は一二、布倉は一〇と各町内に台花の数を割り当てた。

台花を造る専門の業者が三軒あり、平成八年以降は三五〇〇円で買い、台花を手に持ち、祭礼の行列に付き従う。台花持ちは小学校入学くらいまでの男子で、袢に白足袋・草鞋履きで、付添いも男性のみであった。女性が出ると雨が降るなどと言われた。今は女子も七五三のような衣装に着飾り母親と参加しているが、初潮前の年齢である。親は身体を清める意味といって、麻糸を首に巻く。一時は子供の衣装に金がかかりすぎると参加する人数が減ったが、最近では布倉一〇軒、横町・宿町で二五軒と分担して出ている。

祭礼の行列につく台花は小型で、手で持ち運べるほどの大きさだが、神宿にもかつては大きな台花を飾ったという。神宿から大幣帛と大花鉾が練り出し、神宿の親類や有志、台花を持った男女の小児数十名が御供をして本社に参拝するという部分では、大幣帛と大花鉾が神宿の重要なシンボルであったことが見える。現在の祭りでは神宿では大幣帛と大花鉾は飾らないが、元大物忌神社宮司の故長谷川芳彦によると、旧社人と町方とが別々に神宿をやっていた頃には、麻の大幣帛があったという。故長谷川の記憶では既に大花鉾はなかったが、代わりに造り物の人形を台輪に飾り付けて町内を練り歩いたという。彼の記憶では神宿では大きな台花を造って、松とともに飾ったというので、これが大花鉾であったのかもしれない。

註

(1) 神田より子『吹浦田楽』遊佐町教育委員会　一九九六、『科学研究費補助金研究成果報告書　鳥海山吹浦修験の宗教民俗学的研究』二〇〇三

(2) 遊佐町史編さん委員会編『改訂遊佐町史年表』遊佐町　一九九四、岸昌一「鳥海山への信仰と歴史」『鳥海山―自然・歴史・文化』鳥海山大物忌神社　一九九七

(3) 松本良一『遊佐町史資料　第一号　鳥海山資料(鳥海山史)』遊佐町　一九七七

(4) 安慧は『望月仏教大辞典』では、「あんえ」または「あんね」と読ませている。『天台座主祇園別当並同執行補任次第』によれば、この安慧は多くは安恵と書かれ、伝教大師の四人の弟子の一人で、兄弟子の義真、円澄、円仁に続いて、貞観六年(八六四)二月一六日に四代目の天台座主に補任されている。号は新堂和尚、または金輪院と号し、同一〇年に六五歳で入寂している。逆算すると、彼が出羽国にやって来たのは四一歳の年になる。

(5) 神田より子　前掲(1)『吹浦田楽』所収

(6) 山形県史編纂委員会編『山形県史　資料編15下　古代中世史料二』山形県　一九七九

(7) 松本良一『鳥海山信仰史』本の会　一九八四

(8) 鳥海山大物忌神社吹浦口ノ宮所蔵文書(国指定文化財)山形県史編纂委員会編『山形県史　資料編15上　古代中世史料一』山形県　一九七七

(9) 鳥海山大物忌神社吹浦口ノ宮所蔵

(10) 戸川安章「鳥海山と修験道」月光善弘編『山岳宗教史研究叢書七　東北霊山と修験道』名著出版　一九七七

(11) 鳥海山大物忌神社吹浦口ノ宮所蔵『山形県史　資料編15上　古代中世史料一』

(12)　前掲(6)に同
(13)　前掲(6)に同
(14)　遊佐町史編さん委員会編『改訂遊佐町史年表』遊佐町　一九九四
(15)　進藤重記『出羽国風土略記』歴史図書社　一九七四(一七六二)
(16)　戸川安章　前掲(10)に同
(17)　神田より子　前掲(1)『吹浦田楽』所収(吹浦　大物忌神社所蔵)
(18)　戸川安章　前掲(10)に同
(19)　進藤重記　前掲(15)に同
(20)　神田より子　前掲(1)『吹浦田楽』所収
(21)　志田為三郎『大社実録』蕨岡大物忌神社所蔵明治三八年(岸昌一翻刻、神田より子『科学研究費補助金研究成果報告書　鳥海山蕨岡修験の宗教民俗学的研究』一九九七　所収)
(22)　宝永二年(一七〇五)「乍恐口上書を以申上候事」(神田より子　前掲(1)『吹浦田楽』所収)
(23)　松本良一　前掲(3)に同
(24)　神田より子　前掲(1)『吹浦田楽』所収
(25)　進藤重記　前掲(15)に同
(26)　松本良一「酒田の修験道」『酒田市史　資料編七』酒田市　一九七七
(27)　戸川安章　前掲(10)に同
(28)　須藤儀門『続鳥海考』光印刷　一九八九

(29) 進藤重記　前掲(15)に同
(30) 宝永二年(一七〇五)「乍恐口上書を以申上候事」中の「鳥海山大物忌之神事規式」(以下「神事規式」と略　神田より子　前掲(1)『吹浦田楽』所収)
(31) 宝暦三年(一七五三)進藤重記『出羽国大社考』巻之二「両所宮年中行義」(以下「年中行義」と略) なお『出羽国大社考』(全四巻)の原本は不明のため、大物忌神社に現存する翻刻版(神田より子　前掲(1)『吹浦田楽』所収)を使う。
(32) 宮家準編『修験道辞典』東京堂出版　一九八六
(33) 戸川安章『修験道と民俗』岩崎美術社　一九七二
(34) 神田より子『蕨岡延年』遊佐町教育委員会　一九九四
(35) 神田より子　前掲(1)『吹浦田楽』所収
(36) 「鳥海山大物忌之神事規式」神田より子　前掲(1)『吹浦田楽』に同
(37) 「両所宮年中行義」神田より子　前掲(1)『吹浦田楽』に同
(38) 宮家準編　前掲(32)に同
(39) 「両所宮年中行義」神田より子　前掲(1)『吹浦田楽』に同
(40) 神田より子「吹浦の五日堂祭」『山形県の民俗芸能―山形県民俗芸能緊急調査報告書―』山形県教育委員会　一九九五
(41) 岸昌一　前掲(2)に同
(42) 岸昌一　前掲(2)に同
(43) 小野泰博他編『日本宗教事典』弘文堂　一九八五

(44) 明治一四年二月二三日「鳥海山大物忌神社官祭隔番之儀ニ付願」松本良一　前掲(3)に同
(45) 神田より子『科学研究費補助金研究成果報告書　鳥海山吹浦修験の宗教民俗学的研究』前掲(1)に同
(46) 長谷川芳彦家文書「自明治三四年　大例祭役割　吹浦口の宮社務所」(神田より子　前掲(1)『吹浦田楽』所収)
(47) 神田より子　前掲(1)『吹浦田楽』所収
(48) 旧本妙坊の佐々木迪幸家蔵『吹浦蕨岡通常祭儀之外古来伝ハリタル祭典旧儀』明治二五年(神田より子　前掲(1)『吹浦田楽』所収)
(49) 明治一六年『社務所御用留帳』大物忌神社所蔵(神田より子　前掲(1)『吹浦田楽』所収)
(50) 前掲(48)に同
(51) 明治二五年「吹浦蕨岡通常祭儀之外古来伝ハリタル祭典旧儀」神田より子　前掲(1)『吹浦田楽』所収
(52) 市田雅崇「鳥海山と火合わせ神事」神田より子編『鳥海山麓遊佐の民俗(上)』遊佐町教育委員会　二〇〇六
(53) 旧長楽坊鳴瀬直吉『鳥海山大物忌神社神宿』(柳田久男編集　横町部落連合会　一九九五)　神田より子　前掲(1)『吹浦田楽』所収)
(54)『神宿一途』『鳥海山大物忌神社神宿』(平成七年六月一日、柳田久男、横町部落連合会編集)
(55) 本田安次『本田安次著作集　第一六巻　舞楽・延年Ⅱ』錦正社　一九九四
(56) 神田より子　前掲(34)に同
(57) 新井恒易『続中世芸能の研究』新読書社　一九七四
(58) 本田安次　前掲(55)に同

第三章　鳥海山小滝修験

はじめに

この章では鳥海山北麓のにかほ市象潟町小滝地区に居住していた小滝修験を取り上げる。

秋田県にかほ市小滝は鳥海山北麓に位置し、近世期の記録が数多く残っている。小滝地区の金峰神社には平安時代作とされる聖観音菩薩立像が一体、蔵王権現立像が三体、室町時代作とされる木造の獅子・狛犬もある。[1] しかしこれ以外の資料は見あたらず、いつ頃から宗教集落が形成されたのかは定かではない。龍山寺に伝わる縁起『鳥海山大権現縁起』[2]には「役行者が当山に登り、三七日の薬師の大法を執行し、小滝で蔵王権現を作った。文徳天皇の時代に慈覚大師が来て、蔵王権現の神前で護摩を行った」とあり、慈覚大師開基の伝承が当地域にも色濃く残っている。

佐藤久治は、『米良文書』[3]中の「那智願文」に、「嘉吉元年（一四四一）に由利の修験宰相公良春が、比内徳子（北秋田郡比内の独鈷）の浅利遠江入道旧阿弥と子息二位殿隆慶を熊野詣の先達をしている」とあることから、この修験宰相公良春のいた由利も小滝ではないかと想定し、[4]小滝の古い時代からの宗教臭を嗅ぎとっている。

実際、元亨二年（一三二二）六月には小滝地区内に板碑が建立され、元徳三年（一三三一）六月には出羽国由利郡津雲出郷の源正光・滋野行家らが薬師十二神将を鋳造、小滝集落からほど近い横岡熊野神社に明徳四年（一三九三）四月二〇日銘のある村上家のご神体が納められるなど、[5]鳥海山小滝周辺では熊野先達が活躍していた一四～一五世紀の時期に宗教的な痕跡が認められる。

小滝集落が文献に登場するのは、天正一八年（一五九〇）の仁賀保兵庫宛の豊臣秀吉朱印状で、この時期以降、仁賀保氏領、慶長七年（一六〇二）以降は、最上氏領の宿坊集落としての性格を持ちながら存続してきた。[6]

にかほ市小滝金峰神社

にかほ市小滝金峰神社前の奈曽の白滝

にかほ市小滝金峰神社蔵
木造聖観音像（にかほ市提供）

にかほ市小滝金峰神社蔵　木造蔵王権現立像三軀
（にかほ市提供）

小滝修験は近世期には当山派醍醐寺三宝院末であった。そして院主の龍山寺は醍醐寺三宝院から補任を受け、小滝村内の四か院と、小滝村外の七か院は寛政期(一七八九～一八〇一)までは三宝院と近江国飯道寺梅本院から、文政期(一八一八～三〇)頃からは鳥海山蕨岡修験から補任状を得ていた。(7)

進藤重記が著した『出羽国風土略記』の小滝村「蔵王権現」の項には、「小滝村に有り、三月十八日の祭礼には田楽があり、衆徒がいて、その院堂を龍山寺といい、蔵王権現に獅子頭があり、古来より正月中、仁賀保を巡行する」(8)とあり、宝暦年中(一七五一～六四)に仁賀保郷の村々で獅子頭を廻して巡行していたことが知れる。

近世期には、チョウクライロ舞に関わる費用は村からは一切支出されておらず、これは修験だけの祭り(9)であり、修験者の年齢の各階梯に伴って演じてきたものと思われる。修験の年齢階梯に伴う芸能としてのチョウクライロ舞と、修験の宗教活動の主たるものとしての御宝頭巡幸が、修験者を中心に伝えられてきた。一方、村人が中心となって伝承されてきた番楽もあり、小滝には豊かな芸能文化が今に息づいている。

一　近世の小滝修験

こうしたことを踏まえて、以下では鳥海山小滝修験の近世を見てゆくことにしよう。

小滝地区が近世の文献に登場するのは、前述のように天正一八年(一五九〇)一二月の仁賀保兵庫宛の豊臣秀吉朱印状である。(10)これによると「弐百九拾弐石四升　こたき四ヶ村」とあり、これは現在の上郷地区とほぼ同一と比定できる、小滝・長岡・横岡・本郷の四か村であり、小滝はこれらの村々の代表格として位置していた。

慶長七年(一六〇二)には、最上義光が関ヶ原の合戦で徳川方として奥羽で活躍した功により由利郡を拝領し、小滝村は仁賀保氏領から最上領へと代わった。その一〇年後の慶長一七年に、総検地が行われた。遠藤隆家文書には「慶長十七年六月二十八日　由利中御検地帳　仁賀保」とある。[11]

そこから当時の小滝には院主（龍山寺）・常光坊・宝蔵坊・金蔵坊・和光院・宝泉坊の六人の修験が居住していたこと、そのうち宝蔵坊と和光院は同一家居住者と考えられ、五軒の修験がいたことがわかる。

検地帳の集計によると、小滝村総名請人は六二人、屋敷数三五軒、生産高四〇〇石余りであった。ここに記載された院主以下五軒の修験が、この時代以降どういう院号あるいは坊号をたどったのかは定かではないが、小滝には常に五軒の修験が居住していたのは確かなようである。

この五軒以外は俗家で、特定の者の支配を受けない宿坊村落として、近隣村落とは異なる存在だったと推定される。また天正～慶長期の村の伝承として、斎藤刑部左衛門・吉川勘解由・兼松三郎・曽根川甚三郎・福川薩摩・山田右衛門を小滝六人武者と称した武装集団の存在も認められる[12]という。

1　小滝修験の組織

文政五年（一八二二）の龍山寺の「龍山寺過去帳」によると、小滝村以外にも以下のような七軒の修験が配下にいた。

寛文一二年（一六七二）　関村　重光院
天和　三年（一六八三）　大須御村　不動院
元禄　四年（一六九一）　三十野村　一明院
元禄　八年（一六九五）　大竹村　金蔵院
元禄　九年（一六九六）　中野村　吉祥院

元禄一四年(一七〇一) 横岡村 宝性院
寛政一二年(一八〇〇) 本郷村 威徳院(13)

小滝村外の修験との関わりは、にかほ市中野の旧修験吉祥院(覚性院とも称し、当主は斎藤好文氏)に以下のような坊号補任状が残り、その様子を知ることが出来る。

補任坊号之事
授与 教順坊
右任旧例彼坊号
令補任条仍而如件
慶応元乙丑歳九月吉辰
(花押) 龍山寺(丸印)
代役帰命院(黒印)
(花押)(14)

このように小滝修験は、小滝村内に院主以下五人、村外に七人の修験を抱えた集団で、一山を形成していた。前述のように小滝には慶長一七年(一六一二)の検地帳に記載のあった院主・宝蔵坊・常光坊・宝泉坊・金蔵坊の五軒があったが、この五軒は、院号・坊号も時代とともに変動している。院主であった龍山寺は、帳元龍山寺・小滝修験宗触頭と称していた遠藤隆家で、宝蔵坊も、宝蔵院・智光院を名乗っていた遠藤光胤家、常光坊は、帰命院・喜明院・金剛院(推定)を名乗っていた福川家、宝泉坊は、観照院・観行院・常光坊(推定)を名乗っていた小川家、金蔵坊は、千手院・清流院・南照院(推定)を名乗っていた松野家である。これら院主を含む五軒の修験は小滝村内に居住していた。また文政五年（一八二二）の「龍山寺過去帖」から、小滝地区以外に上述の七軒の配下修験がいたことがわかる。

小滝の旧修験の家に数多くの補任状が残っているが、これらを元に『延年チョウクライロ舞報告書』では以下のように分析している。

①寛政期までは龍山寺をはじめ小滝修験は大峰入峰後、京都醍醐寺三宝院または先達寺の近江国飯道寺梅本院から法階を受けていた。

②寛政期を境として、文政期より鳥海修験当山派の基地蕨岡から法階を受けている。小滝修験が蕨岡で修行したことを示す以下のような資料がある。

十五才ニ罷り来候節飽海郡酒田江学文ニ九年誂置、（中略）去ル申年蕨岡入峰為相勤メ教珠院と名改、（以下略）

（遠藤光胤家文書「乍恐以書附奉願上候」より）

③龍山寺は配下修験に対して主に坊号を与えている。院号・大越家などは発行できなかったようである。一方、矢島修験大先達で触頭である元弘寺は院号、坊号・袈裟号を配下修験に発行しているので、矢島修験組織と小滝修験組織では明らかに大きな違いがあった（15）。

このことを踏まえて、少し考えてみたい。まず①には、寛政期まで大峰入峰をしていたとあるが、小滝には大峰に入峰していたことを示す資料は見えない。後述する資料に見るように、小滝は貞享五年（一六八八）以降に醍醐寺三宝院末となるが、蕨岡や吹浦のように羽黒山との関わりも想定する必要があろう。蕨岡に残る資料からは、羽黒山と縁を切る時期、羽黒山で行われていた修行の法式等、その類縁関係が色濃く残っているからである（16）。

次に以下の資料から詳しく見てゆきたい。ここで扱う資料は、小滝の旧修験家であった遠藤隆家（旧龍山寺）・遠藤光胤家・小川悦子家・福川家に伝わる補任状である。

これらの中で醍醐寺三宝院から出たものは、龍山寺宛の①貞享五年（一六八八）が一通、②③安永七年（一七七八）が二通と、④観照院宛（小川家文書）の安永七年、そして⑤和光院宛（遠藤光胤家文書）の寛政一〇年（一七九八）の計五通である。飯道寺梅本院からは⑥智光院（遠藤光胤家文書）へ宛てた宝暦二年（一七五二）のものが一通ある。

龍山寺からは⑦⑧慶応年間（一八六五～六八）に福川家宛に出たものが二通と、前述の⑨斎藤家宛のものが一通である。

これら以外はすべて蕨岡から出された補任状である。以下でその内容を見てゆこう。

まず貞享五年（一六八八）に醍醐寺三宝院から龍山寺へ宛てた文書である。これは三宝院門跡が、小滝龍山寺を末寺として真言法流を継ぎ、修験兼帯であることを認めたものである。それ故、この時期頃から龍山寺以下小滝修験は当山派醍醐寺三宝院の配下になったと見ることができる。

①出羽国鳥海山小滝龍山寺者

真言之法流則

三宝院御門跡御末寺殊一山　開基以来当山修験道令兼帯

上者他山之構有之間鋪者也

貞享五年辰七月五日

北村監物（花押）

北村筑後（花押）

甲村壱岐（花押）

井内備後（花押）

岳西院権少僧都（花押）

鳥海山小滝　龍山寺

（遠藤隆家文書[17]）

また以下の資料に見るように、貞享五年（一六八八）の少し前に当たる貞享元年に、蕨岡一山は醍醐寺三宝院に帰入し、当山派を名乗るようになる。

出羽国鳥海山龍頭寺　順峰修行方式　如往古　当山之法流令相続可勤之者

三宝院御門跡御下知可相守者也

三宝院御門跡御名代

品川寺　中性院（花押）

（印）貞享元年甲子年十一月十一日

羽州鳥海山蕨岡

満山衆徒中

（鳥海山大物忌神社蕨岡口の宮文書[18]）

蕨岡一山は第一章で述べたように、羽黒山と緩やかな本末関係を結んでいたが、寛永一六年（一六三九）に羽黒山が一山をあげて天台宗に帰入し、その後、羽黒派として独立を勝ち取り、末派修験の統制に乗り出すこととなった。しかし蕨岡はこれを潔しとせず、これを機に羽黒山から離れていった。

小滝はこうした蕨岡と行動をともにしたのではないだろうか。蕨岡と呼応するように、小滝もまた三宝院配下に入ったと考えると、この後の動きも理解できる。しかしここで注意したいのは、蕨岡が三宝院からの直接支配だったのに対し、龍山寺以下小滝の修験者がどのように三宝院との関わりを持っていたのかである。以下では、そのあたりから見てゆきたい。

醍醐寺は、安永七年（一七七八）に龍山寺の法源院範郷に「大越家」を補任した。

②出羽国由利郡小滝邑

補任　　法源院範郷

応令許可大越家事

右奉

当山法頭御門主御気色件人

宣令為大越家依御消息行之者

安永七年七月廿三日

権僧正法卿照範（花押）奉

（裏書）「民部卿法印明夫（判）

大和守定国（判）」

（遠藤隆家文書[19]）

同じ年の安永七年（一七七八）には、小滝院主の龍山寺に対してではなく、観照院に対して「三僧祇」の補任状が「補任写」として残っている。

③出羽国由利郡小滝邑

補任　　観照院範久

応令許可三僧祇事

右奉

当山法頭御門主御気色件人　宣令為三僧祇依御消息行之
安永七年七月廿三日　権僧正法印　照範（花押）奉
民部卿法印明夫（判）
大和守定国（判）
当山派修験僧侶一宗之　法式守古轍可行之不可　企新規就非例者也
三宝院御門主当山派御役所
諸国総袈裟頭　二諦坊鳳閣寺兼住　戒定慧院法印（判）
安政四丁巳年正月　右年々可引替之矣
（裏書）「羽州小滝村
触頭龍山寺触下
同州同村観照院隠居　観行院　索心
右様ノ書類先代ノ分モ有之ナリ
小滝弥三郎当主　篠原春治」
（遠藤隆家文書）[20]

これは安政四年（一八五七）に三宝院の諸国総袈裟頭である二諦坊鳳閣寺兼住の戒定慧院法印からの「補任状」写しであり、「企新規就非例者也」と念を押された内容で、これらの文書は先代の分もあると裏書きされている。こうしたことから、この文書を紛失してしまったのか、あるいは何らかの騒動で、当時の諸国総袈裟頭まで提訴に及んだものかも知れない。実際、観照院に宛てた「三僧祇」の補任状が以下にある。

④補任　出羽国由利郡小滝邑

観照院　範久

応令許可三僧祇事

右奉

当山法頭御門主御気色件人宣令為三僧祇依御消息行之者

安永七年七月廿三日

権僧正法印照範（花押）

民部卿法印明夫（判）

大和守定国　（判）奉

（小川悦子家文書(21)）

⑤補任権大僧都之事

羽州由利郡小滝　光範

応令許可院号事

右奉　当山法頭御門主御気色件人宣令称和光院依御消息行之者

寛政十年六月十一日　　僧正法印定隆　（花押）　奉

治部卿法眼定言（判）

長門守源李保　（判）

ここまでが醍醐寺三宝院から宛行された五通である。

宝暦二年（一七五二）には、近江国飯道寺梅本院から出された智光院宛の補任状がある。

⑥補任院号職之事

智光院

右彼職所令補任仍状如件

宝暦二年七月十六日

法印　賢静　法印　慶海　法印　岳雲

（注：この文書の裏版に「近江国　飯道寺　梅本正大先達（判）」の木版刷りがある。）（⑤⑥ともに遠藤光胤家文書[22]）

この文書になぜ飯道寺から出た裏版があるのかは不明だが、中世末から近世期にかけて、醍醐寺を巡っては以下のような動きがあった。

醍醐寺三宝院は、近世初期にはまだ当山方の棟梁として君臨するに至っていなかった。当時は大峰当山正大先達仲間が当山方修験を維持運営してきており、江戸時代初期には三八先達を数えていた。その中の一先達が近江国飯道寺梅本院であり、安永六年（一七七七）から文化一二年（一八一五）に至る「当山出世修験手続」によれば、梅本院は出羽国に六軒の出世修験を有し、出羽国は梅本院にとって金城湯地であったという。出羽酒田法光院が梅本院の同行の一人であった[23]。

遠藤光胤家には、安永九年（一七八〇）に鳳閣寺の役僧瑞光院に宛てた書付（遠藤光胤家文書[24]）があり、その中に「智光院の姉の子を二歳より養育し、一五歳になったとき、飽海郡酒田に学問のため九年間誂え置いたが、蕨岡に入峰のため、教珠院と名を改めた」という文書がある。酒田のどこという名前はないが、梅本院の同行だった可能性も考えられる。またこの文書には、当時小滝の修験者が蕨岡に入峰とあり、この頃には小滝の修験の家に生まれた者は蕨岡での峰中修行に参加していたことがわかる。

さて、坊号は学頭龍山寺から福川家の宝山房と智光坊、そして前述の斎藤家の教順坊に補任されている。

⑦補任房号之事
授与　宝山房
右任旧例彼房号令補任之条依而如件
慶応二丙寅年十二月廿八日
額《（ママ）》頭龍山寺（判）

（福川家文書[25]）

⑧補任房号之事
授与　智光房
右任旧例修験相続摘髪改号令免許条而如件
慶応三乙卯年十二月廿三日
大阿闍梨法印　帰命院（判）
当山五十七世　龍山寺泰運房（判）

（福川家文書[26]）

⑨補任坊号之事
授与　教順坊
右任旧例彼坊号　令補任条仍而如件
慶応元乙丑歳九月吉辰
（花押）龍山寺　（判）代役帰命院（黒印）（花押）

（斎藤家文書[27]）

2 小滝と蕨岡

右に掲載した以外の補任状は、蕨岡から出ていた。現状では、触頭である龍山寺には蕨岡からの補任状はみつかっていない。前出の遠藤隆家文書に見たように、小滝龍山寺は「真言之法流則　三宝院御門跡御末寺殊一山　開基以来当山修験道令兼帯」と認められていたが、坊号以上の補任状を独自に出すまでには至っていない。それは以下の「諸宗階級」に定められていた。

当山派修験宗門階級之次第

一、当山修験宗門交衆之儀、二十歳未満之者弟子ニ仕、得度授戒之儀真言宗同様ニ而、五戒或者十戒を授、剃髪為仕候、且坊号相名乗申候、和州大峰山入峰修行之数度を以、次第ニ官昇進階級左之通ニ御座候、

坊号、院号、錦地、権律師、一僧祇、二僧祇、三僧祇、権少僧都、権大僧都、阿闍梨、大越家、法印但大先達

出世之号、

（中略）

一、同派之内、真言宗修験両宗兼学、出羽国鳥海山順峯先達龍頭寺、並同山逆峯先達矢嶋元弘寺、同国金峰寺、此両山之修験者大峰入仕候者有之候得共、昇進之儀者、往古従三宝院御門主永免許を以両山共ニ一山ニ而昇進仕候、学頭或者一﨟又者触頭共補任状差出、一山之出世之古格ニ而御座候、勿論願之上、従三宝院御門主補任状頂戴仕候者も有之候、両山共三宝院殿御直末真言宗新義四ケ寺支配仕、修験兼帯之末院者拙寺支配仕来申候、（中略）

享和二年戌二月

諸国当山修験宗惣触頭　鳳閣寺俊温(28)

このように享和二年(一八〇二)以降、出羽国鳥海山順峰の龍頭寺、逆峰の矢島元弘寺、そして羽黒山の南側に位置

する金峰寺は、三宝院の門主から永免許を許可された。そして昇進に関しては、学頭以下一﨟・触頭などが補任状を差し出し、一山で出世を許されていた。もちろん三宝院門主から直接補任状の頂戴もできた。しかし以下にみるように、小滝の修験者が蕨岡から補任状を得ていた時期はもっと古く、安永七年（一七七八）からのものが見られる。

それ故、当山派を名乗り三宝院配下となるには、醍醐寺まで行くか、順峰の龍頭寺あるいは、逆峰の矢島元弘寺に峯入り修行をし、出世を認めてもらわなければならなかったのであろう。

前述のように坊号は龍山寺から出ていたので、院号以上の官位の昇進が蕨岡から宛行されていた。ここでは記録に残る補任された者、年号、授与者の順に追ってみよう。(29)

院号
観照院（安永七年四月八日）　大宿先達　最上院　　鳥海山正大先達　北之坊
観行院（文化十年四月八日）　大宿先達　清浄院　　正大先達　大泉坊
清龍院（文政八年四月吉辰）　大宿先達　明照院　　正大先達　北之坊
日光院（文政八年四月吉辰）　大宿先達　明照院　　正大先達　北之坊
智光院（文政八年四月吉辰）　大宿先達　明照院　　正大先達　北之坊
宝蔵院（天保十五年卯月八日）　正大先達　法印盛元　　大宿先達　法印啓源
千手院（天保十五年卯月八日）　正大先達　法印盛元　　大宿先達　法印啓源
観照院（天保十五年卯月八日）　正大先達　法印盛元　　大宿先達　法印啓源
宝蔵院（安政七年閏三月朔日）　正大先達別当坊　法印重養
大宿先達福正坊　法印文周

錦地
観照院（安永七年四月八日）　大宿先達　最上院　　鳥海山正大先達　北之坊

観行院（文化十年四月八日）　大宿先達　清浄院　正大先達　大泉坊
智光院（文政八年四月吉辰）　大宿先達　明照院　正大先達　北之坊
清龍院（文政八年四月吉辰）　大宿先達　明照院　正大先達　北之坊
宝蔵院（天保十五年卯月八日）　正大先達　法印盛元　大宿先達　法印啓源
千手院（天保十五年卯月八日）　正大先達　法印盛元　大宿先達　法印啓源
観照院（天保十五年卯月八日）　正大先達　法印盛元　大宿先達　法印啓源
宝蔵院（安政七年閏三月朔日）　正大先達別当坊　法印重養
大宿先達福正坊　法印文周

一僧祇　宝蔵院（安政七年）　正大先達別当坊　法印重養
大宿先達福正坊　法印文周

観照院（安永七年卯月八日）　大宿先達　最上院　鳥海山正大先達　北之坊

二僧祇　観照院（安永七年卯月八日）　大宿先達　最上院　鳥海山正大先達　北之坊

三僧祇　観照院（安永七年卯月八日）　大宿先達　最上院　鳥海山正大先達　北之坊

観行院（文化十年四月八日）　大宿先達　清浄院　正大先達　大泉坊

（注：ただし一僧祇・二僧祇・三僧祇一括授与）

宝蔵院（天保十五年卯月八日）　正大先達　法印盛元　大宿先達　法印啓源
千手院（天保十五年卯月八日）　正大先達　法印盛元　大宿先達　法印啓源
観照院（天保十五年卯月八日）　大宿先達　法印盛元　大宿先達　法印啓源

宝蔵院（安政七年閏三月朔日）　正大先達別当坊　法印重養
　大宿先達福正坊　法印文周
（注：ただし一僧祇・二僧祇・三僧祇一括授与）
観照院（安政七年卯月八日）　大宿先達　最上坊　鳥海山正大先達　北之坊
権大僧都観照院（安永七年四月八日）　大宿先達　最上院　鳥海山正大先達　北之坊
観行院（文化十年四月八日）　大宿先達　清浄院　正大先達　大泉坊
智光院（文政八年四月吉辰）　大宿先達　明照院　正大先達　北之坊
千手院（天保十五年卯月八日）　正大先達　法印盛元　大宿先達　法印啓源
宝蔵院（天保十五年卯月八日）　正大先達　法印盛元　大宿先達　法印啓源
宝蔵院（安政七年閏三月朔日）　正大先達別当坊　法印重養
　大宿先達福正坊　法印文周
大僧都
観照院（天保十五年卯月八日）　大宿先達　法印盛元　大宿先達　法印啓源
大越家
観照院（安永七年四月八日）　大宿先達　最上院　鳥海山正大先達　北之坊
観行院（文化十年四月八日）　大宿先達　清浄院　正大先達　大泉坊
智光院（文政八年四月吉辰）　大宿先達　明照院　正大先達　北之坊
宝蔵院（天保十五年卯月八日）　正大先達　法印盛元　大宿先達　法印啓源
千手院（天保十五年卯月八日）　正大先達　法印盛元　大宿先達　法印啓源
観照院（天保十五年卯月八日）　大宿先達　法印盛元　大宿先達　法印啓源

大徳院（天保十五年四月八日）　大宿先達　法印盛元　大宿先達　法印啓源
　宝蔵院（安政七年閏三月朔日）　正大先達別当坊　法印重養
　　　　　　　　　　　　　　　大宿先達福正坊　法印文周
螺緒　　観照院（安政七年卯月八日）　大宿先達　最上坊　　鳥海山正大先達　北之坊
黒衣直綴観照院（安永七年卯月八日）　大宿先達　最上院　　鳥海山正大先達　北之坊

当山派で定められた位階の内、権律師・権少僧都・阿闍梨、そして法印（ただし大先達出世之号）は宛行されていない。一方、螺緒・黒衣直綴が補任されている。前述の「当山派修験宗門階級之次第」によれば、螺緒は当山派の修験として勿論のこととされ、黒衣直綴は修験の衣装束外ではあるが、紋の有り無しは随意で、門主の許可があれば可とされている。(30)

ここにある蕨岡から出された補任状を見ると、同じ年に同じ位階の補任状が何通も出されていて、修行と年齢の階梯を経て位階が上がってゆくというものでもないことが見えてくる。さらに補任状を出した正大先達、大宿先達の役職を小滝の人々も持つことができたのかが気にかかる。蕨岡ではどのような状況下でこうした補任状を出していたのだろうか。

3　蕨岡における位階昇進と小滝修験

第一章で詳述したが、ここで改めて確認しておきたい。時代は下るが、嘉永七年（一八五四）に東之院興源の筆による「一宮大神事手鑑」(31)（以下「手鑑」と略す）が蕨岡の大物忌神社に残っている。この「手鑑」から蕨岡における小滝修験者の位階昇進の様子を見てゆくことにしよう。

蕨岡では、修験の家に生まれた三歳から六歳までの児は、懐児と称して若山伏に抱えられて法役を勤め、七歳から一五歳までに童耶礼・童法、壇内入の稚児舞を勤め、一六歳で剃髪得度し、卿名を名乗って初入峰新客を勤め、その後、閼伽・小木の先達を修行して三度の峰の役を果たし、さらに倶舎・太平楽の舞楽を勤め、二五、六歳から田楽役に就き、三三歳頃に四度峰大先達となるのが定法とされる。この大先達となるための修行をする者を先途と称して、八月二八日から五月三日まで一〇か月に及ぶ胎内修行を経験することで、大先達となった。また来年先途を勤める予定の者を行事、再来年先途を勤める者を若大将と称し、それぞれこの一連の修行期間の中で重要な役目が与えられている。なおこの先途の名称は、羽黒山冬の峰で今も一〇〇日間の修行をしている松聖の先途と位上を想起させる。

この胎内修行は自坊を中心に修されるが、一二月晦日から七日まで大堂に籠るなど、一山の年中行事の中心となるのが先途でもある。そしてこの修行の核心部分が三月一八日に行われていた「暁の御幣立饗」と「笈緘饗」であった。これが現在も行われている大御幣祭りである。

これに先立ち、三月一〇日には行事坊で「舞童揃饗」がある。この席で、行事に親があれば院号が補任される。授与に関しては以下の記述が「大神事奉行手鏡」(大物忌神社蔵書、年号不詳)にある。

此時院号調、行事此隠居を授与す、

補任院号此事

授与　何院

右任旧例彼職処令補任状、仍如件、

年号月日

一和尚

二和尚 三和尚(32)

一六日に先途坊で行われる「内盛饗」では、補任免許される者を呼び立て、新畳の上に袈裟と補任状を備え、一和尚が心経三巻、仏眼呪、両部大日呪、慈救呪数編読誦、大衆も唱和し、授与となる。

一七日は「刀立之饗」で、先途坊で一和尚による加持祈禱の後、一和尚が御幣刀で御幣大奉を始め、若大衆がこれに続く。終わると一和尚が大御幣御即位の大事を修す。この後補任免許の者があれば、新畳に補任袈裟を用意し、一和尚が祈禱をして授与する。

一八日は「笈緘饗」である。一山大衆は先途坊に集まり、祈禱の後、一和尚から先途に長頭襟・磨紫金・貝緒・袈裟が授与される。先途は断食堅の作法を行い、奉行部屋にて三和尚より長頭襟を戴き、秘法が伝授され、大先達大日之覚位に至る。この後、大幣を中心に行列が大堂に進み、先途はそのまま松岳山にある峰入堂へ入峰となる。大堂の舞台では連舞・陵王・高足・稚児舞などの舞楽があり、大堂の庭では大幣が振られ、大幣の先端についていた剣先が抜かれて先途宅に持ち帰り、学頭・一和尚・二和尚が庭の讃を唱え、秘法を行う。

ここで行われる舞楽が、蕨岡で生まれ坊宿を継ぐ七歳から三三歳に至る若者のお披露目と年齢階梯として機能しており、これを経て三三歳で先途となる。

先途は三月一八日より二四日まで峰中堂にて断食、二五日には度衆や新客の入峰があり、大宿先達が導師となる。二六日から二九日まで入峰の者は断食。二六日は焼石秘密灌頂修行があり、四月一日より上中下の三旬の修行があり、これは峰中法則の通りとする。俗人は二六日から二九日まで宿坊にて前行を勤め、二九日晩より断食堅めの作法を行い、入峰となる。

四月八日には大柴燈大護摩があり、補任、袈裟の免許が終わると成子を舞って俗人は出峰となる。その後、一一日から一七日まで一王子大堂や末社に入堂、一八日は二王子杉沢熊野堂へ懸け宿、以降、二五日まで近隣の各社堂へ懸け宿、二五日に金剛供祭修行、二八日鬼足秘密灌頂修行、二九日大堂庭にて柴燈護摩修行後、出峰。五月三日笈渡しの饗がある(33)。なおこの時期にはまだ鳥海山へは登れない。

このように蕨岡の一山組織に属する修験の家に生まれた者は、三歳から始まる懐児の役割以降、様々な行事を修行として経験し、大先達の位階を受ける。この一連の行事中の「舞童揃饗」「内盛饗」「刀立之饗」「笈緘饗」の最中に補任がなされていた。中でも三月一〇日の「舞童揃饗」における補任では、「此時院号調、行事此隠居を授与す、補任院号此事」とあり、これは行事の役を勤めた者の親が、新たな隠居として院号を得ていたものと思われる。蕨岡では修験者は一般に坊号で呼ばれていたからである。そしてこの一山内部での補任では、戒を授ける者の肩書きが一和尚から三和尚であった。これは峰中での修行を経て宛行される出世の補任状とは明らかに異なっている。峰中では正大先達と大宿先達から授与されている。

一方それとは別に、蕨岡一山以外の修験者は、度衆も新客も含めて、三月二五日から先途が入っている峰中堂へ入峰する。ここには蕨岡の修験者と比べると期間は短いが、俗人の入峰も含まれていた。そして四月八日には柴燈大護摩があり、補任、袈裟の免許が終わると成子を舞って俗人は出峰となる。大堂では心経を一巻読み、宿坊へ帰る。同じ峰の度衆・新客なども宿坊まで法螺貝にて送り届ける。

俗人の出峰の後、さらなる峰中修行を経て四月二九日に出峰となる。これらの一連の峰中修行の導師となるのは大宿先達であり、それ故、小滝の修験者たちは、正大先達と並んで大宿先達の名前で各位階に相当する補任状を得ていた。

ここで注目したいのは卯月八日である。この行事は、古代から続く春山入りに求めることができる。春先に小高い丘に登り、国見・花見・嬥歌などをしたり、花を手折って山を下りる習俗があった。仏教では釈迦牟尼仏の誕生日とされ、灌仏会・仏正会・花祭りなどともいう。民俗宗教では卯月八日は山の神が里に下りて田の神となる日、神仏を祀る先祖供養の日、薬師を祀り、虫除けなどをする除災の日などとされている。春山入りなどの諸行事が卯月八日に固定化したのは、仏教の影響と考えられる。修験者がこの時期に峰入りするのは、羽黒山・大峰山・求菩提山ほか、日本各地の霊山に見られる。大峰金峰山では四月八日に山上本堂の御戸開きがあり、この日から山が開かれた。また中世期には、この日に大晦日から山中で修行をしていた晦日山伏が出峰した(34)。こうしたことから中世期の羽黒山の修行体系を踏まえた蕨岡での修行は、卯月八日を大切な節目の日としていたと見ることができる。

上記に見るように、蕨岡の衆徒は、舞楽や峰中での役職および胎内修行を経て大先達の位階を受けていた。そしてこの経緯を踏まえて、峰中における正大先達・大宿先達の地位に就き、あるいは一山の長老である一和尚・二和尚・三和尚へと進階したと思われる。

小滝に戻ってみよう。蕨岡で補任状を得た小滝の修験者たちは皆、大宿先達・正大先達の名前で宛行されている。彼らはこの卯月を中心とした峰中で修行をした者であった。次に補任状の月日に注目してみよう。閏三月朔日を除いて、卯月八日、あるいは四月八日となっている。すなわち上記で見た俗人の出峰とされた日に補任状が出されている。この後も続いて峰中修行を続けたのか、ここで出峰したのかはこの資料からはわからないが、この後も続けて修行をした痕跡はない。

翻って小滝において舞楽と位階昇進はどのように結びついていたのかは、資料がないため不明である。現在の聞書きからは以下のような証言が得られた。チョウクライロ舞保存会の元保存会長だった故遠藤嘉彦によれば、「陵王・

にかほ市小滝金峰神社祭礼　十二段の舞（獅子舞）

にかほ市小滝金峰神社祭礼　チョウクライロ舞の出を待つ小児の舞（花笠舞）

納曽利の舞」（「九舎の舞」「荒金の舞」のこと）は修験の家の者が舞い、それ以外は誰でも良かった。元修験で神職の家でもあった遠藤光胤氏（昭和四年生）によれば、「タイシトン」（「九舎の舞」のこと）は神官の家の長男が舞った、七歳くらいから始める、チョウクライロ舞（稚児舞の「花笠舞」のこと）は誰でも良い、人数が多いので誰でも舞っていた、「十二段の舞」（獅子舞のこと）も誰でも良い、番楽は神官の家の者が舞ったのは知らない、という。龍山寺の故遠藤隆（昭和五年生）も、「タイシトン」は二人の舞なので神職の子が舞った、と証言している。

鳥海山の南麓にある蕨岡や吹浦では、修験の家の者が年齢の上昇に伴って各舞を習得してゆくという年齢階梯のシステムがあった(35)。小滝ではこの伝承は見られない。しかし地域内に龍山寺をのぞき四軒、地域外に七軒の修験の家があった小滝一山組織の規模から見れば、すべての舞を年齢階梯に伴って演じてゆくことは不可能ではないだろう。今後の資料の発見が望まれる。

4　小滝修験の年中行事

小滝の修験者は蕨岡で位階を得ていたことがわかったが、彼らは地元小滝でどのような年中行事を伝えていたのだろうか。ここでは寛文五年(一六六五)の奥書のある「鳥海山大権現縁起」(遠藤隆家文書)と、ほぼ同時代に書かれた寛文七年(一六六七)の「公役御免願い」の文書(遠藤隆家文書)を参照しながら、考えてみたい。縁起は史実とは考えられないが、訴訟文書と比較してみることで、年中行事がなぜその日程で行われていたのか、当時の人々が何を重視していたのかが見えてくるからである。この二つの文書を比較しながら考えてみたい。

「鳥海山大権現縁起」(遠藤隆家文書)(36)

夫天法聖而徳明々如聖随天而道誠々如哉古天地開闢従大現一神起陰陽而神矛汐一滴疑而生国土以来海満々山突□万物鮮々如四時不忒者万代無窮神道日域根源蓋所以教君臣和化徳嘉恵万民豊楽為久長全寧矣于維羽州由利郡鳥海山大権現有出現当仁王三十代欽明天皇御宇矣抑当山者自然湧出而隠烟両朦朧雲霧未露顕幾経旧歳然而徒師安元甲申(庚申か)年正月長元生於雲中光輝昼夜無休依之小滝村樵夫龍頭八郎分雲別霞尋登見之分破一峰放脱瑠璃玉而明白嶺巓且又有品物奇瑞龍頭愕然得々下山而以村人評談頓令遂奏聞者則有可祭礼之宣旨依勅而以命之七々清身四月八日上山而以卜部神主奉神楽祭礼者忝大神乗神主曰我是鳥海山大権現今出現御世済度衆生可守二世現当訖畢諸人大歓喜下山而急達上聞者為宣旨以由利郡可為寄進由被下勅印畢故西北小滝口定上山本道以龍頭八郎為別当号竜頭寺毎

年三月十七日令祭礼以四月八日開御戸令先達云々龍頭者八郎頭如龍故号龍頭云々　凡従之由利言也故由利者不由利瑠璃也　由利者出羽十二郡外也　真当山神地故云尓鳥海者有于峰八葉湖海又住常化鳥有不思議恰号鳥海又于山取海謂乎恰深山歴年而荒芒無人来于時仁王三《四》十九代天智《武》天皇御宇白鳳九己巳《卯》年十一月三日天下当病死人多故有勅宣而於諸国被立薬師寺畢同九年三月十七日役優婆塞奉勅在当山三七日令修業薬師密法天下息災也　誠瑠璃光影晶精妙入清池淋甘露法雨成五穀焉八海諸神悲五穀不熟救危苦令与天下豊楽已耳転行者超過南有松岳山金銀岩為末世刻予形像為菩提発心矣　従夫下山庄里始開下山之道是也云々　更年久而草木鬱々而犯於鳥獣峰崩岩沢謂与手長足長住悪鬼悉取食参詣往来矣于時仁王五十五代文徳天皇御宇為宣旨慈覚大師従斉衡三丙子年三月十七日於小瀧村蔵王大権現神前行護摩密法則大地振動払雲烟山烈破而飛海中成島今飛島是也　悪鬼驚之而動揺山岳枯草木天安元年五月廿八日慈覚大師使諸小瀧人懸以枯草木火者猛烟甚焼害悪鬼而峰沢平明也　自大師在登山而奉修三密大行道諸峰旧然万重新故瑠璃宝珠亦偏照三界下八葉鳥海湖水潺々而洗衆生煩悩五濁左右岩松者老清嵐吟令暁風者覚無明長夜睡誠是医王善逝尊影転満当山豈為天下泰平奇瑞大師往径東而有七高山安置弥陀観音而為利益成道之結縁也　従夫下山東仙行道矢島口是也　然而入最上奥山建立山寺而還隠立三崎山今三崎山本尊是也　故小滝村三百余坊並仏像柱梁棟寺院双担繁昌而大衆三時之勤行不怠為那伽三昧大定云々　然而仁王七十代当後冷泉院御宇孝元天皇末流阿倍朝臣阿倍景高領地知出羽奥州而安盛然当山大権現化而現美女而嫁合景高而生男四子則母向景高曰　我者是非人躰則鳥海山霊神也　為平天下魔鬼与于汝大強勇子就中三郎者我子也　可謂鳥海言了而急消去父子起信心拝鳥海山任詫号鳥海三郎領出羽居由利城　然而貞任謀叛不及兄弟是非為同心　于時源頼義　義家以勅宣発向合戦　然鳥海者頼義臣射鎌倉景政左之目挙於名景政亦大強者不抜其矢三日銜処厨河次郎与玉沢組次郎大刀者押伏玉沢欲切項滝口飛重伐厨河鳥海被打兄不怺叫出処景政望得射鳥海急飛鳥海山成霊神今鳥海湖水本尊是也　嫡男小三郎不晴亡

父無念而催当山衆僧而発足　仙北相戦失更利悉敗軍大衆皆戦死庚道頓死命帰由利　倩以依数年戦悉一門眷属悔一家逆意父子前非恐以発心号照範欲　回国修行龍頭寺悲之以息女嫁合而主当山別当為神主　於毎年三月十七日奉祭礼祈天下泰平二世満足焉誠以当山者抽万岳千峰而摩高天白雲底伏陳々如石岩峨々而青苔滑也　不変之草木者緑々如移月沈々如矣　東軒七高山同于安養浄土補陀楽世界而不分昼夜夜慈覚安置之二尊者立大慈大悲誓願而衆生救度金光寺是也

南有松岳山金銀之岩役行者之有未来億劫之形跡哉　西北者滄海満々而波吟仙岩殊有龍灯光故天下第四之名山古今之霊地　上山本道輩運歩而不浄者早払河心身清浄不動堅石寿命者長生之岳友仙人不老稲村岳到於鳥海山通達彼岸敬而拝慎而見　四方者峰者囲八葉而表金胎即本地薬師瑠璃光如来之示現而垂和光同塵之利願誓衆生浄土利益而権現而称鳥海山大権現則是大己貴神也　故神前有瑠璃壺美玉以清濁知年善悪是山密而無語後者在天長山八葉湖水善哉三世諸仏之方便者掉救誓船一切諸菩薩之安楽者彼此平等之渡守也　深秘不言云々　誠以九峰八海之諸尊十二神将之威力乗行者之精進堅固之信心久遠正覚慈悲之利生者照正直衆生之頭三世利物之成道者祓苦与楽之直路也　蓋予雖無知短才愁当山衰敗以古記書了且又近代求近望易故号順逆之道人令参詣也　凡当山之開基従小瀧村令出生謂鳥海山故役行者慈覚大師予亦皆以従小滝口令道開上山世是本道之証也云々　略納筆而誓以利益歴幾長歳為末世衆生常在於此山先参詣導快楽之台玉之宝前而我等与衆生生菩提今得無上如意果満矣　綴而以云尓敬白

于時長治元甲申年三月十五日

右御山縁記代々相伝之秘書　毎年四月八日御神前開是御戸開之加持令執行其外不拝見　深封置処寛文五乙巳年二月六日不慮火事出来一物不残焼失雖然　神慮之方便哉　縁起納置所壁懸而不焼併紙上下破損　故ニ予雖為悪筆書写是古鳥海山納湖水新伝置者也

鳥海弥三郎康任二十三代末流鳥海刑部少輔　親範

寛文五乙巳年三月吉日

この縁起では、四月八日に鳥海山大権現の出現との託宣があったこと、鳥海山の御戸開きとなったこと、三月一七日に祭礼の日と決まったこと、役行者が勅宣により、薬師密法と息災の儀礼（息災護摩であろうか）を修したこと、慈覚大師は三月一七日に小滝蔵王権現の前で護摩密法を修し、五月二八日に悪鬼を退治したこと、等が記されている。

このように年中行事の中でも重要な日程は、鳥海大権現の出現や、役行者や慈覚大師など小滝の開基に関与したとされる人々との関わりの中で記されており、小滝の人々の思いが縁起の中に込められていることが見えてこよう。

次は寛文七年（一六六七）の「公役御免願い」（遠藤隆家文書）[37]である。

出羽国鳥海山一道之主鳥海弥三郎源義康

末葉滝山寺神領（カ）之御訴訟申上候事

小滝ト申ハ天安弐年（八五八）三月十七日慈覚大師ノ開山ニテ、本尊蔵王権現、皇子ハ十一面観音、熊野山王多門天、愛染ニ御立候、昔者小滝・本江（郷）・横岡・長岡ハ井垣ノ内ニテ、神田ニ御座候、右四ケ村ニテ、山野ノ殺生禁断仕、今程銘々ノ地頭ニ御座候得共、御鷹ノ餌犬ヲモ上不申候、仁賀保兵庫殿先代京役仕候トテ三ケ村取上、小瀧一江（郷）計付置候、兵庫殿国替被　仰付、最上領分ニ罷成、山形殿内本城豊前守殿油利中知行ノ時、少寄進被成候、仁賀保兵庫殿本領被下入部ノ時右神田ノ儀申立候得者、相違有間敷由、三丁程延候処ニ仁賀保蔵人殿死去被成、其後御蔵入ニ罷成、無足ノ地ト罷成候得共、毎年正月七ケ日ノ内ハ一在所ノ百姓等マテ精進テッサイ仕、別当・衆徒社堂ニ籠、天下御長久ノ御祈禱仕候、三月十七日ハ当社之神事ニ御座候得者、八講ノ祭礼相調、国土安全ノ勤行今ニヲイテ無断絶イタシ候、今程諸堂破損仕候得共、自分ノ修理不能成忘処ノ躰ニ候、相残衆徒少御座候得共、

百姓ナミニ御公役仕候得ハ、弥俗躰ニ罷成候外ハ無御座候、唯奉拝御慈悲ヲ神事ヲ永伝勤行申上処候、御訴詔（訟）ノ
旨趣　仍如件、

寛文七丁未年六月吉日

鳥海山　別当

この文書によれば、寛文七年（一六六七）には正月七日間の修正会の籠りがあったこと、天安二年（八五八）の慈覚大師の開山に因んだ三月一七日に八講祭が催されていたことがわかる。

この祭りを経た後で、その年齢に達した者は、位階昇進を求めて蕨岡の峰中修行に参列していたとすると、ちょうど蕨岡で先途が大先達大日の覚位を得て峰中修行に入り、一般の衆徒の年齢階梯にも当たる、舞楽と御幣立てが行われる三月一八日の行事に参列することも可能となる。二五日になれば度衆や新客は附け揃いの饗に参列し、二六日からは入峰となる。こうした蕨岡の一連の行事に連なるように、小滝の行事も日程が組まれていたと考えられる。

また現在は、この日にチョウクライロ舞の名称となっている舞楽も行われていた。次に挙げるのは、小滝村の淵名舜庵が天保九年（一八三八）に記した「鳥海山・金峰山　神事古実記」である。ここには、八講祭と蔵王権現勧請の由来、舞楽の種類、歌が詳しく記されており、当時の八講祭の様子がわかる。

「鳥海山・金峰山　神事古実記」（遠藤隆家文書[38]）

（表紙）「鳥海山
金峰山
神事古実記」
（表紙裏書き）「白鳳年中者

九年己巳ト有之候得共間違庚申ト見ル」

或書ニ曰ク、小滝村八講祭ノ始リシ事　○慈覚大師ノ修シタモウ法式也、其昔シ仁王四十代天武天皇ノ御宇白鳳年中、役行者鳥海山ヲ開起シタモフ、其時役ノ行者於テ小滝村ニ三七日薬師秘法修業シ、大和国金峰山ヨリ蔵王権現ヲ勧請、而則チ役行者御直作之三尊弥陀・薬師・観音御安置而則号金峰山ト、其ノ後年久シテ鳥海山アレ草木鬱々トシテ犯ス鳥獣峰崩レ、岩沢ニ手長足長ト云住ミ悪鬼、参詣ノ往来人取喰イ、万民之歎キ不斜、于時ニ仁王五十五代文徳天王《皇》御宇為テ宣旨、慈覚大師ヲ斉衡三丙子三月十七日、於蔵王権現神前清浄地荘檀行ヲナシ、修行シ護摩密法法華八講ヲ祭之、曽ス之祭ハサタラナノ通音ニテ号ス、奈曽ト其時新ニ川ニ橋ヲカケシナリ、橋ノ上ニ霜ヲ置渡カ故ニ奈曽ノ白橋ト名ツク、至テ今ニ自リ天年々甘露降コト無シ疑ヒ、又タ護摩壇ト云テ古跡有コトナリ、其時大師之歌曰ク、

千早振る　神のおしへのゆふたすき
かけてぞわたる　なそのしらはし

ト御詠シナサレ、白橋ヲ踏ミ初メ登山ス、小滝村ノ別当・小僧・樵夫奉倶悪鬼悪魔ヲ退散、其砌慈覚大師正木《ホク》之観音立木ニ御直作セリ、今祭礼之式ニ三月十七日ナリ、又七山之霊浄之地アリ、

鳥海山　天長山　七高山　宝珠山
白龍山　日暮《ホウ》山　金峰山

右七山ノ徳カ高而方便照シ、堅固眼利生至衆生正直頭ニ暁風覚ス、無常長夜夢ヲ滝水溶々トシテ濯《ソヽ》ク、五濁汚《キヤウ》穢《サイ》心ヲ是ヲ祓川ト云、六根清浄瑠璃三界之宝種也、是則チ般若之地ナルカ故ニ、五穀不熟天災凶年民家田畠祈ル処ノ豊年ヲ霊地ナリ、

祭法式之舞

第一　九舎《クシャ》之舞　タイシトン
第二　荒金《アラカネ》之舞　ナキナタ
第三　小児《チコ》之舞　花カサ
第四　太平楽《タイヘイラク》之舞　ヲエキラエキ
第五　祖父祖母《ソフソボ》之舞　セイ〳〵ヂバ、
第六　瓊矛《ヌホコ》之舞　デンカ、
第七　閻浮《エンブ》之舞　チ、バ、

ここでは慈覚大師が正木の観音を造ったとあるが、その際に、大師は立木に正木の観音を作った。また前出の「堂舎修復願い」には蔵王権現に続いて、十一面観音とある。小滝にある平安時代の作とされる像は聖観音で、矛盾が見える。

話を戻そう。修正会が終了すると、小滝では近隣の村々へ獅子頭を携えて廻村して歩いた。今に伝わる「御宝頭の舞」あるいは「十二段の舞」と称する舞である。

その獅子が正月の廻村の最中に他村の獅子と鉢合わせをしてしまった。その件に関して、寛政二年（一七九〇）に某村八幡宮の宮津伊勢守が、御輿再興の勧進のため内郷上浜や近隣の村々を廻村していた折のいきさつを、小滝の名主である斎藤忠兵衛および組頭衆中へ出した文書（遠藤隆家文書）[39]がある。当時何らかの理由で獅子の廻村が行われていた様が見て取れよう。

5　小滝修験と地域社会

ここでは小滝地域に居住していた修験者と、一般の人々がどのような関わりを持ちながら生活していたのかを、近世期の記録を見ながら考えたい。そこで『延年チョウクライロ舞』(40)に記載されている「小滝村の歴史」から見てゆくことにする。

小滝地域は、慶長一七年(一六一二)の最上検地帳によれば、小滝村総名請人六二人、屋敷数三五軒(名子二)、龍山寺と四軒の修験がおり、村高はおよそ四〇〇石であった。これが享保八年(一七二三)の「村明細帳」では、戸数八一軒(水呑七人)、人口四〇三人、馬一二七匹、四七四・四五二三石と増加している。幕末の慶応二年(一八六六)の「小滝村人別御改帳」では、戸数九六軒(水呑一八人)、人口四三一人、馬九八匹、村高四二一・一九〇石となっている。

小滝村の戸数は慶長一七年(一六一二)が三五戸で、幕末の慶応二年(一八六六)には九六戸となり、二・七倍に増えている。慶応二年の「人別帳」には、一五石以上の持高のある上層農の家は六軒で、三頭ほどの馬を持ち、二〜三人の使用人を使っていたと記されている。五石までの持ち高は二〇軒で、これらは標準的農家である。ここまで合計二六軒で、これ以下は水呑にいたるまで厳しい生活を強いられていた家々となる。

元禄元年(一六八八)当時の草分け百姓の家は、蔵王権現に至る道路(南北方向)の西側に並び、五軒の修験は、ほぼ蔵王権現社付近に集住していた。また古い経歴を持つ本家格の家と初期分家は、龍山寺付近の南側に集中しており、古い時代の小滝村は龍山寺を中心としていた。これらの家々は、太陽の昇る東側に家の入り口を設け、強い西風を裏山で防ぐように立ち並んでおり、玄関を出ると正面に鳥海山が見えた。

元治元年(一八六四)時にあった六七軒の村内分家は、零細規模が中心だった。こうした分家創立の条件は、小滝が宗教集落として各種の仕事に伴う諸収入があったからである。

鳥海山に参拝する道者を山の中腹まで馬に乗せて案内するために、慶応二年(一八六六)当時、九六軒で九八頭の馬(一軒平均一・〇二頭)を持っていた。

また小滝村の運営に関しては、寛延三年(一七五〇)の村入用帳(斎藤忠兵衛家文書)[41]からは以下のことがわかる。村入用費の中で村単独の事業のうち、農業にとって大切な用水川除普請は全体の五一%に及ぶ。また風虫祭初尾費は全体の四・九%で、これは龍山寺が行っていた。一方チョウクライロ舞は村入用費からの出費はなく、これは龍山寺を筆頭とする修験の祭りであった。

宿坊村落であった小滝の特徴として、斎藤忠兵衛家に残る博打宿《ばくちやど》に関するものがある。これは観光地であるが故に、客のための娯楽行為が生じたもので、以下のような禁制があった。博打をした宿は家の破壊、博打をした者は一〇貫、見逃した者と推進者にはそれぞれ三〇貫の過料を科すという内容で、博打を積極的に防止することにつとめており、それだけ客相手に博打行為が頻発していたことを窺わせる。

次に修験集落小滝の檀家制度について考えてみる。慶応二年(一八六六)の人別御改帳[42]によれば、当時の小滝村の人口は四三一人で、そのうち三八二人(約九〇%)が関村大白院をはじめとする禅宗の檀家で、残りの四三人(約一〇%)が真言宗および修験宗の檀徒であった。このことから村成立時より、当村の発達の基盤をなしてきた龍山寺を中心とした真言宗および修験宗は、小滝村住人の宗教生活の上でそれほど大きな位置を占めていないことが判明する。村人の中で真言宗龍山寺の檀徒は修験の家とその分家で、蔵王権現の祭祀に関与する家々だったと考えられる。また三軒の家が、真言宗龍山寺と禅宗大白院とに属する複檀家制が見られるが、嘉永年中に龍山寺が大白院に祠堂金を支払うことで、複檀家制を意図的に解消した。

6 勧化帳と奉加帳に見る小滝地域の実際

ここでは小滝地域に残る勧化帳や奉加帳から、どのような場合に宗教施設に関する寄付行為が行われたのかを見てゆく。そこから誰が寄付行為に関わってきたのか、修験者と村の人々、あるいは小滝を越えての人々の動きが見えてくる。

宝永六年(一七〇九)七月の勧化帳(斎藤忠兵衛家文書[43])の内容は、この勧化帳を廻した結果、四年かけて小滝村内七二人分、締めて三両二分五文、村外の四四村および地域からの分、締めて八両三分二九四文の収入、諸入用費の内訳を一一月に斎藤市左衛門の名前で記してある。

安政七年(一八六〇)正月の蔵王堂奉加帳(遠藤隆家文書[44])には「蔵王堂勧進進序」として蔵王堂の由緒が記され、寛文五年(一六六五)に、松前に数万匹のネズミが出て万物を食い荒らし、災難が酷かったため、当社に代参を出し、悪ネズミ退散の祈禱をして、守り札を出したところ、ネズミは退散し、万民は大いに喜んだが、その後月日がたって御堂は大破し、再建のめども立たないため、格別の寄付を募りたい、という趣旨で奉加帳を記している。

差出人は、三宝院御門主御直末 羽州一宮 鳥海山別当 龍山寺 元範、そして願主は、名主 篠原弥三郎、組頭 吉川屋孫右衛門・篠原や《(ママ)》八郎左衛門・吉川屋作兵衛・吉川屋勘三郎、村世話方総代 斎藤屋伊宇右衛門・佐藤屋弥次兵衛である。ここに掲載されている奉加に参加した人々の屋号から、松前まで奉加帳を廻したものと思われる。

二 小滝修験の明治維新

小滝を始め修験者にとっては、明治維新は受難の季節であった。神仏分離令・修験道廃止令と続けざまにそれまでの制度が否定されたからである。以下では明治期における制度の変遷と、鳥海山麓におけるこの時期の動きを押さえた後に、小滝の動きを追ってゆくことにしたい。

1　明治維新の状況

神仏分離令と直接関連する資料ではないが、小川氏（この人が誰なのかは不明）が記したという日記（遠藤隆家文書）[45]を、龍山寺の末裔の遠藤貞三が抜き書きしたメモ書き（遠藤隆家文書）がある。以下は、慶応四年（一八六八）から明治三年（一八七〇）までの、戊辰戦争と神仏分離にまつわる激動期を抜き出したもので、当時の人々の噂話と混乱ぶりとがわかる内容である。

> 慶応四戊申年
> 　日　記　三
> 七月下旬　小川氏
> （右書式ノ日記ヨリ抜書セルモノナリ　昭和八年十月　遠藤貞三）

八月十五日

一　平沢八幡宮御祭礼ニ候ヘトモ、誰有テ参詣スル者モ無之、タマ〳〵参詣ノ者ハ不断（ママ）之侭或ハ出立ノ侭ノヨシ、

十月五日
一　三崎太子堂焼失ト相聞候、庄内勢逃げ尻ニ火ヲカケ候事ニ可有之候、
明治元年
一月十一日
一　吹浦御獅子平沢御役所、先例之通御祈禱有之候油(ママ)、
三月十七日
一　小滝御祭礼式のみいたし候様相聞候、去年兵火ニ付村中焼失致し、只六軒残候趣、依之外村へ使等も無之
ト相聞候、
明治二年
六月二十四日
一　廿四日　伊勢井地御祭礼、廿五日平沢社人・巫女参候、
一　廿五日　前川村天神御祭礼、近年狂言相休ミ候所当年初候由、明日ト両日一ノ谷ト承候、
一　廿七日　不動尊夜宮、
七月九日
一　千八鳥海山参詣道者六人五ツ半時出立、昼頃より雨降り又晴曇り風アリ、
十日
一　八ツ時千八山参り帰村、雨天ニテ鳥ノ海長根ヨリ帰リ、院主様へ泊り六人連也、
十四日

一　禁断ニ付盆礼ナシ、

九月廿四日

一　越後弥彦峠ニ行基菩薩ノ作阿弥陀仏木像大仏之由、官軍薩州勢之者是ヲ焼捨ントセシヲ、近変之僧衆五百人モ寄集ミ一戦可致ト之徒党致シ相構候処、先其侭ニテ延引ニ相成候趣相聞候、其以前越後国ニテ不働《ママ》尊像ヲ焼捨候趣、其勢ニ乗シ弥彦ニ相向候処、右ニテ延引、

十月廿五日

一　真言宗并修験山伏、神道ニ被仰付候、山伏ハ此節本庄領一同前川村神明宮ニ寄合神道稽古之由相聞候、

一　平沢維野寺祈禱旦家、琴浦名主治右衛門方へ本庄御役人罷越、維野寺末僧形ニ有之候ハヽ、旦家引西目禰宜之扱下ニ可致旨断有之、依之早々神道相学可申旨答候由、

一　極楽寺、是ハ一両日以前被仰付、神道ニ相改肉食妻帯可致旨之由、

一　真言宗一派断絶ニ相成ハヾ、高野山モ廃レ可申、諸国祈願廃レ候ハヽ、比叡山モ御廃レニ可相成、真言斗ニ有之間敷、余宗ハ如何哉、禅宗ハ春中上京之上古例之通被仰出候趣、左候ヘバ根本之訳柄御政事ニ御趣意之可有之義ト奉察候、

一　本庄中町細矢氏、上京致シ専ラ神道ヲ心掛心願成就致候処、身分被仰付ト相見、儒者皆川宗海先生モ今度細矢ノ次席可致様被仰付、先生甚心外ニ思ヒ、此節勤向引込出勤無之由相聞候、先生足軽より為儒学、御取立ニ相成、追々立身、近年給人ト御取立ニ相成候、二代平格、是モ御上ノ御取立ニ付出府ノ上諸大名方ノ学者ト会合有之、儒学出精致シ候様被仰付罷在候、親子之悦不少、然ル所未タ壱年ニ不備内ケ様之変化頼ミ少キ世ノ形成ニ有之候、

今般　王政御一新神仏混淆候義禁止被仰出候、就ては当所　八幡宮并御領内諸社之儀仏号廃シ、以神号敬崇致候様可致候、且御祈願之儀社人え被仰付候儀候間、祈僧侶復帰致シ、社人ニ願度向、是迄之由緒御祈禱有之村中宮籠致シ候、

七高大神

右之通相祭候様被仰付候、

一　名乗之義ハ追テ被仰付候趣、

一　今日初テ七高山え御肴鮒二疋神酒御備、

一　極楽寺様袴・羽織大小ニテ登山、又蔵袴・羽織、

一　村中魚類ト神酒持参之者モ有、精進物持参ノ者モ有之候、

一　七高大神　大己貴尊ト崇メ奉候趣、

十二月廿二日

一　極楽寺内仏不動様・祖師様・地蔵様、其外諸仏器物、皆々十王堂ニ押込致候趣相聞候、

明治三年

一　亀田領修験其侭一切神道ニ相成候者無之、

一　矢島領同断、伊セ并地遊仙寺其侭、法印山伏其侭、

一　本庄領・仁賀保領厳敷被仰付候、如何之訳柄歟　朝廷よりハ修験廃ケ様被仰付無之、御達書ニモ神仏混シ不申様ニ相見候、

地域によって、神仏混淆の禁止が厳しく命じられた地域とそうでない地域があって、混乱した様子が見て取れる。

以下では小滝の動きを追ってみよう。

2　小滝修験の神仏分離

小滝では、学頭の龍山寺がいち早く復飾願いを出したが、龍山寺配下の修験者は当初は復飾に難色を示した。この当時、小滝修験は一山としてのまとまりを欠き、龍山寺と地元の修験者が別々の動きをしていた。以下では一山の中で齟齬を来していた様子をたどってみよう。

明治二年の小川理心による「復飾ニ付色々書付集」(遠藤光胤家文書)[46]によれば、明治三年に大物忌神社中口社人小川要人が、神仏混淆不仕様を受け入れる旨を願い出た口上書を寺社役所に提出したこと、実はそれ以前に、年月日は不明だが、学頭だった龍山寺泰運房事阿部巽が復飾還俗願いの口上書を提出していたこと、そこでは神道への改変をにらみ、蔵王改金峰神社、熊野神社、正観音改三岳之神社と記されていたことがわかる。

一方、これを知った鳥海山中口小滝組本郷の感徳院、大須郷の不動院、関村の寿命院、小滝の千住院・帰命院・宝蔵院・観照院は連名により、嘆願を提出した。その上で復飾の勧めに従わなかったことを悔い、前言取消しの上復飾の意志を明らかにした。

その背景には、いち早く復飾していた龍山寺泰運房事阿部巽が、鳥海山大物忌神社の御用、獅子舞及び道者の権益に至るまで独占してしまったため、中口小滝組七軒の生活が立ちゆかなくなってしまったという、生活に直結する事情があったことが見えてくる。

次の「醍醐御役所書印之写」(遠藤光胤家文書)[47]は、明治二年一〇月に醍醐寺三宝院から出された文書を写したものである。

明治三甲午年三月吉日
醍醐御役所書印之写
神職号帰命院事
福川等
源　利久（判）

三宝院殿より書印之写

今般就　御一新神仏混淆不相成旨御布告之通可相守儀は勿論ニ付、神社関係いたし無余儀輩は速ニ復飾神勤可致候事、但院跡之儀は今更廃絶無之様二三男且身寄之者ヲ以応々相続旧襲之通り可相勤候事、

一　唯修験之輩ニおゐて、聊異儀無之条弥以其分を直し自然勤　王之情実貫徹仕一派之規　模相立候様可心得候事、

一　寺内鎮守御発（廃）止ニは無之清浄守護可致候事、

一　星供・日待・荒神供・地鎮・加持祈禱之儀は施主心持次第ニ候得は、修験職掌勿論之事ニ候条、従前之通り可心得候事、

一　当山修験一派引導式之儀、是迄国々ニおゐて御宗掟区々ニ候所、今般被仰出之次第も有之候間、一定妻子ニ至迄御法式之通於其模寄ニ申合セ、一派引導御規則可相守候事、

明治二年巳十月　日

醍醐御殿

御役所　御判

これは神仏混淆禁止の布告により復飾し、神勤めをしても差し障りはない。しかし院跡の場合は廃絶することがないように、二、三男、あるいは身寄りの者が相続して、旧襲通り勤めてほしい。ただ修験の輩は規則を守ってほしい。星供・日待・荒神供・地鎮・加持祈禱などは施主の心持ち次第で修験の職掌なので従前通りやってほしい。当山修験一派の引導式はこれまで国々で宗派の掟に従って行ってきたが、今般新しい次第もあり、一派引導は規則を護ってほしい、というものである。

次の「乍恐奉嘆願口上之覚」（遠藤光胤家文書）(48)は、明治三年二月に先の小瀧組七軒が社寺御役所宛に出したものである。

乍恐奉歎願口上之覚

先般神仏混淆不仕様分別之儀被　仰出、鳥海之儀は大物忌神社ニ付復飾相願可申処、御教諭ニも不随、推て願之通被仰付候得共、御趣意ヲ以今更悔悟仕、何卒前願之趣御取消被成下候様御執成之程幾重ニも奉歎願候、以上、

明治三年庚午二月　日

願主　威徳院

不動院

寿命院
千手院
宝蔵院
観照院
帰命院

社寺　御役所

奉願上口上之覚

神仏混淆不仕様分別之儀被仰出候ニ付、別当社僧之輩は還俗之上神主社人之称号ニ相転、神道を以勤仕可仕旨奉承伏候、

鳥海山大権現ハ大物忌神社と御座候ニ付、神職ニ相転、以後家族自ラ神葬祭仕度奉願上候、何卒御憐愍を以右願之通被　仰付被下置度偏ニ奉願上候、以上、

明治三庚午二月十五日

触頭帰命院事　福川　等
小川要人
宝蔵院　遠藤和美
千手院　淵名外江
寿命院　阿部数弥

須藤　寿
金　志解理

社寺　御役所

これは、先般神仏混淆不仕様が出され、鳥海山は大物忌神社なので復飾願いを出すべきところ、それに従わなかったのは、いまさらながら悔悟の念が強く、なにとぞ前言の趣旨を取り消し、復飾願いを聞き届けてほしい、という内容である。

次の「宗門証券」等（遠藤光胤家文書）[49]は、明治三年一一月に矢島藩伝達書および、神仏分離令の出された時期に関わる書類である。

矢島藩支配所
羽後国由利郡
大物忌神社
中口権現主
小滝村
阿部　巽
藤原易任

御免許状永泉□□名代ニて済候事

宗門証券

私共神葬祭ニ候得共、家内男女ニ至まで仏法不相用候ニ付、切支丹宗門之者勿論差置申間敷候事、
一　職務ニおゐて怪敷祈禱仕間敷候事、
一　脱籍者差置申間敷事、
右之条々於相背は何様之曲事被仰付候共違背仕間敷候、依之差上申候証券、如件、

月　日　　　　　　　　　　連名　印

明治三午年

戸籍
矢島藩人別御改帳
宗門

三月　日　御管内仁賀保郷小滝村

右之通社寺触下并檀那ニ紛無御座候、依之寺印形仕差上申処聊相違無御座候、若御法度之宗門之由申者有之候ハヽ、拙者共何方迄も罷出急□(急度)申披可仕候、以上、

月　日

右之通当午人別相改印形為致差上申候処、書面之通聊相違無御座候、若相違之儀も御座候ハヽ、如何様被仰付候共違背仕間敷候、以上、

組頭 ――
長百姓 ――

名主 ――――

矢島藩民事御役所

一　鳥海山大物忌神社　　社人小川要人　原理心　当午四十歳
自身神葬祭　　　　　　同人妻　重の　　　　　四十六歳
　　　　　　　　　　　同人倅　亀吉　　　　　五才
　　　　　人数合三人内　弐人男　壱人女
一人別三人
　　　　　　　　　　　小川要人　原理心（花押）

離旦証文之事

一　於貴家ニは女人之分代々禅宗ニて、拙寺旦那御座候処、右女人之族以後神葬祭致度旨社寺御役所迄願済候趣申聞候間、任御上意ニ拙寺之宗判相除申候、何ケ様成共貴殿御勝手可被成候、然上は後々ニ至り何等之事有之候共聊違乱故障申間敷候、為其印証為取替離旦証文仍て如件、

明治三庚午三月　日

川袋村　万照寺（判）

不動院事　大須郷村　須藤寿　殿

御達書之写

一　従前仏法ヲ以葬祭取行候者、自今願之通神葬祭差許候上は、弥第三御高札之御趣意堅相守可申事、
一　葬祭共質素清潔を本トシテ無用之失費無之様、精々可相心掛事、
一　氏神を尊崇シ、其の神主社人共自葬祭式相授り常々神道之教を受予シテ、邪教ニ陥溺スルノ憂ヲ断ツヘキ事、
一　毎歳春時管内戸籍取調之節、神主・社人共従前宗門改之振合を家遂《(ママ)》吟味ヲ、氏子中邪宗門無之趣以印証可届出候事、

右之条々違背不可有者也、

庚午十月　　　　矢島藩庁

御達書之写

一　旧来之神主・社人并復飾之者ハ勿論、錦地之物一切着用不相成候事、
一　神職ニ相転復飾願相済上は、仏法ケ間敷取行致間鋪事、
一　神主・社人ニ至迄以来名舞《(ママ)》之儀苗字実名を以通称可致候事、

右之通違背不可有者也、

明治三午年十一月　日　　　　矢島藩伝達所

これらは、以下のような内容である。

宗門証券に関しては、私どもは神葬祭であるが、家内男女に至るまで仏法はもちろん、切支丹宗門は行いません。

職務においては怪しい祈禱は致しません。脱籍者は置きません。戸籍に関しては、矢島藩宗門人別改帳に、宗門に関

しては、御管内仁賀保郷小瀧村の社寺触下並びに檀那に相違ありません。

離旦証文に関しては、明治三年三月に川袋村萬照寺から、不動院事大須郷村須藤寿宛に出されたものである。貴家は代々女人は禅宗であったが、以降は神葬祭をしたいとの申し出なので、私の寺の宗判から除きます。以降はそちらで処理してほしいので、離旦証文を取り交わします。

矢島藩庁からの御達書の写しには、かつて仏法で葬祭を執り行っていて、今後神葬祭を許可された者は、規則を守ること。葬祭は質素を旨とし、無用な失費の無いよう心得ること。氏神を尊崇する神主社人は、自身の葬祭に関して、神道の教えを守り、邪教におぼれないこと。毎春管内で戸籍を取り調べるときは神主、社人は従来の宗門改めを吟味し、氏子の中で邪宗門のない事を確認して届け出ること。

さらに、旧来の神主、社人はもちろん復飾の者も錦地の物は一切着用してはならない。神職に転じて復飾願いをすませた者は、仏法まがいのことはやってはならない。神主、社人に至るまで、苗字は実名を通称とすること。

このように詳細に記され、この当時の神仏分離令に伴う混乱した世情を理解する上で貴重な資料と考える。

3　小滝修験の再出発

こうしたプロセスを経て、鳥海山小滝地域に在住していた院主龍山寺を始め、旧修験衆徒は復飾して神道所属となった。その来歴を記したものが龍山寺の末裔である阿部貞臣が記した「鳥海山小滝神道の来歴」（遠藤隆家文書[50]）の一部である。

（前部大幅に略す）

明治元年廃藩置県トナリ、本村ハ矢島県トナリ、明治四年秋田県トナル、明治二年、神仏混淆ヲ廃シ、蔵王権現ヲ金峰神社ト改称シ、龍山寺ノ寺号ヲ廃シ、複飾《(ママ)》シテ神官トナル、衆徒皆複飾《(ママ)》ス、
明治維新ニ当リ廃仏毀釈ノ主義ニヨリ、古来皇室国家ノ尊崇篤ク、一般衆庶ニ信仰セラレシ鳥海山大権現（神者大己貴神、仏者薬師如来）ハ其ノ神位ヲ亡ボサレ、鳥海山ヨリ追放セラレタリ、サレバ其ノ神位ヲ畏ミ、由緒ヲ尊重シ、阿部貞臣鳥海山ノ中腹ナル霊峰山ニ鎮祭シ、鳥海山霊峰神社ト名称シテ奉斎ス、昭和二十年宗教法人トシテ神社本庁ニ属ス、

（中略）

明治四年五月、小滝、蕨岡、矢島ニ於テ厳格ニ親密ニ祭祀管理シ来リシ鳥海山大権現並ニ小滝、矢島、蕨岡ハ鳥海山上ヨリ追放セラレ、新ラシク吹浦村ニ山上ヲ支配セシメタリ、
明治四年、小滝院主ヲ大物忌神社神官ニ補シ、鳥海山小滝口社務所ヲ嘱託セラル、

（中略）

明治七年、金峰神社村社ニ列セラル、
明治八年、塩越村菅原易ヲ金峰神社祠掌ニ依託セリ、
明治三十八年、古来蔵王権現ノ祭日三月十七日ナリシヲ、上郷村中統一シテ五月十五日ト改ム、

（中略）

大正十五年、摂政宮殿下東北行啓記念トシテ遠藤貞三霊峰山ニ社殿ヲ建テ、鳥海山霊峰神社ヲ祀ル、例祭六月二十二日ナリ、又鳥海山登山者ノ宿泊休憩ニ便ズ、
この文書を見ると、鳥海山頂の権益を吹浦大物忌神社が独占し、小滝・矢島・蕨岡がそれに異議を唱えた様子が見

えてくる。前述した蕨岡と吹浦の訴訟問題のみではなく、鳥海山麓では明治維新の神仏分離令という大変革にいち早く対応したか否かが、その後の地域のあり方をも規定していたようである。

小滝の修験者は復飾して神道に改宗した後、明治四年に小滝院主が大物忌神社神官に補せられ、鳥海山小滝口社務所を嘱託された。この頃は前述のように社掌は阿部巽だったはずである。明治七年に小滝の金峰神社が村社に列せられ、同八年に塩越村の菅原易が金峰神社の社掌として依託された。

さて鳥海山中口の社人として再出発した、小滝の旧修験宝蔵院遠藤知光は、明治七年三月付けで以下の文書「鳥海山中口掛所神仏次第記」(遠藤光胤家文書)[51]を書き記した。

これは鳥海山への登拝者の便宜のために書かれたと考えられる。遠藤は、はじめに以下のように述べた上で、鳥海山小滝口からの登拝経路と各聖地の神とその本地仏を書き記している。後述するが、近代以降も小滝地域から鳥海山頂への登拝者は多かったようで、そのことも、この資料から推察することができる。

小滝村中口別当一山ニ御座候得共、御一新ニ付国幣社ト相成候、吹浦・岩寺二ケ村ノ内ニて大宮司次々ニ相立候也、中口表え御発しニ相成候、道志ノ人方も宿屋願仰して置候、然は此所私慥記置候也、

この始まりの文言は、明治の御一新に当たり、小滝は鳥海山中の口として国幣社になったにもかかわらず、吹浦と岩寺(蕨岡のことと考えられるが、通称上寺なので誤字か)からばかり大宮司が出ている。中の口からも登拝者は多く、宿屋の希望者も多い。それ故、登山道にある拝所を記しておきたい。これが内容だが、小滝の恨み節のようにも見える。以下は各拝所の神およびそれに該当する本地仏の名称である。

第一　蔵王権現　弥勒　釈迦仏　観音仏　過現未三世之御仏ナリ
　　神号金峰神社　安閑天皇御霊社ナリ

第二　熊野大権現　仏者　弥勒仏　薬師仏　観音仏
　神者　泉津事解男命　伊弉冊ノ尊　速玉男之命

第三　八大金剛童子　仏者　普賢菩薩
　　神者　級長戸辺命　級長津彦命
　此ノ御神ハ風ノ御神ナリ渡ラセ給フナリ、五穀ノ神ノ御鎮坐ノ地ニ必ス雨ノ神風ノ神在坐ナリ、風無ケレハ五穀生長シテ登ス、（以下略）

霊峰　仏者　観世音菩薩
　神者　八十過津日神
　此神ハ天照太《(ママ)》神荒魂ノ御神ナリ、神慮ニ恐アレハスコシク侍ルナリ、（以下略）

鉾立　仏者　不動明王
　神者　軻遇突智命　此ノ御神者火之神ナリ、（以下略）

最之川　仏者　地蔵菩薩
　神者　素戔嗚尊
　最之川者仏語ナリ、又最之川原トモ云、最向後ノ川也、（以下略）

垢離掛所　仏者　薬師如来
　神者　速秋津日神　速秋津姫神
　此ノ御神者水門也、亦罔象女ノ神トモ奉申也、此水ノ神也、（以下略）

鳥之海神社　和加宇加売命

和加宇加売命ハ倉稲魂命　荒魂ノ御神ナリ、五穀神霊ノ名ナリ、（以下略）
扇岳　仏者　毘舎門天王
神者　五十猛命
扇岳トハ、高メ山テ聳天ニ事以テ扇尺扇岳ト名ツクルトハ、大ナル非力事也、（以下略）
御国御種池
五穀ノ神ノ鎮護之証ナリ質素之カタチアラハス地ナリ、
御倉　大黒天　大己貴命
御倉トハ納ルヲ穀物ヲ言フ倉、納ルヲ諸品ヲ蔵ト、又倉稲魂ノウカハイナクテト誦シナリ、大己貴ハ別名大黒主ノ命、亦ノ名国作大大己貴命、（以下略）
御本社　大物忌神社
仏者　薬師如来
神者　倉稲御霊命
倉稲魂命ハ保倉神也、食物ヲ保護シ給フ神徳也、倭姫也、（以下略）
七五三　底筒男命　中筒男命　表筒男命　（以下略）
由利郡仁賀保郷　大四大区二小区小滝村　遠藤知光

三　小滝修験の近代

鳥海山大物忌神社が山頂本社となり、山形県側では吹浦・蕨岡がそれぞれ両口の宮として再出発した。明治六年（一八七三）には鶴岡から初代宮司が着任し、明治一三年には国幣中社大物忌神社となり、国家神道の組織体の一員としてアジア太平洋戦争終了まで続く[52]。

ここでは小滝における旧修験者たちの新しい時代を見てゆくことにしたい。小滝では、蕨岡や吹浦のような結社を組織した痕跡は見えない。一山の修験組織が崩れ、小滝以外に居住していた旧修験の人々が明治以降その権益を維持し、小滝での活動の場を継続することが難しかったのかもしれない。それ故、小滝村落内だけで組織を形成し維持してゆくよりも、村を挙げて祭礼や組織を継続してゆこうという意志が働いたものと思われる。それが以下に見る資料である。

1　金峰神社の例祭

明治三二年になると、金峰神社の祭礼に伴い、御神楽や御来練と称する行列も復活し、新たな出発を迎えた。遠藤光胤家に残る「明治卅弐年旧三月十七復興　金峰神社祭式施行紀　御神楽　御来練　式典書」[53]には、祭式復興の趣意として来歴や決意が述べられている。またここにはかつての修験家の人々だけではなく、小滝の村人が伶子・舞子などとして参加しており、金峰神社の祭礼が小滝村の行事として再出発した様子が見える。以下ではその様子を見てゆこう。

祭式復興趣意

抑モ本社祭式ノ起レルハ、往古役ノ行者（小角）従リ降リテ慈覚大師等ノ遺伝ニシテ、八講祭ト云フ、是レ神楽ト印度楽ト折衷シタルモノト断定ヲ入ル、尤モ之日本太古ノ雅楽ニシテ、天岩戸ノ奏楽ヨリ成ル、最高妙最モ雅量妙味且武壮幽玄ナルモノ云フ可キナリ、吾日本国ハ最小地ノ島邦ト謂トモ、其始メ天ノ瓊矛ノ末ノ滴ノ塩ノ積レル洲津ニナレル、自凝島ト云フ、武威厳相尚武高妙ノ国ナルヲ疑ハス、此ノ勢向ヨリ神楽ナルヲ以テナリ、吾等徴意ヲ表シ復興ヲ計ル緒ニ代フ、津来日啼生　識ス

復興趣意によれば、この祭りは役行者より始まり、慈覚大師が伝えた八講祭が本来であるという。ここで演じられる芸能は、神楽とインド伝来の楽の折衷したもので、これが日本太古の雅楽であり、天岩戸の奏楽より成り立つとしており、難しい解釈をしている。この後は、日本国の成り立ちとして「天ノ瓊矛ノ末ノ滴ノ塩ノ積レル洲津ニナレル、自凝島ト云フ、武威厳相尚武高妙ノ国ナルヲ疑ハス」と表現している。これは神道の末端に位置していることの決意の表れとも受け取れる内容である。その上で、この神楽をもって復興の象徴としたいという決意を表明している。以下ではこの復興の発起人として、旧修験の家、その係累の人々だけではなく、村人の名前も列挙されている。

復興発起人

笏拍子　舞子教師　福川久方
祭主　総締　遠藤智
祭司　舞子　遠藤盛一
伶子　舞子教子　山田道太郎
花作　準教師　篠原又治

伶子　太笛　吉川音吉　箂（篳篥カ）　斎藤末吉
伶子　準大和琴　吉川君蔵　火鼓　福川清作
祭司　舞子　篠原慶太　舞子　横山満
同　斎藤国吉　同　斎藤丑蔵
同　福川孝作　同　新田巳之平
同　小松卯吉
世語方（話カ）　新田慶二郎　同　福川清作
同　小松十八

ここに出てくる祭司の遠藤智は、遠藤光胤氏（昭和四年（一九二九）生）の曾祖父で、九一歳まで長生きしたという。その後は息子の盛一が継いだが、早死にしたため、福川要がその跡を継いだ。要の後は、光胤氏の父の光美（昭和四二年没）が継いだ。

この日に行われた芸能は、以下の通りであった。

第一　九舎之舞、第二　荒金之舞、第三　閻浮之舞、第四　小児太平之舞、第五　祖父母瓊矛之舞

現在「チョウクライロ舞」として演じられているこの芸能は、天保九年（一八三八）に小滝村淵名舜庵が残した「鳥海山　金峰山　神事古実記」（遠藤隆家文書）[54]にあり、以下の通りである。

第一　九舎之舞、第二　荒金之舞、第三　小児之舞、第四　太平楽之舞、第五　祖父祖母之舞、第六　瓊矛之舞　第七　閻浮之舞

現在のチョウクライロ舞はこの通りに演じられている。復興当初はまだ混乱があったと思われるが、小児の舞、太

平楽の舞、祖父母の舞は稚児舞であり、曲目が抜けているわけではない。前掲資料の最後には、今後の発展を願って「向年追々精ヲ加エ粋ヲ添へ、雅楽之雅楽タルヲ誤マラサル様、氏子諸子ニ望ム、篠原津来日啼生」と述べて終わっている。

旧修験の手から氏子へと継承者が代わり、精を加え粋を添え、それでも雅楽らしさを損なわないようにと、儀礼芸能の継続の思いが吐露されている。

2 鳥海山参詣講と登拝者

祭りの担い手が修験者の手から氏子へと変化してゆく様子が見えたが、変わらない部分もあった。それは小滝の人々が近世期から継続して関わってきたもので、蔵王権現社改め金峰神社への信仰、鳥海山に登拝する道者と呼ばれた人々の案内、馬による送り迎え、そして宿泊の提供である。

「宿坊村落小瀧村」によれば、慶応二年（一八六六）当時、小滝では九六軒の家で九八頭の馬を飼っていた。朝の早い道者の出発に合わせて、多くの村人が馬を用意し、四合目の霊峰まで案内し、帰りには草を刈ってそれを馬で運んだ。この手間賃は村人に大きな日銭をもたらした。旧龍山寺の当主遠藤蔵之助によると、大正一四年（一九二五）当時、行きの馬賃は五〇銭、帰りは宿坊まで一円であった。また馬の手配をする馬指しは一頭に付き五銭の収入を得ていた。

宿坊での宿泊費は大正一四年には一泊三食、祈禱料、山案内つきで道者一人二円であった。大正一四年当時、龍山寺における夏期の宿泊者総数は四七一人、一日平均一三・五人、最大宿泊数は一日で九一人（八月二三日）であった。小滝には龍山寺を含め五軒の宿坊があったので、一日平均の宿泊数は六七・五人で、七〇人前後の道者が連日宿泊していた。道者の出身地は岩手県が二八団体（三二四人で全体の六九％）、中でも紫波郡（一一団体、一一三人）が目立つ。

次いで宮城県が多くなっている。[55]

この報告では秋田県外からの宿泊者のみの分析なので、全体像は見えてこないが、小滝でも地域の人々との関わりがあり、地域の人々の信仰の拠点であった。

小滝も蕨岡や吹浦と同様に、鳥海山へ登拝する道者から得る収入が地域の経済の大きな部分を占めていた。蕨岡や吹浦は前述したように、この収入の独占を計った独自の共栄社や報徳社を組織していた。小滝ではそうした組織の形成は見られなかったが、道者が少なくなったわけではない。

遠藤隆家には「鳥海山、金峰山、霊峰参詣講　元中口別当龍山寺　小滝院主」[56]という、大正一一年から一五年までの参詣者を中心としたリストがある。ここには参詣した人々の出身地、参詣理由、支払った金額、馬の利用の有無、先達への支払い等、細部にわたった記録が残る。ここで注目されるのは、大正期になっても「龍山寺」の名称が使われていることで、次にその内容を紹介してみたい。

大正一一年の冬から春にかけては、一月一七日、平沢町第一神授丸の阿部五之助以下船中八人、第二神授丸の阿部五之助以下八人、金剛丸の八人、一八日には金浦町昌徳丸の越川勝太郎以下船人七人が、一二年四月一五日には子供授祈願として、平沢町の大友忠治と妻他三人が、また平沢町や平沢町鈴や芦田などからの金峰山参拝があった。夏には鳥海山登拝が多くなり、出身地は秋田市・河辺郡種平村などである。

大正一二年の冬から春にかけては、二月には獅子講習として琴浦や三日市から一〇人ほどが来た。また、四月には馬屋安全として上浜村から、五月には稲荷堂御遷宮として長岡から、鰯大漁安全として関や金浦からも来た。六月には霊峰詣りとして百目木から五人が来て、これには後日、神符と守りとはばきぬぎとして金一円を送っている。七月になると霊峰詣りが続く。米山や西滝沢からの人々一〇人ほどには神符と守りをたくさん渡し、彼らは踊り謡って帰ったという。霊峰詣りは総じて女性たちが多い。夏の鳥海山参詣の人々六人には虫札を出した。これは代参と見えて、各自が四五枚から六〇枚をもらっている。また小出村の三人には一二〇枚の虫札を出している。地元からの鳥海山登拝は代参が多かったと見える。

大正一三年正月一一日と一二日は仁賀保組合御宝頭研究会があり、師範代として三日市から一人、小滝から四人、修行者は三日市から三人、琴浦から五人、小滝から二人が参加した。六月になると霊峰参拝が続き、二二日には霊峰鎮座祭が執り行われた。七月になると鳥海山登拝者が続き、地元の人々は虫札を求めるため、県外の人々は登拝客と思われる。この年の九月四日には、道普請にかかった費用八四円一五銭を援助してほしいとの依頼を、大物忌神社先導取締の遠藤貞三の名前で、上郷村長斎藤利一宛に出している。

大正一四年には五月に入って矢島町・鮎川村・関口などからの霊峰詣りが続き、巻数・守札などを出している。七月を過ぎると県内外からの登拝者が多くなる。

登拝客の中には途中まで馬に乗って登ったとみられる人があり、宿料・祈禱料・先達料の他に馬料が見える。故遠藤隆によれば、戦前までは鳥海山登拝をする道者は龍山寺で泊まり、奈曽の滝に打たれてから鳥海山に登った。滝に入るのは若い人の楽しみで、修行ではなかった。身体の弱い人や女の人は秣刈りの馬に乗って途中まで行った。また夕方連絡があれば迎えに行った。こうした馬の手配などは私の家が中心になってやっていた。家には多いときで二、三〇人が泊まっていた。旅館が二軒あったからそちらへ泊まった人たちもいた。

3　金峰神社と霊峰神社

一連の資料の中で目につくのは、鳥海山および金峰神社以外の霊峰詣りである。「霊峰」は、龍山寺の末裔の故遠

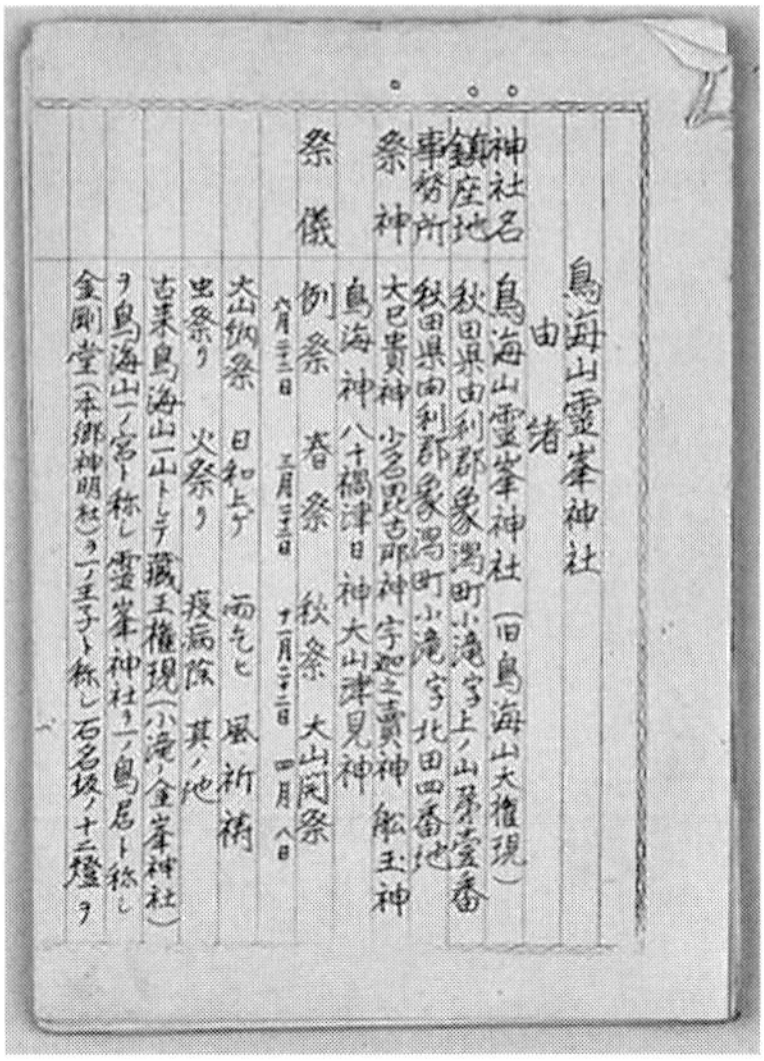

鳥海山霊峯神社
由緒
神社名 鳥海山霊峯神社（旧鳥海山大権現）
鎮座地 秋田県由利郡象潟町小滝字上ノ山第壱番
事務所 秋田県由利郡象潟町小滝字北田四番地
祭神 大己貴神 少名毘古那神 宇迦之売神 船玉神
鳥海神 八十禍津日神 大山津見神
祭儀 例祭 春祭 秋祭 大山開祭
六月二三日 三月二二日 十一月二二日 四月八日
大山納祭 日和上ゲ 雨乞ヒ 風祈祷
出祭り 火祭り 疫病除 其ノ他
古来鳥海山一山トシテ蔵王権現（小滝ノ金峯神社）
ヲ鳥海山ノ宮ト称シ霊峯神社ヲ一ノ鳥居ト称シ
金剛堂（本郷神明社）ヲ二ノ王子ト称シ石名坂ノ十二燈ヲ

鳥海山霊峰神社由緒　象潟町小滝個人蔵（にかほ市提供）　鳥海山小滝口一の鳥居として、明治以降に建てられた。昭和30年（1955）再建に際して書かれたもので、霊峰神社の由緒がわかる資料。

藤隆によれば、祖父の遠藤貞三が作った霊峰神社のことで、貞三一代限りのものであった。貞三は小滝が鳥海山大物忌神社中の口であることに違和感を抱いていた。大物忌神社は吹浦や蕨岡のことで、小滝にとっては本物ではないと考えていた。そこで独自の神社の建設を考えたのが霊峰神社であった。

霊峰神社には「霊峰講」があった。例祭には仁賀保郷や矢島からも人が来ていた。「鳥海講」は吹浦で行っていて、ここでは行っていない。霊峰神社には金峰神社とは別に獅子舞もあった。獅子舞連中は象潟の町などから来ていて、仁賀保の村々、矢島・金浦の漁師の家々、本荘などを歩いていた。新年には信者の家々を春祈禱に廻っていた。

昭和三〇年に風害で破損した社殿を、昭和三三年には鳥海山霊峰神社として再建を果たし、宮司阿部貞臣、氏子総代斎藤正雄、同斎藤正一郎の名前で由緒書きを残している。それが故遠藤隆家に残る「鳥海山霊峰神社由緒」[57]である。

これによれば、神社の大きさは間口七間、奥行三間、ブロック造りで、下坪二一坪、土間四坪半、板ノ間一六坪半、軒端高さ六尺、屋根はトタンであった。

神社名は鳥海山霊峰神社（旧鳥海山大権現）、鎮座地は秋田県由利郡象潟町小滝字上ノ山第壱番、事務所は象潟町小滝字北田四番地である。祭神は大己貴神・少名毘古那神・宇迦之売神・船玉神・鳥海神・八十禍津日神・大山津見神である。祭りは例祭が六月二三日、春祭が三月二二日、秋祭が一一月二二日、大山開祭は四月八日であった。この他、大山納祭・日和上げ・雨乞い・風祈禱・虫祭り・火祭り・疫病除などの神事が随時行われていた。

由緒としては、「古来鳥海山一山トシテ蔵王権現（小滝ノ金峰神社）ヲ鳥海山一之宮ト称シ、霊峰神社ヲ一ノ鳥居ト称シ、金剛堂（本郷神明社）ヲ一之王子ト称シ、石名坂ノ十二燈ヲ一ノ城戸ト称シテ、鳥海山大権現ノ山上護持ノ道場トシテ、総テ蔵王権現社殿ニ於テ、祈禱祭儀ヲ修シ来リタルモノナリ、今之ヲ改メ、遷シテ当神社ニ於テ祭典ヲ執行ス」という内容である。霊峰神社は鳥海山蔵王権現の一の鳥居と位置づけられている。以下に宮司阿部貞臣がこの霊峰神社建立に至った経緯を述べている。彼の真情を吐露したものと見ることができる。

人皇百二十一代明治天皇御宇明治維新ニ当リ神仏混淆ヲ廃サレ、廃仏毀釈ノ主義ニ由リ、古来皇室国家ノ尊崇篤ク、将軍領主一般民衆ニ信仰セラレシ鳥海山大権現（神者大己貴神、仏者薬師如来）ハ仏神ナリト目サレ、其ノ神位ヲ退ケラレ、鳥海山上ヨリ追放セラレタリ、同時ニ古来親密ニ厳格ニ祭祀シ管理シ来リシ、別当神主小滝院主及ヒ衆徒、蕨岡衆徒、矢島衆徒共ニ其ノ職権ヲ失墜セラレ、支配権ヲ追放セラレタリ、サレド其ノ神位ヲ畏ミ由緒ヲ尊重シ、鳥海山ノ中腹ナル霊峰山ニ合祀シ、社殿ヲ新築シ、鳥海山霊峰神社ト尊称シテ鎮祭ス、大正七年当神社ノ神符ヲ明治、大正両陛下ノ御宸翰ヲ浄書セル御右筆山口彦総ノ清書ヲ頂キ、版木ニ刻ス、昭和七年彫刻ノ大家相川善一郎ノ作ヲ頂キ、獅子頭ヲ造立シ奉ル、

この次に、正月から始まる年中行事が記されている。この年中行事がいつの時代かは不明だが、年中行事は「但シ旧制ナリ」また「正月十一日領主ニ御献礼ノ儀アリ」とあるように、近世以前に書かれたと考えられる。また霊峰神社だけではなく、蔵王権現を祭る中での行事も記されているので、正月の行事から見てゆきたい。

正月元日から七日間は郷中一般に大精進をする。別当衆徒は精進潔斎し肉食を断ち、七日堂と称して長床に参籠する。参拝者は未明から陸続と跡を断たない。五日堂では鎮火祭を執行する。その折の守札は郷中に頒布する。

七日堂は結願の大祭として参詣者が殊に多く、遠近より集まる。町家にも宿を求め通夜参籠する。宵の祈禱、夜明けの祈禱がある。其間二回木根棒の頂礼がある。鬼払いの行事があり、その後御饌供で天下の運勢と年の豊凶を占う。午王、蘇民の神符を授ける。また御供を撒く。

正月十一日には領主に御献札の儀がある。別当小滝院主は籠に乗って若党を連れ、参上する。別室で年賀の礼がある。

正月十六日には獅子頭の巡回があり、仁賀保中に祈禱をする。

正月の一連の五日堂や七日堂の行事は今に続く内容であるが、修正会であることが明らかであろう。小滝院主が領主への年頭の挨拶に行っていたことも目を引く。またこの頃の獅子舞巡行は仁賀保郷中を廻っていた。以下は春の行事となる。

三月十七日には八講祭を執行する。別当院主は道中先払を立て、駕籠にて参進する。神輿の渡御がある。閻浮提を三週し、台に向って安置し、七種の舞を奏し、終わると神輿の還御がある。翌日は小八講で直会の式がある。

四月八日は鳥海山の戸開きの祭典を執行する。

五月朔日には皐開祭がある。龍山寺裏の幡戈森の斎場に鳥海山に向って、幡・戈・弓矢を立双べ、神饌を供へ、天下泰平・国家安穏・御武運長久・五穀豊饒を祈り、皐開田に田植をする。早苗振には湯立の行事がある。柳を浸し虫祭をする。朝日巫女は舞を奏する。楽人は塩越町から社人がくる。

臨時の日和上げは、雨乞の節は衆徒が催し、船岡山大般若池で大祈禱を修す。

三月一七日の八講祭では、閻浮提と称する土舞台で今に続くチョウクライロ舞が舞われていた。また五月の早苗振には湯立の行事、柳を用いた虫祭り、朝日巫女による舞がある。雨乞いの日和上げでは船岡山の大般若池で大祈禱があった。以下は夏から秋にかけての行事である。

六月朔日、別当衆徒奈曽の祓川に幣を樹て禊を修し、鳥海山に参籠して勤行する。これより先に山道を刈払い、宿坊方、先達、馬指し等の準備を整える。郷中は一般に一七日の大精進をして大山参りをする。或は代参を立て、一七日間宮籠をして、三日目に海に出て塩垢離を懸け、四日目に山上する。各村より皆馬にて迎へ、小滝村上の山一ノ坂にて還りを待つ。七日目に参籠者は宮より下る。

七月十日は観世音の夜宮祭がある。番楽舞を演ずる。大暴風の兆あれば、別当衆徒は船岡山の風沼にて大祈禱を修す。

九月十五日は熊野宮の祭礼があり、朝日巫女は舞を奏す。

十月十六日は作納めの祝祭がある。

小滝の別当及び衆徒は六月一日から鳥海山に参籠をしていた。地域の人々の鳥海山登拝は七日間の精進をして、海で塩垢離をとり、山かけするものであった。小滝の番楽は七月の観世音の夜宮に行われていた。九月にも巫女舞があった。

十二月には御七日、御八日の大精進がある。是れは一年に一度三回の鳥海山の大精進として郷中共固く守る。八日には別当院主にて直会がある。

十二月十二日には山の神の祭典がある。同十五日に熊野宮、十六日に太神宮、十七日に蔵王権現の御会式がある。

一月・六月に続き、一二月にも大精進があり、郷中の人々が守るべきものであった。

四　小滝金峰神社の年中行事とその変遷

明治の神仏分離令・修験道廃止令に伴って、小滝一山の修験者は神道に復飾した。それだけではなく鳥海山頂とそれに関連する権益を巡って、それ以降も様々な変遷が見えた。以下では、近代になって神社の年中行事がどのように変化していったのかを見てゆく。そこで大正一四年（一九二五）に記された遠藤光胤家の先祖で当時小滝金峰神社宮司だった遠藤智の社務日誌と、昭和六〇年（一九八五）に金峰神社の当番宿主だった上当番宿主の斎藤幸男と当番長の土井丑三が一年間にわたって書き記した「金峰神社の行事と当番の一年」を比べながら見てゆく。

1　大正時代の金峰神社

大正末期から昭和にかけて、金峰神社の社掌は遠藤智であった。遠藤が大正一四年正月から記録した金峰神社の「社務日誌」(58)（遠藤光胤家蔵）から、当時の様子を見てゆくことにしよう。

大正拾四年

一月一日　歳旦祭。神饌七台、祭典、二日　上当番より二名宮守。五日　神饌七台、五日堂の祭典と称し、鎮大祭の守札を元仁賀保郷中に配布。

七日　元七日堂。神饌拾壱台、年男一名を選び、旧来の祈念棒等の行事を行う。年男御饌を焚き神前に供す。神事の後、年男伝来の慣行神事である御供餅三斗の上五つ? を盛り御試を行い、五穀の豊凶、風雨の強弱をトう。元仁賀保、県内及び山形県等より参拝者来る。

正月の行事である。二日の元旦詣りの参拝客のために、上当番から二人の宮守が出ている。近世期の記録には見えない新しい試みとも考えられ、修験衆徒の手から地域の人々の手へと神社の管理が移行していることが見て取れる。また七日堂の儀礼での餅による占いは、曼荼羅餅占いと称すもので、主役となる年男も修験に代わる新しい試みかも知れない。

二月十一日　紀元節、神饌七台。
二月十七日　近年祭、神饌十三台。
三月十二日　伊勢参宮講代参報告祭、宮籠七十名。
三月二十日　古峰神社春期鎮火祭執行、参拝五十名宮籠。
三月二十一日　春期皇霊祭執行。
四月三日　神武天皇霊祭執行。
四月二十八日　旧三月十七日　元の祭典日に付き祭式執行、同日姥等宮籠。
五月十日　大正天皇銀婚祝祭典執行宮籠。
五月十四日　金峰神社夜宮祭執行。十五日　神饌拾参台、例祭執行、長久良比呂花笠舞の古例慣行、神事を奏し神輿の渡御。十六日　小八講祭並御宝頭の巡幸。
六月三十日　大祓式執行。

春の行事だが、近世期にはなかった国家神道の色彩の濃い行事が続く。四月二八日は旧暦三月一七日の八講祭に当たり、姥と呼ばれる年齢の女たちが宮籠りをしている。この行事が新暦にあわせて五月一五日に移行している。また鳥海山御戸開き、五月朔日の皐開祭、龍山寺裏での皐開田への田植え、そして早苗振の湯立行事、虫祭り、朝日巫女による舞、臨時の日和上げ、雨乞い等が消滅した。

七月三十日　明治天皇例祭執行。

八月十六日　二百十日ノ風雨順時、五穀豊穣祈願祭執行。

八月三十一日　天長節祭執行。

九月一日　二百十日五穀豊饒祈願祭執行、祝宴ヲ催シ神酒参斗余有産者寄附。

九月十五日　熊野宮祭礼。

六月に禊をして鳥海山での参籠勤行、登拝者のための準備、一般信者が七日間の大精進をしての大山参り等が記録から消滅した。一般の人々の間では慣行として継続していたと考えられるが、神社の記録としては残っていない。

七月一〇日に観世音の夜宮祭で番楽舞があったが、これも消えた。現在は金峰神社祭礼の宵宮に番楽を演じている。

二百十日の豊饒祈願祭と熊野神社の祭礼は継続しているが、朝日巫女による舞は消えた。

十月十七日　神嘗祭。

十月三十一日　天長節祝日祭典執行、村中一統宮籠、祝宴催す。

十一月二十三日　神饌十三台、新嘗祭執行。

十二月卅一日　大祓式執行、午後七時当番受渡の儀式を行う。

作納めの祝祭は神嘗祭に代わった。一二月七日と八日にあった鳥海山の大精進がなくなり、一〇月三一日の天長節に村中で宮籠りをしている。

以下は大正一五年以降の年中行事である。

大正十五年

一月一日　四方拝、新年祭執行、当番中二名宮守。
　五日　五日堂鎮火祭執行。
　七日　饌十一台　七日堂祭執行、古例に依り五穀豊凶、風雨の強弱、祈念棒の行事は年男が行う。
三月二十八日　春期鎮火祭執行、村中宮籠。
五月十四日　夜宮祭執行、十五日　神饌十三台　例祭　幣帛供進使参向、神輿の巡幸、花笠舞の慣行、神事、十
　六日　小八講祭執行。
七月二十三日　祈禱祭執行、宮籠。
八月一日　祈晴祭、悪疫退散祈願、姥等。
八月十六日　二百十日厄日免る為祈願、宮籠。
八月十八日　祈晴祭執行。
九月二日　五穀成就、風雨順時祈願祭執行。
九月十五日　熊野神社祭典執行。
十一月二十二日　祈晴祭執行、村中宮籠。
十月三十一日　天長節祝日祭典執行、宮籠。
十一月二十三日　神饌十三台、新嘗祭、後壱時祭式執行、直会の祝宴あり。
十二月十三　十四　十五日　三日間祈願祭を行ふ、上郷小学校長・職員・生徒参拝、神職三名奉仕、聖上陛下御
　不例に付平癒祈願。
十六日　聖上陛下御不例ニ付平癒祈願、村中参拝。

十二月　改号奉告祭執行。

昭和元年

十二月三十一日　大祓式執行、午後七時当番受渡儀式執行。

昭和二年

一月一日　歳旦祭執行、神饌七台、氏子二名宮守、村中参拝。

五日　五日堂祭執行。

七日　七日堂祭執行。

四月十八日　旧三月十七日に相当し小祭執行、氏子籠り。

五月十四日　夜宮祭、十五日　祭典、舞楽・花笠等古式の通り。

十六日　小八講祭執行。

八月一日　村中山詣り、五穀成就祈禱。

九月二日　二百二十日五穀成就祈禱。

二十日　五穀成就・悪病悉除・心願成就報告祭。

十一月廿三日　新嘗祭執行。

十二月三十一日　大祓式執行、午後五時当番受渡式執行、小宴。

昭和参年

一月一日　歳旦祭執行、神饌七台、祭員五名、当番中より二名、宮守日没迄勤仕。

五日　五日堂祭執行、神饌拾壱台、慣行特例神事なり。

三月五日　鎮火祭執行、宮籠。
廿一日　春季皇霊祭、元五満度祭、旅行安全奉賽祭。
五月十四日　祭典準備、社殿装飾、古式の祭礼、斎竹・七五三縄等万事準備、前夜祭、十五日　祭典執行、古式の八講祭、舞楽・花笠等例年通り。
十一月十日　御即位例祭。
十四日　大嘗祭、参列者供進使・随員、学校一統、巡査、在郷軍人、青年団、愛国婦人会員、氏子総代、電気株式会社主人、氏子一統参拝、宴会あり、村には旗行列・仮装行列、男女の群五百名以上、里芝居等にて大に賑々しあり。
十五日　横岡神明社社掌太田氏病気に付依頼に預り大嘗祭に出張、午後十一時より午後二時　修了、参列者には供進使・随員、県会議員村上氏、在郷軍人、学校一統、青年団、氏子惣代、氏子一統参拝あり、三時より村上清治氏宅に於て宴会あり。

昭和四年
一月一日　歳旦歳、神饌七台、当番より五名勤務。
五日　五日堂と称し鎮火祭執行、上郷村各戸へ鎮火祭札を頒布。
七日　七日堂祭と称し、祭典執行後神符・守札等授与。

国家神道に倣った行事は継続している。昭和三年一一月一〇日には御即位例祭が、一四日には大嘗祭が執り行われた。新しい年の幕開けとなった行事であり、村では五〇〇人以上による旗行列・仮装行列が続いた。

2　第二次世界大戦後の金峰神社の行事と当番の一年

戦後になると、金峰神社の当番の日誌が残る。旧龍山寺の遠藤隆家には昭和六〇年の「当番資料」(59)が残っているので、当時の小滝の様子を描いてゆきたい。

当番寄合い、昭和五十九年十二月五日午後六時当番宿於

上当番宿主　斎藤　幸男
当番長　土井　丑三
副当番長　吉川　富吉
会計　阿部　義丸
献供物係　山田　三郎
年男　淵名長十郎
連絡員　遠藤　光胤

当番渡し、昭和五十九年十二月二十三日

中当番宿斎藤重三郎宅より、上当番宿斎藤新五平宅に渡る。

当番宿では一年間の金峰神社に関する行事の準備を行う、祭礼当日の集合、祭礼後の宴会、解散の場所となるなど、様々な時間と場所を提供する。これらを指揮・運営するのが当番長と副当番長である。ここにある土井丑三は長らく、チョウクライロ舞・御宝頭舞・番楽舞の指導に当たってきた人物で、それ故に当番長に選ばれたと考えられる。

宝頭講習会　十二月三十日午後五時

大晦日　大祓い祭式

昭和六十年
元旦祭　午後は春祈禱の御神札を配る。(当番内)
一月二日　御宝頭　御巡行　石名坂集落から小滝川まで門打ちと御宝頭の舞。
一月五日　五日堂　鎮火祭　五日堂の御神札配りは小滝と石名坂。年男はあきの方より祈年棒(カチ木)を迎える。
一月六日夜　餅搗き神事(曼陀羅餅)
一月七日　七日堂　祈年祭　年男はマスクを掛けて曼陀羅餅を持つ。
七日堂祭、御宝頭の舞、祈年棒を年男より戴き無病息災を祈念、おためしの神事。
はゞきぬぎは無礼講、番楽舞もある。
一月八日　せば起し　当番連中が七日堂の御神札、牛王宝印札(ゴワ)、蘇民将来護符(ミソ)とおためしの餅を、配布。
八月一日　山参り(鳥海山詣り)。
八月十日　千日詣り。
八月二十四日　二百十日の願掛け。九月二日　二百二十日願果し。
九月五日　熊野神社(秋祭)。
六月九日当番宿にて　当番寄合い　祭典前夜祭に番楽舞を演じて貰う。場所は当番内の福川治郎左衛門の庭との決議。チョウクライロ舞にでる子供の早引願い。
六月十四日　部落朝普請　チョウクライロ舞台作る。境内の清掃、幟り立てなどする。
当番普請　チョウクライロ舞台には、四隅に長木を立て、龍頭、青竹を立てる。宝物殿よりお玉、用品を神社に運ぶ。当番宿に幟一本と玄関に幔幕を張る。番楽舞は二時間。

六月十五日祭式　金峰神社例祭　御宝頭、御神輿の出御。

行列の順序は神官・抜串一・塩湯一・長幡二流二・鉾一・長刀（ナギナタ）一・ホラ貝一・御宝頭・楽人・太刀一・お面四（陵王）・奈曽利・祖父母の面・御玉一・おふだ一・瓊鉾一（大きい御幣）・神官・御神輿・四神旗四（おみこしの前後）・宮司・立笠一・チョウクライロ舞子・来賓と並ぶ。長床まで巡幸、チョウクライロ舞台を三回廻って西側に神輿が座す。御宝頭の舞とチョウクライロ舞が九舎の舞から閻浮の舞まで舞う。午後は御輿の巡幸。祝賀会は、奈曽会館。当番宿にて直会。

当番普請　後片付け。

十一月二十三日　新嘗祭　新穀感謝祭。

十一月二十四日　残務整理。

十二月二十二日　当番渡し　浜道当番より福川当番長以下十人来る。新旧当番長の挨拶。当番渡しの式、宴会、解散。

十二月二十三日　俎板起し　当番連中集まり酒宴。当番長の労をねぎらう。

昭和六十年十二月　筆者

当番に当たった地区でもっとも忙しいのは、正月と、金峰神社の例大祭、そして当番渡し当日の三回であろう。何日も前から準備をし、当日はもとより、終了後の後片付けまですべてを当番地域の人々が取り仕切る。これらの行事から窺えることは、かつての修験衆徒が関わったという色彩が皆無ということである。行事そのものは仏教的な名称がかすかに残り、近世期より続いた芸能や儀礼がその名残をとどめているにすぎない。龍山寺の名称でさえ、かつて修験寺院だった記憶はすでに無く、仏教寺院であったらしいというにとどまる。

註

（1）象潟町編・発行『象潟町史　通史編上』象潟町　二〇〇二、「熊野信仰と東北展」実行委員会『熊野信仰と東北―名宝でたどる祈りの歴史―』二〇〇六
（2）神田より子『科学研究費補助金研究成果報告書　鳥海山小滝修験の宗教民俗学的研究』二〇〇七
（3）永島福太郎他校訂『熊野那智大社文書』（第一～第六）続群書類従完成会　一九九一（一九七一）
（4）佐藤久治「鳥海山信仰と山麓修験」月光善弘編『山岳宗教史研究叢書七　東北霊山と修験道』名著出版　一九七七
（5）象潟町編・発行『象潟町史　資料編Ⅰ』象潟町　一九九八
（6）象潟町教育委員会編・発行『延年チョウクライロ舞』一九八三
（7）前掲（6）『延年チョウクライロ舞』に同
（8）進藤重記『出羽国風土記』歴史図書社　一九七四（一七六二）
（9）前掲（6）『延年チョウクライロ舞』に同
（10）前掲（6）『延年チョウクライロ舞』に同
（11）神田より子　前掲（2）に同
（12）前掲（6）『延年チョウクライロ舞』に同
（13）神田より子　前掲（2）に同
（14）神田より子　前掲（2）に同

(15) 神田より子　前掲(2)に同
(16) 神田より子『蕨岡延年』遊佐町教育委員会　一九九四
(17) 神田より子　前掲(2)に同
(18) 神田より子　前掲(16)に同
(19) 神田より子　前掲(2)に同
(20) 神田より子　前掲(2)に同
(21) 神田より子　前掲(2)に同
(22) 神田より子　前掲(2)に同
(23) 鈴木昭英『修験道歴史民俗論集一　修験教団の形成と展開』法蔵館　二〇〇三
(24) 神田より子　前掲(2)に同
(25) 神田より子　前掲(2)に同
(26) 神田より子　前掲(2)に同
(27) 前掲(6)『延年チョウクライロ舞』に同
(28) 「諸宗階級(下)」『続々群書類従　第一二』国書刊行会　一九〇七
(29) 神田より子　前掲(2)に同
(30) 前掲(28)に同
(31) 神田より子　前掲(16)に同
(32) 前掲(16)に同

(33)　前掲(16)に同
(34)　神田より子「花祭り」宮家準編『修験道辞典』東京堂出版　一九八六
(35)　前掲(16)に同、神田より子『吹浦田楽』遊佐町教育委員会　一九九六
(36)　神田より子　前掲(2)に同
(37)　神田より子　前掲(2)に同
(38)　神田より子　前掲(2)に同
(39)　神田より子　前掲(2)に同
(40)　前掲(6)に同
(41)　前掲(6)に同、「出羽国由利郡小滝村当午正月より十二月迄村入用帳」
(42)　「仁賀保郷小滝村真言宗、修験宗、禅宗人別御改帳」前掲(6)に同
(43)　神田より子　前掲(2)に同
(44)　神田より子　前掲(2)に同
(45)　神田より子　前掲(2)に同
(46)　神田より子　前掲(2)に同
(47)　神田より子　前掲(2)に同
(48)　神田より子　前掲(2)に同
(49)　神田より子　前掲(2)に同
(50)　神田より子　前掲(2)に同

(51) 神田より子　前掲(2)に同

(52) 神田より子　前掲(35)に同

(53) 神田より子　前掲(2)に同

(54) 神田より子　前掲(2)に同

(55)「宿坊村落小滝村」前掲(6)『延年チョウクライロ舞』に同

(56) 神田より子　前掲(2)に同

(57) 神田より子　前掲(2)に同

(58) 神田より子　前掲(2)に同

(59) 神田より子　前掲(2)に同

第四章　鳥海山矢島修験

はじめに

秋田県側の鳥海山への登山口のルートには、小滝・滝沢と並んで、由利本荘市矢島町・鳥海町があり、この両地域の広大な範囲に散在していたのが矢嶋修験である。矢島の学頭は近世期には一八坊を擁した福王寺とされる。矢島修験の拠点は、鳥海山二合目に当たる木境と呼ばれる地区で、春に四〇日、秋には三〇日の籠りの修行をし、坊号や院号・寺号を得ていた。木境には木境大物忌神社・開山神社が祀られ、鳥海山縁起を書いたとされる仁乗上人碑などがある。矢島郷土資料館蔵の「元禄三年（一六九〇）御裁許絵図」の「木境なびき」には、「本山堂」「新山堂」「火宿」の記載があり、この建物が入峰修行等で重要な役割を果たしてきた。「本山堂」は現在の開山神社に、「新山堂」は薬師堂とも言われ大物忌神社に、それぞれ比定されている（1）。

由利本荘市矢島木境大物忌神社

この地域に散在していた矢島修験は、蕨岡と歩みを同じくして、当山派醍醐寺三宝院末となる。蕨岡が貞享元年（一六八四）以降に当山派醍醐寺三宝院の直末となり、小滝龍山寺も貞享五年に末寺と認められた文書（遠藤隆家文書）を残している（2）。この頃に矢島修験も当山派に属したと推定できる（3）。また当地には、寛永年間に醍醐寺三宝院の遊僧とされる本海行人が当地にきて番楽を伝えたという伝承がある。これが本海番楽といわれるもので、寛永三年（一六二六）七月の本海伝書の写しが残っているという。[4] しかし矢島修験が醍醐寺三宝院末となったのが貞享元年で、醍醐寺の遊僧である本海行人が矢島に来た寛永三年はそれより六〇年も前のことなので、少し早すぎる気もする。この辺りは再考を要する問題であろう。

一　中世・近世の矢島修験

中世末から近世期にかけての矢島は、大江義久が築いたとされ、文禄年中（一五九二〜九六）は仁賀保氏、元和・寛永年中（一六一五〜四四）は打越氏、寛永一七年（一六四〇）以降は生駒氏の居住地であった。[5] この生駒氏の御殿に参向して奉仕したのが、先の醍醐寺三宝院の遊僧本海行人が伝えた獅子舞を擁したとの伝承を持つ荒沢・興屋・二階集落である。この集落の三頭の獅子を御用獅子と称し、明治までは毎年盆の一四日に殿中に上ったという。[6]

矢島の旧名とされる「津雲出郷」の地名が記された古い銅板が、江戸末期に鳥海山頂から発見されたという。酒田の光丘文庫蔵の『大泉叢誌』には、坂尾万年が蕨岡の北の坊で写した鰐口の銘より少し古いこの銅板の元徳三年（一三三一）の銘文が記されている。今では現物は紛失したというが、この銅板は寛政年中（一七八九〜一八〇一）に蕨岡の北の坊が山上から出土したものを持ち帰ったといい、以下がその内容である。

封　敬白　　　　　　封

奉鋳於羽州由利郡　大旦那　源　正光

津雲出郷十二神将　并　滋野行家

意趣金輪聖王天長　仏師　七郎兵衛

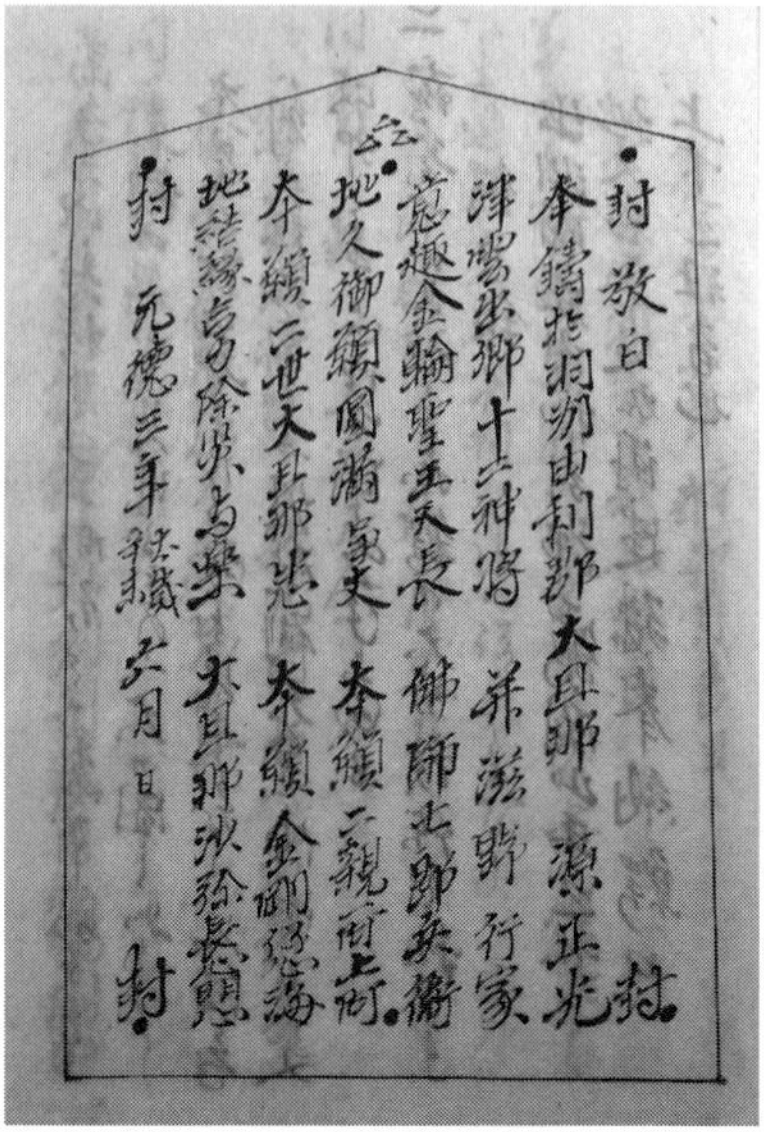

酒田光丘文庫蔵『大泉叢誌』七十三に荘内藩士坂尾万年によって記録された「元徳三年（1331）の銘文の入った銅板の写し。江戸末期に鳥海山頂から発見されたという。矢島の旧名とされる津雲出郷の地名と当時の大旦那や仏師の名前が読める。今は紛失したが、この銅板は寛政年中（1789～1801）に蕨岡の北の坊が山上から持ち帰ったという。

地久御願円満□□　本願　二親一阿上阿
本願二世大旦那□　本願　金剛仔（仏師か）心海
地結縁合力除災与楽　大旦那沙弥長心明心
封　元徳三年大歳辛未六月日　封(7)

津雲出郷すなわち矢島地方の当時の領主、またはそれに類する権力者である源正光と滋野行家が大旦那となって、二世安楽を願って十二神将を寄進した。ここに記された仏師心海は矢島を拠点にしていた修験者と考えられ、戸川安章はこの頃には矢島口からの入峰も始まっていたと推測した(8)。仏師七郎兵衛について姉崎岩蔵は、十二神将を鋳た細工人と解釈し、また大旦那を由利郡中の領主と推測している(9)。この時代には矢島にも修験者の集団が居住していたことがここから見えてくるが、彼らの当時の所属は不明である。

矢島修験の特徴は、蕨岡・吹浦、そして一部の小滝修験と著しく異なる居住形態にある。この三地域の修験者たちは一地域に集住し、修験集落を形成していた。そのため朝な夕なの折に触れて集合して共に儀礼を営み、修行の折にも助け合っていた。一方の矢島修験はとても広い範囲に分散して居住し、重要な年中行事や修行の折に行動を共にしていた。これは鳥海山に登拝する道筋が多く、その各場所で道者銭を徴収するという利便性を先に考えた結果とも思われるが、もともと一地域に集住することがなかった修験者が、他の地域の修験者と対抗する上でも、ひとまとまりの矢島修験として結束する必要があったのではないだろうか。政治的・経済的な優先順位があったものと想定できる。

以下では近世期の矢嶋修験について、その詳細を見てゆこう。

二　矢島修験の本末関係

明治二八年（一八九五）に提出した元弘寺の「古社寺取調書」（三森家蔵書）には、矢島修験の変遷が述べられている。以下にその由緒をたどってみよう。

一、所在地　秋田県羽後国由利郡川内村下川内字矢之本
一、三宝院御門跡御直末修験宗元弘寺、御維新ノ際復飾シ神職ト相成、三森弘任ト改ム、
一、本尊　鳥海山大権現并不動明王
一、創立ノ由緒　遠祖天津日子根命ノ後胤ニシテ、山背国住人本姓額田部ナリ、人皇四十代天武天皇ノ朝当地ニ落来テ家屋ヲ建築シ、田畑ヲ開発ス、字矢之本ト申候、依テ矢之本坊ト申シ代々相続シ、慶長年中法教院ト改メ、其後元弘寺ト称ス、人皇五十六代清和天皇之御宇貞観十二庚寅年醍醐三宝院開祖聖宝贈号理源大師被為蒙勅定、

鳥海山開基被為成之時、当家祖先大師ニ従ヒ、開基以来年々大師ノ遺法ヲ以鳥海山麓字木境峯中ニ於テ、鳥海山衆徒ヲ従ヒ先達ト相成、年々修行仕来候、
貞享元甲子年三宝院ヨリ如往古当峯可為大先達旨於証拠拝領候ニ付、毎年九月八日ヨリ十月七日ニ至ル三十日間峯中ニ於テ修行ヲ頼タル衆徒ニ対シ、坊号ヲ大先達迄十二階ノ範囲ニ於テ当家ヨリ差許ヘキ旨ヲ以テ、御証拠拝領罷在候ニ付、階級昇進補任状当家ヨリ差出来リ候、其位階ハ三宝院宮ヨリ受クル官職ニ異ルコトナシ、
同年十一月十一日御門主御名代品川寺ヨリ鳥海山峯中修行法式、加往古当山法流可令相続ノ者三宝院御門跡御下知相守旨御証文拝戴仕候、
貞享三寅年七月四日、鳥海山真言ノ法流、則三宝院御門跡御直末寺、殊ニ一山開基以来当山修験道令兼帯、峯中修行仕上ハ、他山ノ構有之間敷也ト御証拠拝領罷在候、
鳥海山ノ義ハ、往古ヨリ二十一年月毎ニ宮殿建換遷宮式ヲ挙行スル時ハ、正面ノ右ハ大先達触頭元弘寺、左ハ庄内領飽海郡蕨岡、其当時ノ先達着座ス、且ツ平時同山上ニテ参拝人壱名ヨリ金四拾八銅ツ、御前初尾トシテ献之サセ、其分当家ニ御維新ノ際迄御任ニ候、当寺ハ天正年中矢嶋領主大井五郎殿祈願所ニテ候、
一、慶長十九年最上出羽守義光公ヨリ米七石ノ御寄附有之、家臣楯岡豊前守殿黒印有之、其後ノ領主打越左近殿ヨリ高役拾石御免、其後旧矢嶋藩主ヨリ御維新ノ際迄御免高ニ候、（以下略）(10)

これを見ると、三宝院御門跡御直末である修験宗元弘寺は、御維新の際に復飾して神職になり、三森弘任と名前を改めたことがわかる。元弘寺の本尊は鳥海山大権現と不動明王としていた。

ここでは創立ノ由緒として、貞観一二年（八七〇）に醍醐寺三宝院の開祖である聖宝理源大師が勅許を得て鳥海山を開基されたという伝説を基にしながら、矢之本に住んでいた故に、矢之本坊と称して代々相続していたこと、また慶

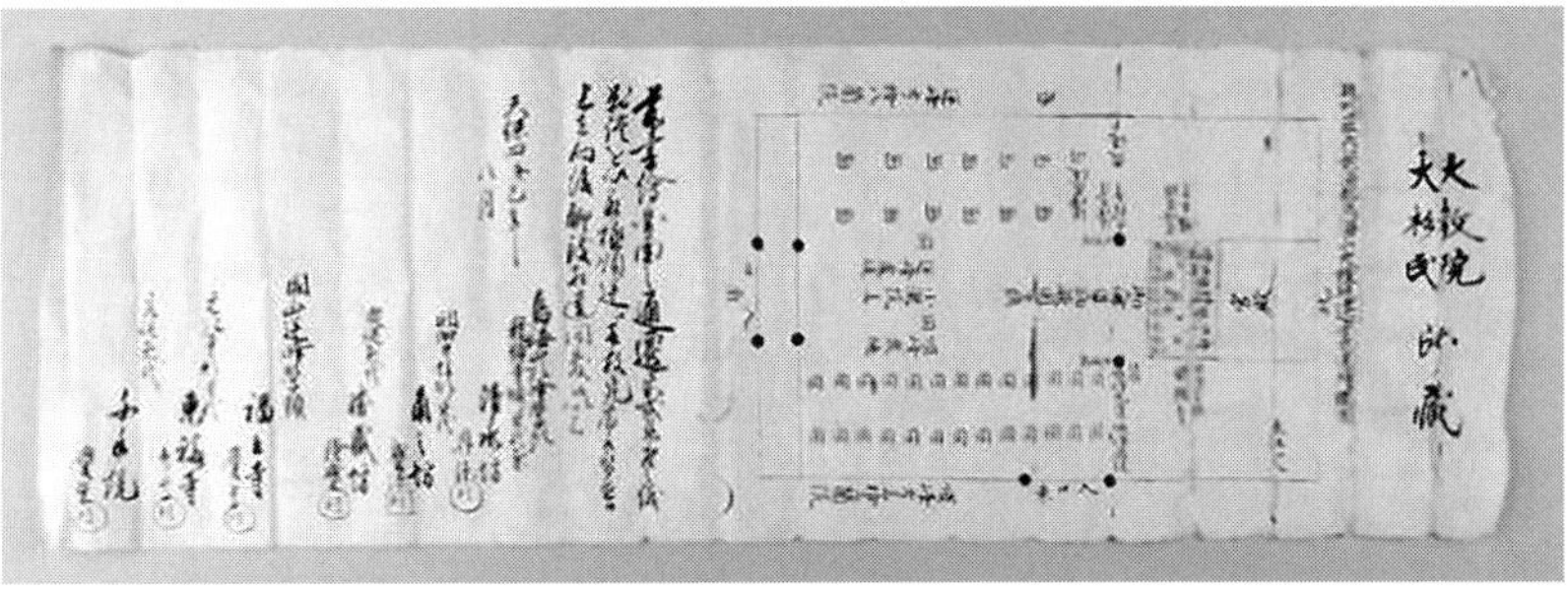

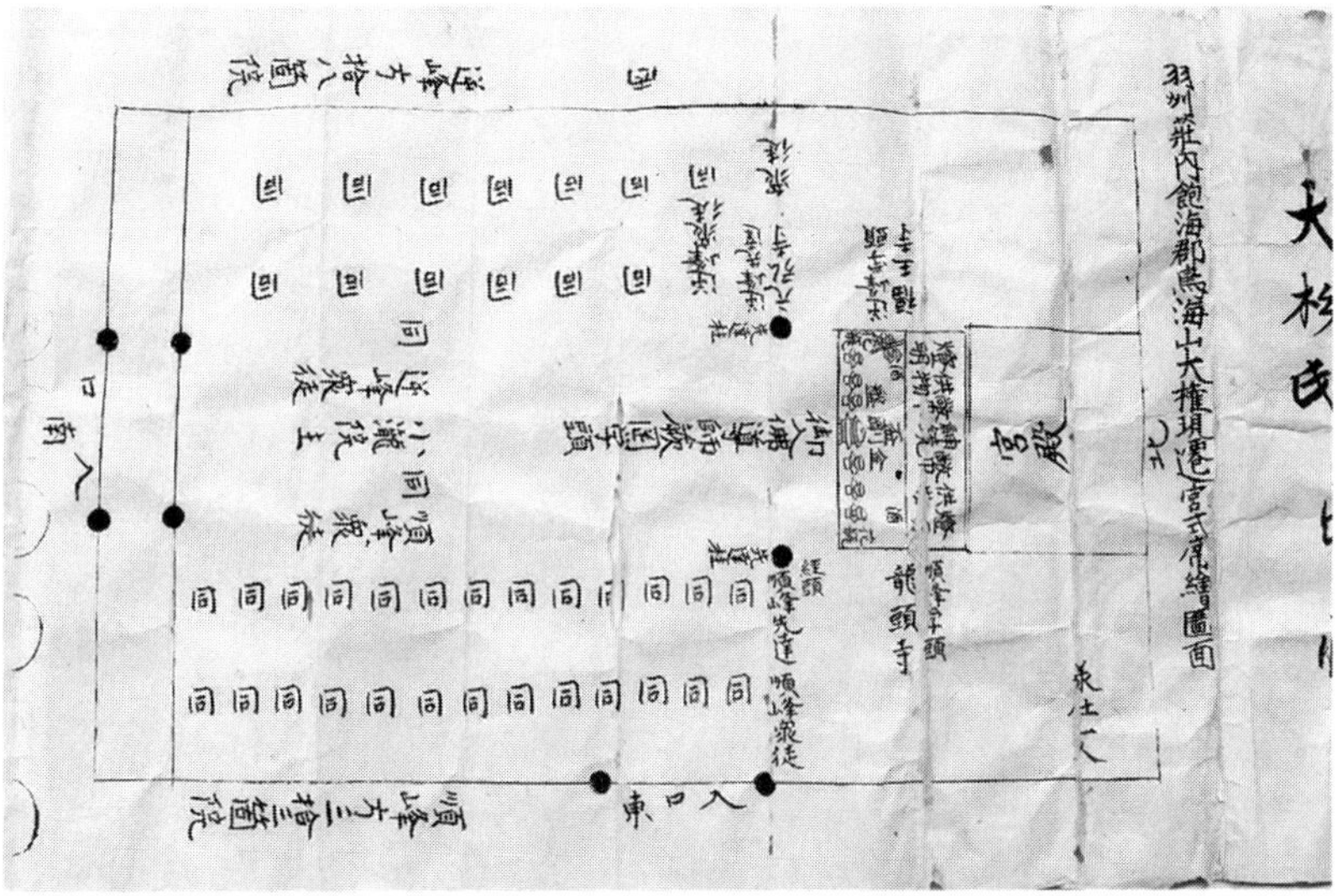

鳥海山大権現遷宮式　席絵図　個人蔵

天保４年(1833)に定めた遷宮式の配座の図。宮殿正面には蕨岡学頭の龍頭寺と矢島学頭福王寺が対座している。下の写真は部分拡大。(由利本荘市提供)

長年に法教院と改め、その後元弘寺と称したことが述べられている。

　元弘寺は鳥海山麓の木境峰中において、鳥海山の衆徒を従え、先達となり、当地で年々修行をしてきた。そして貞享元年（一六八四）三宝院より、往古から当峰大先達であった旨の証拠を拝領したという。

　第一章で述べたように、蕨岡が貞享元年（一六八四）に三宝院末になっており、その頃に元弘寺も醍醐寺三宝院とつながりを持ち、三宝院末になったのは　自然なことのように考えられる。

貞享三年(一六八六)七月四日には、鳥海山真言の法流、則三宝院御門跡御直末寺であり、殊に一山開基以来、当山は修験道を兼帯し、峰中修行を行い、他山の方式にならってはいけないとの御証拠を拝領した。こうして矢島修験は醍醐寺三宝院の直末となり、明治維新まで続く。

矢島の修行方式は以下のようなものである。毎年九月八日から一〇月七日に至る三〇日間、峰中で修行を行った衆徒に対し、坊号から大先達迄十二階の範囲で階級昇進補任状は当家より差し出してきており、その位階は三宝院宮より受ける官職と相違ないこと。そうした実績を踏まえて、同年一一月一一日に御門主御名代品川寺より鳥海山峰中修行法式により往古から当山法流を相続した者は三宝院御門跡の下知を相守旨の御証文を拝戴した。

鳥海山は、往古より二一年ごとに宮殿を建換え、遷宮式を挙行するときは、正面の右には大先達触頭元弘寺が、左は庄内領飽海郡蕨岡のその当時の先達が着座する。かつ、平時に山上においては参拝人一人より金四八銅ずつ御前初尾として献めさせる。これは当家に御維新の際迄任せられていた。

天正年中は矢島領主大井五郎殿の祈願所で、慶長一九年(一六一四)最上出羽守義光公より米七石の御寄附があった。家臣楯岡豊前守殿の黒印もある。その後の領主打越左近殿より高役拾石御免となる。その後、旧矢島藩主より御維新の際迄、御免高であった。

このように見てくると、姉崎岩蔵が『鳥海山史』の中で分析した事柄とはずいぶん違っている。姉崎は矢島口修験道について、①「鳥海山大権現縁起」、②「開山縁起」、③「矢島郷別当復飾之控」をもとに以下のように述べた。

①「鳥海山大権現縁起」は、当山派の開祖聖宝尊師の流れを汲む二乗(仁条)上人が京都の三宝院から来て、明徳二年(一三九一)にこの縁起を起こした。この縁起が彼の作かは疑わしいが、鳥海山中の地名は修験によって作られた。登山路の修験に関する地名が蕨岡や吹浦より多く、よって矢島の修験が古い由緒を示すと分析した。その上で、鳥海

山道を開拓したとされる矢島の土田家に残る②「開山縁起」との比較を試みる。同縁起では、美濃の国土田村からやって来た比良衛・多良衛の兄弟が、嘉祥三年（八五〇）に鳥海山矢島口を開拓したことを伝えている。それ故、嘉祥三年に開拓したのは台金之峯ではなく鳥海山関係の山であり、役行者は土田家の祖先を指すことになるという。そして貞観一二年（八七〇）に聖宝が、矢島の旧名である津雲出之郷から矢島の峰中を再興した。矢島の修験道に関する伝えには、聖宝が開創以来、学頭福王寺、先達元弘寺、二の宿、三の宿、一八坊の衆徒がある。一八坊に関しては矢島町の旧修験永泉氏が所蔵していた③「矢島郷別当復飾之控」に詳しい。以上が姉崎による矢島口修験道の概要である。(11)

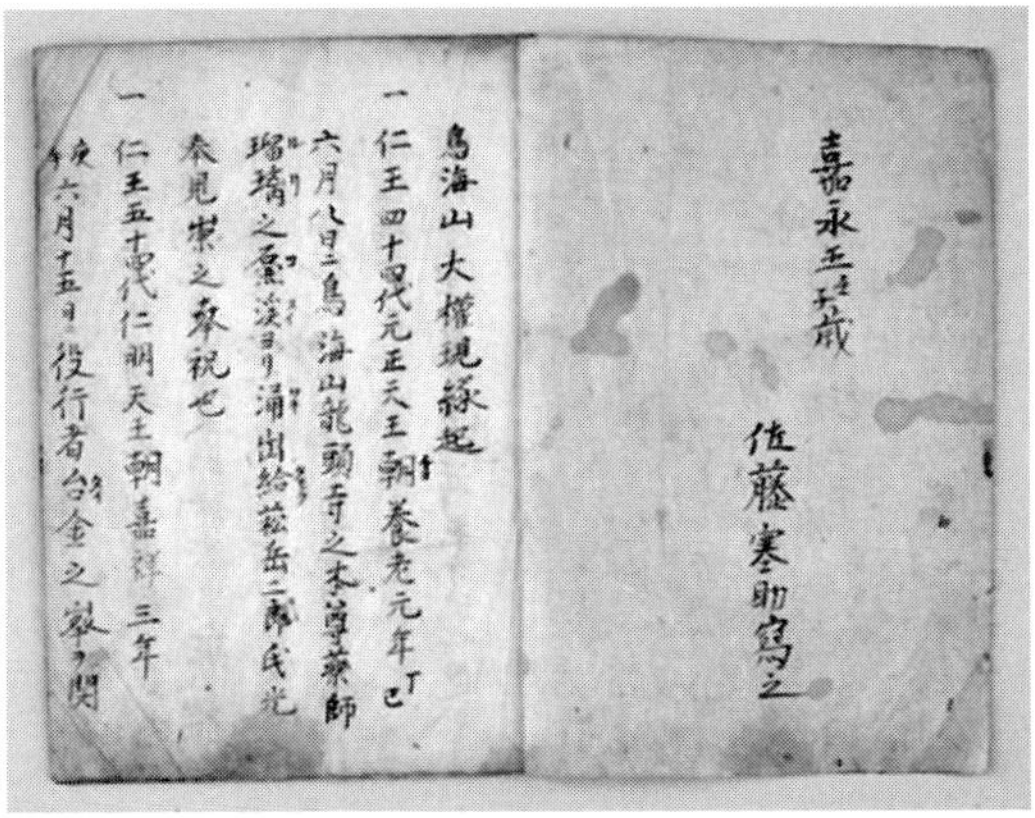

鳥海山大権現縁起　矢島町個人蔵（由利本荘市提供）
矢島口にかかわる鳥海山大権現の由来、霊験、理源大師との関係が記され、末尾に明徳２年（1391）に二乗上人が記したとある。

姉崎がこの本を書いた頃は、それまで定説のようにいわれてきた和歌森太郎による論に基づき、醍醐寺三宝院配下の修験者が吉野金峰山の修験者と結合し、当山派が成立した(12)とされていたが、最近になって新たな知見による研究が出てきた。

鈴木昭英の研究である。鈴木によれば、当山派では開祖を聖宝としている。役行者が大峰に入って以来中絶していた入峰を、聖宝が大蛇を退治して踏み登り、再開したという。聖宝が金峰山に如意輪観音・多聞天・金剛蔵王の尊像を造立安置したことは『聖宝僧正伝』に記載され、史実だが、聖宝が当山派を起こしたというのは後世の粉飾である。

当山方先達衆の成立は、三宝院門跡との関わりによるものではなく、当山方が構成されたのは、興福寺堂衆を中心とした修験者集団の形成にあった。当山方先達衆は棟梁を据えず、大和国を中心とした畿内の寺院に所属する修験者であり、自治体制によって活動してきた。『大峰当山本寺興福寺東金堂先達記録』[13]によれば、当山方の集団は延文四年(一三五九)頃に成立したと考えられ、同書には本山棟梁三井寺聖護院、当山棟梁興福寺東西金堂とあり、この頃の当山方の中心は興福寺東西金堂にいた修験者たちだったという。

このように当山方が記録に表れるのは一四世紀末のことで、しかも棟梁は醍醐寺三宝院ではなく、興福寺東西金堂であった。

なお三宝院門跡が当山方修験を左右する初見は、慶長七年(一六〇二)に義演准后が佐渡国大行院に金襴袈裟を許可したものである。三宝院門跡を棟梁とする近世初期の当山方と、当山方支配に反発する本山派との間での相論は、慶長八年に端を発する。そこで慶長一八年に修験道法度が制定され、聖護院門跡を法頭とする本山派とともに、醍醐三宝院門跡を棟梁とする当山派が公認を受けた[14]。

この鈴木の説を受け継ぎ、関口真規子によってさらなる研究が展開した。以下、関口の説によって記す。当山方は鎌倉期から南北朝時代末期に南都諸大寺の堂衆に統率され、自治体制に基づいて教団を運営していた慶長年間に至るまで、三宝院門跡との間にさしたる関係を結んではいなかった。しかし一四世紀から一五世紀にかけて、本山派棟梁である聖護院門跡は、各地に散在する熊野先達や在地寺院の山伏集団の支配に着手し、修験教団本山派の形成を進めた。また同時に当山方にも影響を強めていったため、当山方は自らの存在基盤を守る手段を選ばねばならなくなった。それは南都諸大寺に属していた当山方修験だけではなく、関東における当山方修験者も聖護院門跡による支配および本山派拡大に苦慮していた。そうした中で永禄一二年(一五六九)に義演が三宝院門跡となり、南都諸大寺からも支持を受け、当山方棟梁となった。慶長一八年の修験道法度では、本山派山伏が関東真言宗の修験者から注連祓役銭を徴収することを禁じ、彼らは自ら醍醐寺一味として当山派を主張するようになった。この一連のプロセスについて、幕府の宗教政策を担っていた金地院崇伝は「当山まるがち」と語ったという。こうした中で当山方形成の一三～一四世紀に成立したとされる伝承、すなわち聖宝を修験の中興とし、聖宝が大峰山中で大蛇を退治し、役小角以来絶えていた斗藪の行程を中興した、という伝承が中核となっていった(15)。

姉崎は「当山派では開祖を聖宝とし、役行者が大峰に入って以来中絶していた入峰を、聖宝が大蛇を退治して踏み登り、再開した」という伝説のうち、大峰の地名を鳥海山に当てはめて、地元の歴史としてきたということがわかるという。それ故、「当山派の開祖聖宝尊師の流れを汲む二乗(仁条とも書く)上人が京都の三宝院から来て、明徳二年(一三九一)に「鳥海山大権現縁起」を起こした」ことも、姉崎にとっては伝説ではなく歴史だったのである。二乗上人という人物が実在していたとしても、三宝院から来たのではなかった。三宝院はこの頃の当山方の棟梁としてはまだその痕跡はなかった。

ただ銅板に記された元徳三年(一三三一)の銘文の年代からすると、二乗上人のような人物が回峰行の一環として鳥海山を訪れたとしても、この時代ならば充分にあり得る。それが、当山派の聖宝尊師という伝説の開祖の流れを汲む三宝院から来た人物ではなかった、ということであろう。

当山方の修験者がいつ頃から東北地方で活躍していたのか、再検討の余地はあるが、近世期に入ると、秋田や津軽は権力者との関係で当山派が多くなる。秋田藩の修験者の分布は藩内の南部の地域に多く、当山派・本山派の割合はほとんど同数であった。貞享元年(一六八四)の『御領分修験吉利支丹調帳』によると、惣人数三三三四人、修験家内共六三七人、家内修験四二五人、禰宜八九人、神子二六五人、俗男女共一九一八人であり、神社の別当はほとんど修験であった。文政八年(一八二五)の『当山修験宗派本同行御改帳』を見ると、秋田藩内のほとんどが頭襟頭の世義寺と、同じく岩本院の同行として記載されており、この二院が当山派を掌握していた。藩主佐竹氏が聖護院と不仲になり当山派に帰依したことも、当山派が多い一つの理由であるという。修験を支配していた雄勝郡鮎川村（現湯沢市須川）の雄勝宮別当長覚坊は、貞享三年に今宮浄蓮院に従って当山派の修験になった。このように藩主や、修験を支配している今宮氏の力により、秋田藩内には当山派が多かった(16)。

もちろん矢島は秋田藩ではないが、右のような傾向を押さえた上で、次からは生駒藩矢島領内の修験者の動向を見てゆきたい。

三　矢島修験の一山組織

矢島の修験道に関する言伝えとして、姉崎岩蔵が、「聖宝尊師の開創以来、学頭福王寺、先達元弘寺、二の宿、三の宿、十八坊の衆徒があった」と、「明治二年矢島郷別当復飾之控写」の記録から紹介している(17)。地元では「矢島修験十八坊」という言い方が通称のようになっているが、次の資料に見るように、そうとも限らない場合もある。

天保一四年（一八四三）の「□□（鳥海カ）山修験人別書帳」（榊家蔵書）には、「生駒主殿知行所　羽州由利郡矢島分」として以下のように触頭の元弘寺を含めて二八院の記録がある。

一　御直　鳥海山逆峯先達　歳　三十六　元弘寺　覚隆

［（破損）］　［（破損）］後住　歳　十七　掃部坊

同国同郡同領中山村

一　御直　鳥海山逆峯衆徒　歳　五十四　東福寺　弁尊

□（破損）□　同断　同国同郡提鍋村　歳　六十六　衆徒　持福院　宥歓
一　　同断　同国同郡杉沢村　歳　三十七　衆徒　明学院　隆祥
一　同　同断　同国同郡城内村　歳　四十六　衆徒　南光院　宥昌
一　同　同断　同国同郡直根村　歳　五十三　衆徒　歓喜院　隆白
□（破損）□　同断　同国同郡新庄村　歳　五十七　衆徒　宝喜院　隆仁
□（破損）□　同断　同国同郡荒沢村　歳　五十　衆徒　八幡寺　隆峯
□（破損）□　同断　同国同郡笹子村　歳　四十五　衆徒　玉宝院　昌永
□（破損）□　同断　同国同郡小川村　歳　七十二　衆徒　合掌寺　隆円
一　同　同断　同国同郡城内村　歳　五十六　衆徒　実相院　宥伝
一　同　同断　同国同郡笹子村　歳　三十五　衆徒　幡性院　隆昌
□（破損）□　同断　同国同郡郷内村　歳　廿七　衆徒　大教院　隆鏡
□（破損）□　同断　同国同郡九日町村（ママ）　衆徒　福性院　昌栄
□（破損）□　同断　同国同郡城内村　歳　五十四　衆徒　徳性院　昌休
□（破損）□　同断　同国同郡城内村　歳　五十六　衆徒　金剛院　頼盾
一　同　同断　同国同郡城内村　歳　四十一　衆徒　千手院　宥就
一　菩提山直同行　同断　同国同郡七日町村　歳　五十四　明王院　宥寛
□（破損）□直同行　同断　同国同郡玉米村　歳　五十　一乗院　祥栄
□（破損）□　同断　同国同郡笹子村　歳　六十三　大福院　隆信

□（破損）□同断　同国同郡百宅村　歳　五十四　　万宝院　隆覚
□（破損）□同断　同国同郡笹子村（ママ）　　　　吉祥院　無住
一　梅本院直同行　同断　同国同郡玉米村　歳　四十七　　西光院　隆置
一　元弘寺同行　同断　同国同郡笹子村　歳　四十四　　常学院　隆久
□（破損）□同断　同国同郡坂之下村　歳　五十　　重学院　隆考
□（破損）□同断　同国同郡新庄村　歳　五十四　　正蔵院　隆顕
□（破損）□寺同行　同国同郡本郷村　歳　六十四　　威徳院　永寿
□（破損）□同断　同国同郡大須郷村　歳　五十四　　不動院　圓祥

数合二十八箇院　触頭一人　衆徒十六人
本役十箇院　無住一箇院

□（破損）□之通相改差上申候、此外相洩□（破損）□不如法成者無御座候、依之□（破損）□合仕　御改札申受候、以上

羽州由利郡矢島触頭　元弘寺

天保十四癸卯歳三月　日

□（破損）□山　御役所(18)

これを見ると、羽州由利郡矢島触頭であった元弘寺の下には、本人を含め二八院の山伏がいて、その中には三宝院末ではなく、菩提山や梅本院の直同行もいた。彼らを含めて二八院で、内訳は本役として役職のある者が一〇院、衆徒が一六人、そして無住が一院あった。本役という一〇院がどのような役職を指すのかは、この資料からは不明である。

「鳥海山逆峰十八坊」という表現は、明治二年(一八六九)の「矢島郷別当復飾之控写」(姉崎寄贈、現矢島郷土資料館蔵)にも「天明年間には一七坊で、福王寺を入れて一八坊」としている。さらに旧鳥海町の覚王寺(榊家)に残る天保七年(一八三六)の「鳥海山逆峰十八坊由緒之事」[19]にも、同様の書き方をしており、これは枚挙にいとまがない。時代によって矢島領内にいた修験の軒数の増減は多少あったと考えられるが、この「逆峰十八坊」という表現が定型化されたものだったのであろう。なおこの文書の書出しは以下の通り、姉崎が昭和二一年(一九四六)に加筆したとの断書きから始まっている。

此書ハ九日町永泉氏所持ノモノニシテ、後覚治別当借用持参セリ、昭和九年七月佐々木熊蔵氏之ヲ発見筆写シアリタルモノヲ、昭和二十一年転郷ノ際之ヲ整理シ筆写シ置クモノナリ、

昭和二十一年三月九日　姉崎岩蔵誌

○徳性院

目　次

○記号ハ天明之年十七坊
福王寺ヲ加へ十八坊ナリ

○一　九日町村　(永泉寺)　福性院　一乗坊　元性坊
永泉宗隆

○二　矢越村　八幡寺　(光明院)吉本坊
矢越隆英

内六軀○三　新庄村　勝光山　弥勒寺　宝喜院　桂　隆彦

又六軀○四　城内　熊野山　円満寺　南光院(新田氏脇ノ小田)新蔵坊

○五　城内　照皇山　神宮寺　実相院

内六軀○六　川内　元弘寺　宝教院　大弐坊　矢本坊　三森

内六軀○七　水上　御岳山　正覚寺　千手院　文弥坊

井岡岳翁藤原宥就

○八　笹子　流東寺（玉宝院）月山坊

篠子隆記　松原善宝

○九　郷内　郷照山　大教院　杉本坊

内六軀○十　川辺　明学山　正福寺　明学院（下居堂）

松田隆明

○十一　直根南学山　歓喜院　観音坊

内六軀○十二　十二日町　東栄山　西福寺　金剛院（大河原別当）普賢院

大河原伝源弘徳

内六軀○十三　中山　医王山　東福寺（薬師堂別当）

英弁（以下略）[20]

この中で気になるのは以下の部分である。すなわち、「内六軀」「又六軀」と記された○三・○四・○六・○七・○十・○十二・○十三の寺院である。姉崎が集めた記録の内、ここに挙げた六軒の「内六軀」と一軒の「又六軀」の表現がよく理解できない。これ以外にも中山村医王山東福寺の由緒の中に、「元来鳥海山ヲ以テ内六軀ノ家筋ニて院主大師開基以来相続仕候」とあり、さらに金剛山覚王寺聖賢院の由緒書には「私先代鳥海山逆峰衆徒ノ内外六軀にて」

という表現がある。この文書の最後に姉崎の加筆と思われる「此元本ハ九日町永泉氏ニ保存セラレタルモノナルモ、永泉氏破産ノ後同氏ノ弟子覚治別当保管ノモノヲ、昭和九年七月二十日借用筆写セルモノナリ（以下略）」とあり、続いて以下の記述が見える。

修験家ノ家筋別

内六軀　七日町　大河原　別当
　　　　川内　矢ノ本坊
　　　　水上　井岡　別当
　　　　川辺下居堂　別当
　　　　中山　薬師堂　別当
　　　　新庄　弥勒堂　別当
外六軀　提鍋金剛山　覚王寺
又六軀　城内熊野山　円満寺　新蔵坊　南光院(21)

前述した「内六軀」「又六軀」に加えて「外六軀」の表現も出てきている。ここで家筋別六軀が六軒の修験家の意味ではないのか、よく理解できないが、佐藤久治は矢島修験の組織として次のように述べている。

学頭 ↓ 内六体（一の宿・二の宿・三の宿）　＊宿は、羽黒修験の影響。
　　　　外六体
　　　　又六体
　　　　衆徒

慶長年間（一五九六～一六一五）「一の宿」が城内の金剛院から川内矢本の元弘院に変わる。元文二年（一七三七）、元弘寺は修験触頭となる。天明（一七八一）以降の補任状は、二の宿・三の宿の加判なしに元弘寺一判のみとなる。(22)

佐藤は、矢島以外にもこのような修験の組織があることを示している。同じ鳥海山麓の院内修験である。ここは、筆者が十分に調査ができなかったこともあり、気になっていた場所である。佐藤の文章は出典が明らかでないために、当方に知識のない地域を示すのには不安が残るが、以下、佐藤に従って記してみる。

佐藤によると、院内修験は仁賀保市（現にかほ市）院内に拠点を置き、仁賀保氏の祈願寺だった七高山極楽寺を中心に一八坊の組織があり、学頭坊の院主極楽寺、内六供・外六供の各六軒ずつの修験と、鈴取りと呼ばれる三軒の社家からなっていた。(23)

矢島修験以外にもこうした表現があった。もう少し丁寧に調べればまだ出てくるかもしれないが、今回はここまでにして次に進みたい。

佐藤が「学頭→内六軀（一の宿・二の宿・三の宿）」と書いた記述の中で「宿は羽黒修験の影響」と記した部分はそうとも言い切れない。

鈴木昭英によれば、当山派の先達衆の間では一﨟を大宿、二﨟を二宿、三﨟を三宿と称し、大宿は一派の長老で、二宿は諸役を掌り、二宿を勤めると大宿前官として職務を弟子に譲ったり、還俗する者もあった。入峰した山伏は彼らが所持する三種の印判を受けて初めて出世諸官位の補任の効力が有効となったという。(24)

蕨岡でも峰中において宛行された補任状の授与者として、正大先達と並んで、大宿先達の肩書きが名前と共に記されており、(25)正大先達の中でも長老に当たる者たちと考えることができよう。

矢島の場合は前述したように、由緒書きの中に「元来鳥海山ヲ以テ内六軀ノ家筋ニて院主大師開基以来相続仕候」

とか、「私先代鳥海山逆峰衆徒ノ内外六軀にて」という表現のあることから、長老としての役職というよりも、家柄を表しているようなニュアンスが窺える。

「矢島郷別当復飾之控」中にある「直根村南学山歓喜院」の由緒書きには、以下の記事がある。

（前略）因茲逆峰開基以来慶長二年迄長英西福寺、則一ノ宿先達ナリト唱へ、一ノ宿勤来〔長吏ノ号文政度迄守札ニ用来〕同年峰中碑伝証札一枚ナリ、其後歴代趣意不詳、矢ノ本坊元弘寺へ一ノ宿先達相渡り〔委シクハ本山ニ記録アランカ〕同寺ニテ相勤ム、根本鳥海山逆峰学頭衆徒都テ十八坊トハ、内六軀外六軀又六軀ト唱へ三度ニ集列ノ由、内六軀ハ大河原別当矢ノ本坊・井岡別当・下居堂《オリイドウ》別当・薬師堂別当・弥勒堂別当、以上内六軀ナリ、外又ノ二軀略之峰中開基以来三宿ト称フル号アリ、逆峰方都テ指揮ヲ吏ル、役号ニテ開基以来慶長迄、一ノ宿大河原別当西福寺、二ノ宿矢ノ本元弘寺、三ノ宿井岡別当正覚寺、慶長後天明迄、一ノ宿元弘寺、二ノ宿西福寺、三ノ宿正覚寺、此ノ三ケ寺ハ代々宿役家筋ニ有之所、天明度故有テ二、三ノ宿役出世宮先進（ママ）ノ者相勤来ル、（以下略）[26]

このように本来は家筋で一・二・三の宿が決まっていたが、一の宿元弘寺以外の二・三の宿は出世の者が勤めるようになったという。簡略化の道をたどってはいるようだが、やはりこの一・二・三の宿は一山組織の中における上位役職者と見ることができよう。それが内六軀・又六軀そして外六軀であり、学頭福王寺・触頭元弘寺と並んで本役十箇院の役職者ということになるのであろう。

四　修行と位階

1　矢島修験の年中行事と位階獲得

矢島修験の修行と位階獲得のプロセスは年中行事と連動しているので、まずはかつての年中行事を確認した上で、個別の行事とその意味を探ってゆく。「鳥海山矢嶋口　古来奉仕由緒」（年号不詳、榊家文書）には、以下の「四季祭典」に関する記述がある。

（前略）抑木境ノ社地タルヤ数百年ノ老杉宮殿ヲ繞リ、森々寂寞トシテ、自ラ神霊ノ威ヲ増シ、参拝ノ人ヲシテ只管恭敬ノ意ヲ感発セシムルノ霊場ナリ、故ニ郡内ノ人旧来旱リニ雨ヲ祈リ、霖雨ニ晴ヲ乞、専ラ五穀ノ豊熟ヲ祈リ、諸ノ災害ヲ免ル、ヲ禱ル的所トス、実ニ各口比ヒナキノ社ナリ、四季祭典ハ旧正月八日、四月八日、六月八日、九月八日ヨリ十月八日ニ至リ満三十日、如此年々無怠慢連綿仕候、(27)（傍線引用者、以下同じ）

木境の地は鳥海山二合目にあり、かつて薬師堂あるいは新山堂ともいわれた木境大物忌神社の年中行事は、四季の祭典として旧正月八日、四月八日、六月八日、そして九月八日から十月八日にかけて、満三〇日の入峰修行があった。これに関して、明治二八年（一八九五）に提出した元弘寺の「古社寺取調書」（三森家所蔵）には、次の内容が記載されている。

貞享元甲子年三宝院ヨリ如往古当峯可為大先達旨於証拠拝領候ニ、毎年九月八日ヨリ十月七日ニ至ル三十日間峯中ニ於テ修行ヲ頼タル衆徒ニ対シ、坊号ヲ大先達迄十二階ノ範囲ニ於テ当家ヨリ差許ヘキ旨ヲ以テ、(28)御証拠拝領罷在候ニ付、階級昇進補任状当家ヨリ差出来リ候、其位階ハ三宝院宮ヨリ受クル官職ニ異ルコトナシ、上記の四季の祭典の中でも、位階昇進にかかわる重要な峰中修行の期間が九月八日から一〇月七日に至る三〇日間で、この修行を経ることで矢島修験は既定の位階を獲得することが可能となり、それは三宝院から受けるものと変わりがないという。しかしその修行内容がどういうものか確認できなかったため、『木境大物忌神社虫除け祭り調査報告書』の「矢島修験の年中行事と資格習得」(29)を参照しながら、まず年間の行事を、次に資格の習得について探ってゆきたい。なおこの報告書には出典が記されていないが、その内容から、近世期の文献を引用したものと推測する。

一月元旦　東天と鳥海山を礼拝する。

一月七日　院坊の別当が七日間の斎戒沐浴をし、斎燈の行事に入る。
　この院坊の掠《かすみ》の者は、米一升と賽銭をもって参詣に来る。

四月八日　田の神に豊年を祈願する。

五月五日　春の入峰（笈取《おいとり》）　十八坊が二組に分かれて、九か寺ずつ四十日間籠もる。

六月八日　農作物の害虫を封じる祈願のため、舟を作り、害虫を封じ、藩境で流す。

九月一日　秋の入峰　一日に登山して木境神社に籠もり、二十九日まで滞在し、掠に配る守札を作り、参拝者の先達をする。

これらの行事は前略の「四季祭典」の記述とほぼ同様である。前述の文では五月五日の春の入峰（笈取）に言及していないが、これは他の資料から補うことができる。

とくに五月五日の記事は、後述する「笈渡し式」に該当し、九月の秋の入峰と同様、矢島修験にとり重要な行事である。この日から四〇日間籠りの修行をするという。まず一定の年齢に達し、規定の修行を経た者が笈取り笈渡しの主と客となり、儀礼が執行された後に籠りの行をしていた修行者が四〇日の満願を迎えた頃、地域社会にとってもっとも大事な「虫除け祭り」を迎えるのであろう。

そして九月一日から木境神社に籠り、二九日まで滞在するとある。この報告書にはこの期間をもって修験資格の習得とある。

2 資格の習得

『木境大物忌神社虫除け祭り調査報告書』は新客の秋の峰の修行の様子を次のように述べている。

矢島修験は家柄によって十二歳で新客と呼ばれ、初心修行者となり、三年で坊号職の験者となり、その上三年修行して、二十一歳の時は矢嶋十八坊の住職になりえる上級験者の仲間入りができる。修験資格の習得にも木境大物忌神社は大事なかかわりを持っていた。

新客修行の状況は次の如くである。行場の中心となる木境神社を出発し、山伏長根の一の鳥居で目隠しし、先達が杖を引いて修行場に入る。その間新客は般若心経を唱えて従う。火の宮、一の宿にとまって「三十日行」に入る。大越家が封印した、太帯をとかず、着のみ着のままで生活を続ける。

前半十五日は「小木の行」といい、千束の柴を刈る激しい労働である。柴を所定の場所に集める時は、理に反し柴の梢を下にして背負う。梢が地につかえるので運ぶに苦労であった。十五日目には生柴に火をつけて燃やす難行である。

前半の「小木の行」を終了して、後半十五日は経文を習う、猛烈な勉強が強いられた。朝、夕、夜半の三回、版木の合図によって主堂である木境神社と安否の応答をするのみの孤独行である。

三十日の行が終わると、「口の宮」に入る。それは俗界と隔離した別室である。この時新客の近親が功なった

比良衛・多良衛像　矢島木境開山神社蔵(由利本荘市提供)　比良衛・多良衛は嘉祥3年(850)に美濃国から移住し、矢島口の登拝道を開いたとの伝承を持つ。

掲額「薬師堂」　矢島郷土資料館蔵(由利本荘市提供)　矢島修験の拠点であった鳥海山矢島口二合目の木境にあった新山堂に享和元年(1801)に奉納された社額。新山堂には薬師如来像が安置されていた。書は矢島領主生駒親章による。

矢島修験が峰中修行を行った木境周辺の峰中堂・行者堂などの絵図
(由利本荘市提供　個人蔵)

子弟をのぞきに来て、一本箸を串にしてさした塩小豆の餅を室に投げ込んで慰労する[30]。

同報告書には「九月八日より十月十日まで三十日間、修験十八か院、年次順番にて九か院ずつ参籠し、加持祈禱し、また無位の衆徒を新客として参籠せしめ、法式を伝え、院号坊号等の位階を授ける例あり、故に祈願中及位ともいい伝う。この三十日間の九月十九日より二十八日まで矢島領内各町村順次に供物として、新穀の餅を供え一同参詣する例なれという次第[31]」あり、さらに、「新客は火の宮、一の宿にとまって三十日行に入る」とある。

木境大物忌神社のある場所は鳥海山二合目に当たり、明治時代以前には薬師堂と呼ばれていた。前述のように「元禄三年（一六九〇）御裁許絵図[32]」にある「木境なびき」には、「本山堂」「新山堂」「火宿」の記載があり、本山堂は開山神社で、美濃の国より来た比良衛・多良衛という矢島地区の開発者という伝承のある二人を祀っている。新山堂は現在の木境大物忌神社で、火の宿は今は存在しないが、ここで新客が三〇日の行を行ったものと思われる。この報告書によれば、火の宮・一の宿にとまって「三十日行」に入るという。火の宮が一の宿であれば、二の宿以降はどこに滞在するのだろうか。また一五日目に集めた生柴に火をつけて燃やす難行とあるのは、この日に柴燈護摩が行われたのだろう。ここで前半の行が終わる。この後は一五日間経文を習うとあるが、前半が「小木の行」ならば、後半は「閼伽の行」に該当するのだろうか。三〇日の行が終わると「口の宮」に入るとされ、これは俗界と離れた隔離した別室だという。三〇日と決められた行の後で隔離された場所に入るのはどういう意味なのか、不明である。この報告書の全体に混乱があるのかもしれない。

ともあれ修験としての始まりの修行を終えることはできそうであった。しかしこの報告書にある「院号職を取得の後、三か年で寺号職の験者となる」ということがよくわからない。前述のように当山派の官位には「寺号職」は存在していない。

3　矢島修験一代一度の笈渡し式

⑴矢島の笈渡し式

ここからは一八坊ある矢島修験が一代に一度行う「笈渡しの修行」について記す。この笈渡し式の由来について、榊家に明治二年に寺社御奉行所に提出された「鳥海山勅号之由来・鳥海山道筋之由来・笈渡御神事之由来・入峰登山之由来」と記した文書があり、この中に以下の「笈渡御神事之由来」が含まれる。

> 鳥海山大権現笈渡奉式ト申ハ、天下泰平・御領主公御武運長久、領内堅固・五穀成就ノ御祈禱トシテ修験懺法ヲ奉読誦候、抑笈渡御祭礼之儀ハ、聖宝尊師大和国大峯之悪龍ヲ降伏シテ大峯山ヲ再興致シ、諸国峯々岳々御修行ノ砌リ、当国ニ下向アシ《（リカ）》テ当山ノ径途中絶之攸、聖宝尊師ハ役行者之随法規ニ、当山之裏道ヲ切開ギ玉フ時、秘法之次第ヲ籠王フヲ笈ト名ク、右当山再興致玉フ時彼致降伏候、悪魔共邪気ヲ残シ候哉、数年之間雲霖常ニ日ヲ覆フテ冷気定マラズ、五穀ニ実納ナキ事度々有之候故、当山之本坊奉都ニ奏門シは、醍醐之法流仁乗上人康応元己巳年五月二日、御山之埣ニイタリツテ、山神其外悪魔霊ヲ祭リ、或ハ供養シケリ、其砌之衣躰ハ高祖聖宝尊師当山開闢之山装束ニ太刀ヲ帯笈ヲ背負、当山宗衆徒南北ヨリ法螺ヲ吹キ修法ヲ行フ事、凡其式ノ次第ハ、木枝ヲモツテ棚ヲ荘リ、木ノ実・草ノ実飯食等ヲ備エ、是ヲ尊供棚ト号、又十二品之菓子ヲ供ス、右修法之功力ニヨリテ雲霖忽チ霽四節不違時ヲ、益万民随テ穏成ニ笈渡御祭礼之始ト聞伝ニ候、且当山十八坊ニテ一代一度宛笈渡シ修行仕候、笈受渡ノ二号ハ今当来当ノ差異ニ御座候、委敷可奉申上所謂ヲ失イ只言伝エ已而奉申上候、[33]

以下、その内容を要約してみよう。この鳥海山大権現笈渡奉式の目的は、天下泰平・御領主公御武運長久、領内堅固・五穀成就の御祈禱として修験懺法を読誦する事にある。笈渡御祭礼は、聖宝尊師が大和国大峰の悪龍を降伏して大峰山を再興し、諸国峰々岳々の御修行の際に、当国に下向したが、径が途中絶えていたため、尊師は役行者の行っ

木造理源大師像　矢島町福王寺蔵（由利本荘市提供）　矢島修験の伝承では聖宝尊師を開創と伝える。

山伏の図　由利本荘市　矢島修験個人蔵（裏書きに「前鬼図」とある）

た法に従い当山の裏道を切開いた。その際に秘法の次第で籠王を笈と名付け、当山を再興されたが、悪魔共は邪気を残したため、数年間は雲霖が日を覆い、冷気が定まらず、五穀に実りがなかった。そこで醍醐の法流仁乗上人が康応元己巳年（北朝年号、一三八九）五月二日に御山の梺に来て、山神其外悪魔霊を祭り、供養した。その際の衣体は高祖聖宝尊師が当山開闢の山装束に太刀を帯び笈を背負って、当山の衆徒は南北より法螺を吹き修法を行った。その式の次第は木枝で棚を荘り、木ノ実・草ノ実飯食等を備えて、これを尊供棚と号し、また一二品の菓子を供える。この修法の功力により雲霖はたちまち晴れた。この故事により笈渡御祭礼を始めたという。さらに当山一八坊にて一代に一度宛笈渡しの修行を行い、笈受渡の二号は今当来当の差異であるという。

このように笈渡し式は、聖宝と仁乗という矢島修験にとり重要な人物の故事にちなんだ儀式であった。蕨岡修験が慈覚大師の故事にちなんで重要な儀礼を行っていたように、矢島修験は聖宝尊師が大和国大峰の悪龍を降伏して大峰山を再興したとの故事にちなんでいる。とくに笈渡しの日程は仁乗上人が当山に来たその日であり、当山十八坊の者にとり一代で一度限りの修行なのだという。それ故その規模は大掛かりなものであった。

その規模について、榊家に残る嘉永三年（一八五〇）の「笈取祭礼諸色覚張」を見てみよう。毎年五月二日に行われていた笈取祭礼は、殿様へ大杉原朱札・牛王札・御神酒・御供餅・御菓子を差し上げるほか、御家老衆・お代官衆・寺社御奉行、そして各地域の大名主へと、村ごとに配る牛王札が準備される。

さらにこの覚帳には「牛王札上書　笈渡御祭礼牛王朱札　何百何十何枚　当番　覚王寺　何郷大名主　苗字誰殿御上ニ差上候ハ真ニ書へし」と裏書きされている。この他、同種の内容の「天保二年（一八三一）取諸色覚」の表紙と、「鳥海山　笈渡御祭礼牛王札」の裏書きの文書、および「文化十一年笈取り諸色覚」が存在している。これらはほぼ同種の記録であり、定期的に行われていた行事が繰り返し写し取られ、その年の参加者や供え物、人数などがその都度記録されていたものと推測できる。これらは矢島修験の霞の範囲ともかかわるので、後述したい。

また前述の「五月五日　春の入峰（笈取《おいとり》）　十八坊が二組に分かれて、九か寺ずつ四十日間籠もる」とあるように、笈取り式終了後が春の峰入りとされていたと思われる。

これは第一章「鳥海山蕨岡修験」で示した蕨岡の先途が一〇か月に渡る胎内修行後の三月一八日に、「笈緘饗」においての「大先達大日之覚位」を受け、その後松岳山にある籠堂へ入峰となることと一致はしていないが、多くの共通点が見いだせる。ここでは笈取祭礼に限定して述べてゆく。

笈渡式

先法螺二人　　次主負笈　次客　次　法螺二人　次諸衆

主　南立　客北立　法螺南二人北二人　南北　法螺　各相対シテ一礼ス
○法螺吹如先負笈方後亦同此　南方ノ法螺先吹一礼ス　次北方ノ法螺亦吹一礼ス
凡礼スレハ必答礼ス　次主客各相対シテ一礼ス　主先往ク客所　往道間三歩シテ　三歩シテ必左右足書鬼字　凡往スハ則必先ニス右足ヲ　三歩必右ノ足ニテ書鬼字ヲ　次左ノ足ニテ書鬼字ヲ　左字書終　則必先右ニ向テ一礼ス
左ニ向テ一礼ス　又三歩如前書礼ス　又三歩書礼如前右三歩書礼
各三タヒ皆前同シ　如此シテ而主至客所ニ則客去テ往ク主ノ本所ニ　皆与主ノ三歩書礼無シ異コト　而就テ主ノ本所ニ主客各易位　主客各相対一礼ス
次法螺各相対シテ一礼ス　北方法螺先ツ吹キ　次南方ノ法螺吹ク
次主客相対シテ一礼ス　主又往客ノ所ニ三歩書礼　凡三ヒ同シ前ニ到テ客ノ所ニ渡ス笈於客ニ　而客負ヒ笈ヲ去テ往ク　亦必三歩書礼各三ヒ　同シ前ニ主客亦各相対シテ一礼シテ立ツ　次法螺　亦各相対シテ一礼シテ吹ク吹始自負笈方始　次主客亦各一礼シ去ル　共ニ各々此時法螺各皆吹　進前三歩シテ書礼ス
主客道中ニ相逢　主右ニ回リ客モ亦右ニ回リ　主先ニ立ツ　客立テ主ノ後ニ共ニ退ク

（席順図、省略）

主南ニ立　客北ニ立也　主来レハ客去テ　主ノ本所へ南ニ往又主レハ客笈受取テ去ツテ北ニ往也　南方ニテ笈受取渡ス[34]

この笈渡し式が済むと、所定の献立に従い料理が供される。この笈渡し式の儀礼は、「主」となる者と「客」となる者が笈を渡し、受け取るというきわめてシンプルな内容である。注目すべきは笈を渡す際に、三歩歩いて足で鬼の字を書くという部分である。この鬼の字を左右の足で書き、主も客もそれぞれ三回繰り返す。その意味は何も述べられていないが、同じ当山派の蕨岡では鬼にまつわる儀礼があり、蕨岡の事例から、矢島のこの儀礼を類推してみよう。

⑵蕨岡との交流

蕨岡では修験者が最高の位階である「大先達大日之覚位」を得るために、先途と称する修行者が一〇か月にわたる胎内修行を行う。この胎内修行の期間に鬼にまつわる儀礼がいくつか見られる。一月の修正会の追儺の祈禱の後に作っておいた龍頭の藁綱を、七種の晩に鬼門に向けて貼りつける。また三月三日の的の饗では、大小の的を作り、その裏側に鬼の字を書きこれを大堂の庭の鬼門の方角に立て、若大衆が流鏑馬を行う。この若大衆は翌々年度の先途予定者である。三月一八日には一山の衆徒が参加する大御幣立ての行事があり、稚児舞もある。稚児は舞の最後に舞台に座り、床に丸い円を描いて、その上を指で「ちょん」と押す仕草をする。これは現在も五月三日に大御幣祭として行われており、この仕草を、地域の人たちは「鬼の目をつぶす」と表現している。

さらに蕨岡では峰中での儀礼の一環として、四月二八日には「鬼足秘密の灌頂」があった。この意味は不明だが、秘密の足踏みをしていたのはこの名称から確かであろう。

そしてこれこそは矢島の「笈渡し式」の儀礼の「三歩シテ必左右足書鬼字」の部分に相当するのではないかと考えられる。そのための興味深い資料がある。これこそ蕨岡と矢島の交流を考える上で重要ではないかと思える。それは延宝六年(一六七八)に矢島から蕨岡へ宛てた「差上申証書」(蕨岡口之宮所蔵)である。この文書の中に「笈取笈渡祭」にも言及した部分がある。

差上申証書

(前略)

一、鳥海山麓ニ木境ト申所、逆峰場役行者御堂並新山堂御本地薬師鳥海山之前段、但逆峰之上宿也、

一、行者以五月二日笈取笈渡祭、但上代ハ蕨岡ト相互ニ鳥海山掛越取渡、駈入駈出之順逆之祭也、于今蕨岡ト矢島両所ニ在之事、

（中略）

一、去年八月八日御遷宮之勤、蕨岡ト矢島ト順逆之衆徒相勤申候事、

一、矢島逆之学頭ハ、福王寺並十八坊之衆徒上代ヨリ相定逆峰執行無退転仕候事、

一、毎月八日講惣衆徒寄合祈禱祭仕候事、

一、毎月四月八日ニ木境前段新山堂ニテ御鳥海御堂明之御祭、上代ヨリ于今有之候事、

延宝六年午戊九月十二日

鳥海山逆峰先達

宝鏡院隆昌（花押）

光明院栄俊（花押）

大性院秀全（花押）

実相院宥秀（花押）

鳥海山順之

一和尚　般若院様

二和尚　宝蔵院様

三和尚　南性院様

惣衆徒中(35)

（傍線引用者）

この書の傍線部分に注目してみると、五月二日に行われていた笈取笈渡祭は、かつては蕨岡と相互に鳥海山を掛越取渡し、駆入駆出という順逆の祭りであったが、今では蕨岡と矢島の両所にあるという。ここから読み取れるのは、かつて蕨岡と矢島の修験は相互に儀礼を行い、昨年の遷宮祭も両者で執り行っていたということである。こうした交流があったのであれば、蕨岡で行われていた「鬼足秘密の灌頂」は、矢島の「笈渡し式」の儀礼の「三歩シテ必左右足書鬼字」と深い関係があってもおかしくはないのではないだろうか。

また「鬼」について考えてみたい。『羽黒山年代記』(36)には、貞観二年（八六〇）に飽海岳に仙翁・龍翁いう二匹の鬼が住んでいたのを慈覚大師が退治したという伝説が記されている。羽黒山では一二月三一日に行われる松例祭において、恙虫、または悪鬼の形代とされた大松明が焼却される。蕨岡でも矢島でも、鬼に託された悪なるものを修行の各場面でそのつど退治することを象徴的に表現していたと考えることができよう。

蕨岡における胎内修行では多くの人々の協力が必要で、その際の費用は『峰中修行奉加帳』を親戚や檀家に回し寄付を募っていた。その寄付台帳の願文の最初に「悪虫退散・五穀豊穣を祝願す、一山大衆天下太平国家安穏五穀成熟、信心の貴賤男女息災延命子孫繁栄を祝禱す」と記されている。これは寄付をしてくれる人々に対する決意表明でもある。先途がこの胎内修行で得た験力を、地域社会に対して還元する証しとして表現したものがこの願文と読み取ることができよう(37)。

翻って矢島の「笈取祭礼」が何のために行う儀礼なのか、明治二年(38)に寺社奉行所に提出した「鳥海山勅号之由来・鳥海山道筋之由来・笈渡御神事之由来・入峯登山之由来」（榊家文書）にも、「笈渡御神事之由来」と、この儀礼のそもそもの故事が記されていた。

さらにこれだけ大規模に行われ、配布する牛王札の合計は「弐千九百四拾七枚出来可申候」となり、多くの来客の前で笈渡し式が挙行される。この式における「主」と「客」は交互に足で鬼字を書くところから、これは矢島修験による「鬼足秘密の灌頂」に相当するものなのだといえよう。

こうして最後に主と客が笈の受け渡しをして終了となる。蕨岡の事例から、この笈渡し式の前には経験すべき年齢階梯に沿った修行があり、それによって験力を獲得し、その最終段階の仕上げとしてこの「笈取祭礼」こそ、主が中心となって牛王札に祈念を込める儀礼とみることが可能だろう。矢島では当山十八坊が一代一度の笈渡しの修行を行う。そして笈受渡しは今当来当の二人が行うもので、客は来年度に主となることが予定されている。

さらにこの儀礼の後、矢島では四〇日間の春の入峰修行があり、そのほぼ終盤近くの六月に虫除祭りがある。それに先立って、笈渡し式の主役の者が、笈に込められた秘法の次第を用いて、邪気を残した悪魔を降伏させることを目的としていると見ることができるのではないだろうか。さらに矢島修験として一生に一度経験するこの大掛かりな儀礼は、見物に来ていた地元の有力者に向かって、鬼に仮託された悪虫を退治できる験力を示すものだという意味も込められている。

五　当山派矢島修験としての官位

1　地元から出た補任状

矢島修験の修行について、新客が行ってきた秋の峰と一生に一度の笈渡し式を見てきた。それらは「鳥海山矢嶋口古来奉仕由緒」(39)と「鳥海山道筋之由来・笈渡御神事之由来・入峯登山之由来」(40)の中に、これまで見てきた修行の内容があった。

これらの文書によれば、入峰修行は三宝院門主から永免許をくだし、両祖の修行に基づき、十界修行を経て、出家道を成就し、天下太平、御領主の武運長久、五穀成就を祈念するもので、百味飯食を奉じて行うという。十界修行に関する文書類が見つからないので、どのようなことが十界修行として行われていたのかは定かではない。

以下は、毎年九月八日から一〇月八日まで山籠修行を満三〇日間行った末に宛行された位階昇進の補任状である。

「補任袈裟衣職之事　元文五年一〇月八日　正源坊　宥隆法印」
「補任院号職之事　天明二年九月二八日　善光院隆光　元弘寺法印遵隆」（以上、正木家　正蔵院文書）
「補任院号職之事　文化一三年九月二八日　善光院　大先達覚隆法印」
「補任坊号職之事　文政一一年九月二八日　乗玄坊　元弘寺無量寿院覚隆」
「補任院号職之事　天保一三年九月二八日　多門院隆歓　元弘寺覚隆」
「大越家補任状　享保三年　密厳院　大普院」（以上、大杉家　大教院文書）
「坊号職補任状　安政三年　杉本坊　元弘寺」
「院号職補任状　安政四年　椙本坊　元弘寺」
「補任院号職之事　安永九年九月二八日　持福院　逆峰大先達元弘寺遵隆」
「補任坊号職之事　文化一〇年一〇月八日　同教坊　元弘寺院代東福寺英弁」
「補任院号職之事　文化一一年九月二八日　永寿院　元弘寺法印永隆」
「補任院号職之事　文化一四年九月二八日　灌頂院　元弘寺法印永隆」
「補任坊号職之事　文化一四年九月二八日　頼慶坊　元弘寺法印永隆」

「補任坊号職之事　文政一三年九月二八日　恵了坊　大先達覚隆法印」
「補任院号職之事　天保五年九月二八日　法楽院　元弘寺覚隆」
「補任院号職之事　嘉永二年九月二八日　胎蔵院　逆峰大先達元弘寺」
「補任坊号職之事　嘉永元年九月二八日　頼峰坊　逆峰大先達元弘寺」
「補任坊号職之事　安政元年九月二八日　頼慶坊　元弘寺院代東福寺英弁」
「補任院号職之事　安政四年九月二八日　聖賢院　元弘寺院代東福寺英弁」
「出世補任　文久三年一〇月八日　覚王寺永尊　逆峰大先達元弘寺」（以上、榊家 持福院覚王寺文書[41]）

ここでは坊号職・院号職がほとんどで、袈裟衣職が一件、大越家が一件、出世補任が一件である。差し出したのは代理もあるがほとんどが元弘寺で、補任を受けた日付もほぼ九月二八日で、何件かは一〇月八日となっている。この違いについても詳細はわからない。これらは秋の峰において九月初旬から三〇日間の修行の期間を経て、ほぼ終盤近くになってこうした坊号や院号、その他の職位が補任されていた。

2　醍醐寺三宝院あるいは当山派正大先達からの補任状

一方、矢島修験者たちは元弘寺とは別に補任状を得ていた。まず当山派の補任状の種類から整理してみよう。鈴木昭英によれば、当山派の諸官位の免許は当山正大先達衆が行ってきた。袈裟下同行修験が出世を遂げるまでの官位は、延宝八年（一六八〇）には一五種があり、元禄一五年（一七〇二）には大法師と律師を欠いて以下の一三種になった。

袈裟（坊号）、院号、権律師、権少僧都、権大僧都、錦地袈裟、一僧祇、二僧祇、三僧祇、螺《かい》の緒（笈籠《おっこみ》）、阿闍梨、

大越家、法印

坊号は初度の入峰者（新客）に与えられ、他は二度以上の度衆に与えられ、入峰の度数に応じての昇進を原則とする。九度で大越家となり、三六度で法印大先達になった。法印は修験の極官で、磨紫金袈裟を着し、大先達を称し出世と号した。

三宝院門跡高賢准后は、寛文八年（一六六八）七月大峰に入峰したのを機会に、醍醐寺本坊でも出世諸官位の補任を行うようになった。入峰しない者に免状を与えたので、当山正大先達はこれを「居官の補任」として、峰中の規則が成り立たないと中止を申し入れたが、聞き入れられず、門主の意向次第で官位を畳んで許容（いくつもの官位を一度に発行すること）したり、山伏極官の法印が着用する磨紫金袈裟を簡単に許可したりするようになった。先達方はこれに対抗して、一回の入峰でいくつかの官職を許す畳補任をするようになる。こうして大峰正大先達仲間と法頭醍醐寺三宝院との両方から官位の免許を得る者が少なくなかった。(42)

こうしたことを背景にしてか、以下のように矢島修験の家には、醍醐寺三宝院門主からと、三十六正大先達（後には十二正大先達）であった世義寺からの補任状が残っている。以下ではこれらの資料から矢島修験の行動について考えてみたい。

①補任院号職之事　　宝道院

右役職所令補任　仍状如件

正徳三年（一七一三）七月十六日

（印）法印賢意

（印）法印行弁

（印）法印玄慶

（裏書）「世義寺法印玄慶」

（百宅　梶原栄家文書）

②

阿闍梨

右三宝院菅宮被仰出之処御執達如件　奉

密厳院　演昌（花押）

延享元年（一七四四）七月二十五日

羽州由利郡百宅村　三明院周教

（裏書）「表書之通謹ニ而申存其旨者也

北村伊賀守（印）

早村円三阿（印）

小野右京（印）

羽州由利郡百宅村　三明院周教」

（百宅　梶原栄家文書）

③補任

出羽国由利郡鳥海山　逆峰衆徒

覚王寺宥浄

（応令）出世昇進事

右奉

当山法頭御門主御気色件入宣叙法印着磨紫金令称大先達依御消息行之者

寛政十年（一七九八）四月廿五日　僧正法印　定隆（花押）　奉

（付札）「寛政十年四月廿五日

御目見御礼式献納

但御留守御所ニ准為右替螺尾御免許被下也

羽州由利郡提鍋村　宥浄」

（榊豊昭家文書）

④補任

出羽国由利郡鳥海山由利郡提鍋村

覚王寺宥浄

応令　出世昇進事

右奉

当山法頭御門主御気色件入宣叙法印着磨紫金令称大先達依御消息行之者

弘化二年（一八四五）四月十一日　僧正法印　光心（花押）　奉

（裏書）「宮内卿法眼　豪円　黒院」

（付札）「弘化二乙巳年四月十一日

御目見御相済畢

羽州由利郡提鍋村　宥郷」

（榊豊昭家文書）

以上は『鳥海町史』(43)による。同書によれば、榊家には弘化二年（一八四五）の上京の折の記録「上京御餞別留主居御見送御出迎並土産物配当帳」が残り、当時の状況が書かれているという。

ここでこの四通の補任状を確認してみよう。

①正徳三年（一七一三）の「補任院号職之事」の宝道院に宛てた補任状の裏書には、「世義寺法印玄慶」とある。三宝院からではなく、当山十二正大先達衆の一寺であった世義寺からの院号補任の宛行である。前出の天保一四年（一八四三）の「□□《鳥海カ》山修験人別書帳」（榊家蔵書）には、少なくとも以下の二人の矢島修験が当山派正大先達衆の菩提山と梅本院の直同行だった。

一　菩提山直同行　七日町村　歳五十四　明王院　宥寛

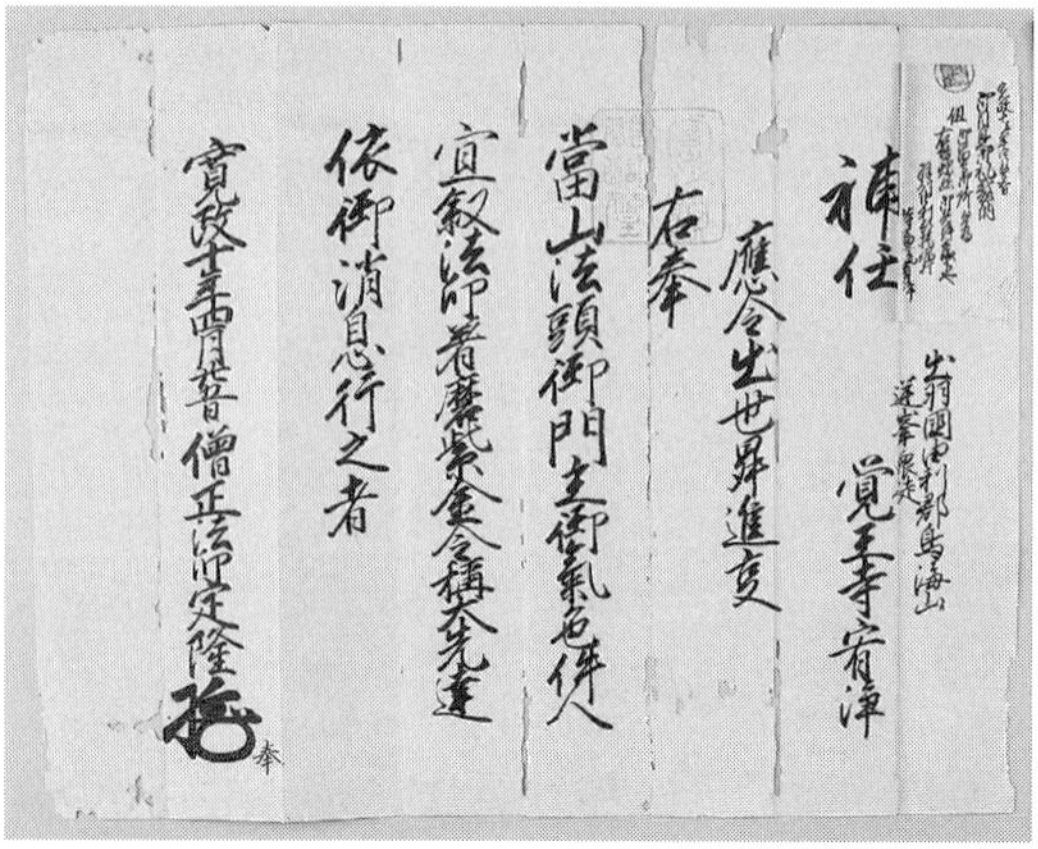

醍醐寺三宝院より寛政10年（1798）に出された出世昇進補任状③（鳥海町　矢島修験　覚王寺　榊家文書　由利本荘市提供）

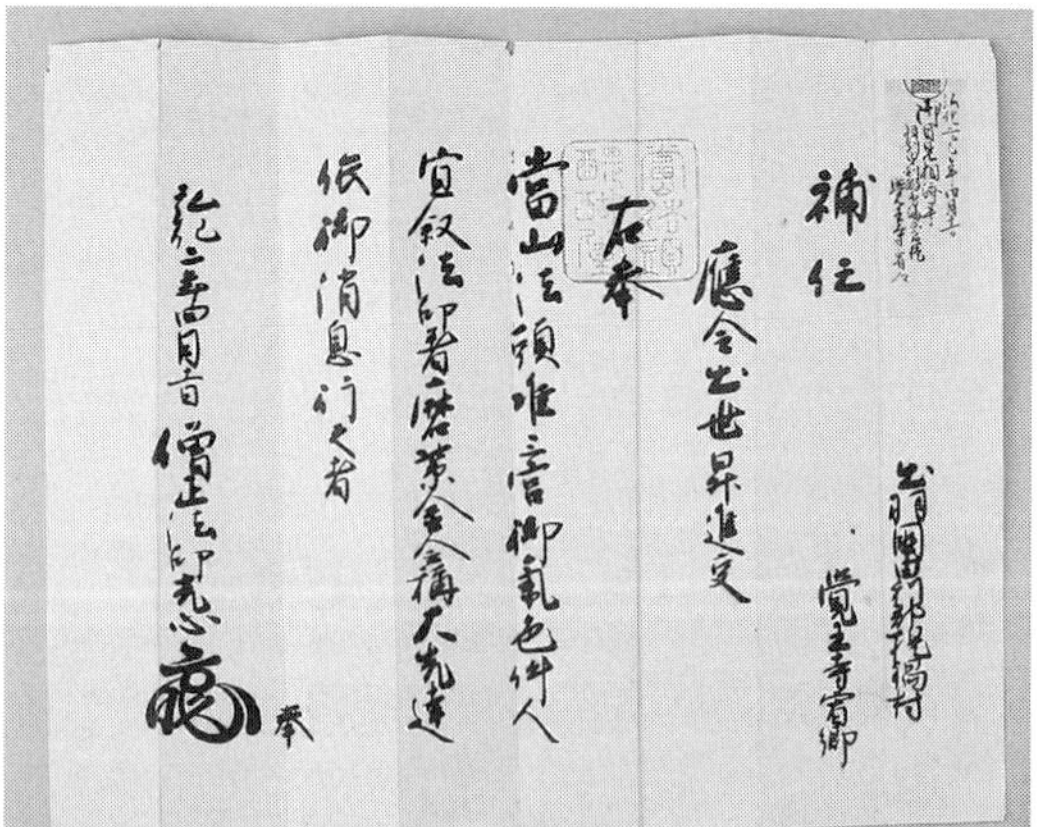

醍醐寺三宝院より弘化２年（1845）に出された出世昇進補任状④（鳥海町　矢島修験　覚王寺　榊家文書　由利本荘市提供）

一　梅本院直同行　　玉米村　歳四十七　　西光院　隆置

第三章「鳥海山小滝修験」でも少しふれたが、鈴木昭英によれば、当山派の動勢は圧倒的に武蔵江戸が多かった。しかし慶安元年（一六四八）から享保五年（一七二〇）にかけて、法印大先達の補任を得た者は、内山寺からは会津に一、岩本院からは秋田に二、米沢に二、奥州三春に一あった。また安永五年（一七七六）から文化一二年（一八一五）までの法印出世職の補任者数は、内山寺から佐渡に一、岩本院からは出羽に一、越州に一四、佐渡に一、梅本院からは出羽に六、桜本坊からは出羽に二、宝蔵院からは越後に一、世義寺からは陸奥に一、出羽に一、越州に四の補任者がいて、東北の地にも当山派の正大先達衆の勢力があった[44]。三宝院とは別のつながりのある正大先達衆からの補任を受けていた修験者が矢島にもいたことがとても興味深い。

さらに②の延享元年（一七四四）には、百宅村の三明院に三宝院菅宮から「阿闍梨号」が出されている。③の寛政十年（一七九八）のものも、④の弘化二年（一八四五）のものも、時代は異なるが「出世昇進」に関わることであり、「宣叙法印着磨紫金令称大先達依御消息行之者」だという。前述のように当山派の官位は法印が修験の極官で、磨紫金袈裟を着し、大先達を称し出世と号したというから、これ以上はない最高の官位を頂戴できたわけである。

このように当山派内では、正大先達と法頭三宝院とが別々に官位を出していたことが見えてきた。①の正徳三年（一七一三）には院号職の宛行だから、宝道院家が古くから世義寺とのつながりを持っていて、こうした院号の補任を受けたとしても不思議ではない。

しかし慶長一八年（一六一三）の「修験法度」以降、三宝院は諸先達が行ってきた当山派修験の支配を次第に侵すようになり、正大先達衆とは別に三宝院が当山派修験に袈裟、諸官位の補任を免許し始める。さらに当山派先達の出している補任状に対し御判物料をかけるようになり、延享年間（一七四四～四八）以降になると、次第に高額になって

くる。(45)

翻って矢島では「上京御餞別留主居御見送御出迎並土産物配当帳」にある通り、多くの人々から餞別を受け取り、その返礼のために産物を買うなど、大変な物入りであったろうことが窺える。これでは名誉職を買いに行ったのではないかと考えてしまう。前述のように地元でも「大越家」や「出世」の補任が可能なのに、わざわざ京都まで上って「出世昇進事　当山法頭御門主御気色件入宣叙法印着磨紫金令称大先達」という醍醐寺門主から出世昇進を認められ、法印として磨紫金令称大先達を宛行されていた。このように見てくると、三宝院や正大先達衆から宛行された方が、地元の正大先達から受けるよりも、その身分に箔がつくという考えがあったのかもしれない。

六　霞と牛王宝印

1　矢島修験の霞の範囲

「逆峰十八坊」と呼ばれた矢島修験の活動範囲は広い。一八坊が居住していたそれぞれの集落が矢島修験の活動していた範囲といえよう。その数をどのように考えたらいいだろうか。嘉永三年(一八五〇)に書かれた「笈取祭礼諸色覚帳　覚王寺住　胎蔵院頼峰　控」(榊家文書)(46)はそれを知る上で大変興味深いものである。これには「古帳年号享保十五(一七三〇)庚戌五月二日ト有之」という但書きがあって、それに依拠したと思われる。さらに「牛王札上書　笈渡御祭礼牛王朱札　何百何十何枚　当番　覚王寺　何郷大名主　苗字誰殿　御上ニ差上候ハ真ニ書へし」と裏書きされている。この他、同種の内容の「天保二年(一八三一)　取諸色覚」の表紙と「鳥海山　笈渡御祭礼牛王札」の裏書きの文書、および「文化十一年(一八一四)笈取り諸色覚」が存在している。これらはほぼ同種の記録であり、定期的に行われていた行事が繰り返し写し取られ、その年の参加者や供え物・人数などがそのつど記録されていたものと推測できる。

嘉永三年（一八五〇）版は「笈渡」「笈取」と称する儀礼の大枠が見えるので、以下ではこれを見てみよう。前述のように、毎年五月二日に行われていた笈取祭礼は、殿様へ大杉原朱札・牛王札・御神酒・御供餅・御菓子を差し上げるほか、御家老衆・お代官衆・寺社御奉行、そして各地域の大名主と、村ごとに配る牛王の数が記され、その範囲と数がわかる。

一　半紙牛王　朱札五拾枚宛　田中町　舘町
一　弐百八拾四枚　前郷
一　三百五枚　向郷
一　三百六枚　川内郷
一　三百四拾枚　笹子郷
一　三百枚　直根郷
一　三百五拾五枚　玉米郷
一　三百九拾六枚　下村郷
一　三百五拾五枚　大沢郷
一　三拾八枚　本郷村
一　三拾四枚　大須郷村
一　六拾五枚　大奉牛王支度[47]

こうして配布する牛王札の合計は「弐千九百四拾七枚出来可申候」となるという。

また「四月廿八日　御神酒開」とあり、祭礼の前には新しく酒も醸していた。その上で料理・酒・進物の用意をする。準備する米や酒の量を見ると、「一　酒米弐俵　実相院様へ頼ム　酒沢山なり、諸味壱斗持参ス、留守番并親類の老女達ニ進候事」とあり、その詳細については「飯米覚　一　八升　朔日昼飯、一　八升　同夕飯、一　四升　二日朝飯、一　三斗弐升　同昼飯より同夕飯迄、尤夕飯多分有之、三日朝飯より昼飯迄、右ニて間ニ合申事」とあり、さらに「一　香の物ハ中大根ニて三拾本入、尤四月卅日より宿迄女中壱人連ニて煎物・ゆて物さすへし　漬物不足ニ候節ハふき・みつ菜の類当座漬ニすへし、菜浅漬よし、わらひもあつき揚ニて製し、当座漬ニよし、見斗ふへし、一味噌　拾貫匁　一　塩　五合　香の物不足ハ壱升　一　笹巻　三百五拾数位　此米七升（以下略）」とたいそう豪華である。

このように大量の食料を準備し、「御使覚」として、名士に出席を願う使いを出した。

御使覚

御用人　小番安右衛門　様

町奉行　三森治左衛門　様

山方祐筆　片倉　正蔵　様

御米倉帳元　金子和多理　様

御家老　小苅次郎右衛門様

寺社奉行御下役　鳥山　定七　様

寺社奉行　井上　藤太夫　様

御作事道橋　山口　祐八　様
御用人　佐藤平治右衛門様
御家老　金子　治兵衛　様
龍源寺　様
御米倉目附　佐藤　津守　様
御支配御代官　斎藤市郎左衛門様
御勘定　川西　忠蔵　様
御勘定　糀屋佐左衛門　様
山方御祐筆　大塚八郎兵衛　様
御用人　菅原　九十九　様
御組小頭　土田　慶吉　殿
御米倉目附　佐藤　忠助　様
御作事　竹村兵右衛門　様
御作事道橋　相庭文左衛門　様
山方御祐筆　石川　儀八郎　様
御米倉帳元　小助川太右衛門様
御用人　金子九郎兵衛　様
御代官　小笠原唯右衛門様

武頭　小助川郷太夫　様
御代官　石川　善兵衛　様
御代官　豊島　泰助　様
郡奉行　唯川半右衛門　様
城内村名主　東海林久右衛門殿
田中町庄屋　土田吉兵衛　殿
舘町庄屋　金子六左衛門　殿
御組小頭　小助川仁左衛門殿
同断　年番　金子七左衛門　殿
同断　和田　常吉　殿
前郷大名主　半田　又三郎　殿
向郷大名主　三浦治部之助　殿

帳番之儀ハ御組小頭年番之方へ願可申出候、当年番ハ金子七左衛門殿右願出候所、金子織平殿、何分町小番伝兵衛殿御下り被成候、但し此御両人えハ夕飯も進可進候事、尤朔日早々可申出候事、

こうした準備を整えて開催されたのが前述した笈渡し式であった。

すなわち城中の人々も町衆も村方も、矢島藩のほとんど全域が矢島修験の霞の範囲とさえいえる広域なものだったのである。

2 『御在所御用部屋日記抄』に見る木境大物忌神社関係記事

こうしたことを知る手掛かりとして、矢島領主生駒氏の『御在所御用部屋日記抄(48)』には、かつての本山堂である開山神社や薬師堂である木境大物忌神社に参拝したことを示す藩の記録が残されている。

安永一〇年（天明元年）（一七八一）
　五月二日　笈取り御祈禱奉行　田中軍八

文化六年（一八〇九）
　六月五日　木境例年の通り諸役人参詣す、
　一〇日　鳥海山御初穂　一金三両　虫祭・日和祭雑用
　右の通り福王寺へ御使いを以て下し置かれ候、
　一三日　福王寺に於て虫祭・日和祭結願にて無事相済候、小番千次郎、

文化九年（一八一二）
　六月二七日　今日より木境・福王寺に於て雨請い仰せ付けられ、元弘寺城内衆徒五人登山致し候、

文化一〇年（一八一三）
　六月二一日　福王寺に於て御忠信、福王寺に於て日和祭明日結願に付き、御家中一統御用所に於て御日待仰せ付けられ候、
　八月二三日　明日木境遷宮に付き今日より登山
　佐藤郷左衛門、斎藤平十郎、福王寺、惣衆徒、御用所下役、賄方、土田作兵衛、料理人壱人、詰夫三人、

八月二四日　木境遷宮に付き今日登山、
服部半左衛門、今太郎兵衛、相庭丈右衛門、下役和田五左衛門、御用所堀江伴左衛門、社人神子
一金二百疋　福王寺　衆徒へ
一鳥目四百文　禰宜神子四人へ
右の通り下され候、
＊文政一〇年（一八二七）　米六俵　鳥海山祭礼木境登山修験並笈取当人衆徒に下さる、（この部分のみ舘町大井家文書『矢嶋分限帳』より）(49)
天保三年（一八三二）
五月一八日　田地植え付け仕舞いに付き、例年の通り木境参詣、
御用部屋中、御代官中、御中目付中、御用所方、山方、御用所下役、御料理人、御給仕、詰夫、
天保四年（一八三三）
五月一八日　田地植え付け仕舞いに付き、例年の通り木境参詣、
御用部屋中、御代官中、御中目付中、御用所方、山方、御用所下役、御料理人、御給仕、詰夫弐人、
天保五年（一八三四）
六月二日　例年の通り木境参詣、

これは木境大物忌神社での毎年田植え後の例祭の時のもので、料理人や給仕を連れた御代官や諸役人たちの参詣もあった。例祭以外に「虫祭日和祭」が以下のように二夜三日で行われた。

近世期の虫祭り・日和祭りは日程が確定しておらず、五月から八月の間に福王寺において二夜三日で行われていた。例外は、文化一〇年（一八一三）八月二三日と、二四日の登山である。

これ以外は、ほぼ五月二日の笈渡し式後の四〇日間にわたる春峰の峰中の期間に集中している。この期間は修験者が木境の峰中に籠っているから、この期間であれば、いつでも誰でも参詣することができるのであろう。これは木境という場所と矢島修験の置かれた環境も影響しているのではないだろうか。木境はいつでも修験者が常駐している場所ではない。さらに矢島修験は一所に集住しておらず、皆それぞれ自分の地元に住み、宗教活動をしている。それ故春五月二日からの四〇日と、秋九月の三〇日の峰中は、武家でも町人でも誰もが出向いて行って祈禱をしてもらえる期間なのではないだろうか。

近代の記録だが、木境大物忌神社の元宮司だった故正木勝美（大正一三年〔一九二四〕生、平成一五年〔二〇〇三〕没）が記録した『木境大物忌神社記録帳』が正木家に残されている。この記録によると、昭和三〇年（一九五五）頃までは、旧暦一〇月の節句（一九日）から終いの節句（二九日）までが秋峰祭りの期間とされ、これ以降は六日間となり、神職はこの間は泊まり込みだったという。この期間に矢島の各地区の講中では、自分たちが決めた日に秋峰参詣をした。それぞれの講中が自分たちの都合で日程を決めることができるというのも、こうした長い期間の峰中だったからこそ可能だったのであろう。

七　矢島修験の明治維新とそれ以降

1 「矢島郷別当復飾之控」

矢島修験の明治維新期を示す資料としては、明治二年(一八六九)に記された「矢島郷別当復飾之控(50)」がある。これは、姉崎岩蔵が九日町永泉氏所持のものを整理し筆写したという。今は矢島郷土資料館に寄贈されている。途中、記事が抜けてはいるが、明治二年に復飾願いを出す際に福王寺を除いた矢島修験一七坊が、それぞれの修験家の由来を記し、これらをまとめた内容となっていて、これを見ると福王寺以外はすべて復飾したようである。

こうして明治維新を迎えた矢島修験および地域社会の変遷は『木境大物忌神社虫除け祭り調査報告書』によれば、以下の通りである。

まず文政一〇年(一八二七)以降の記録が残る舘町大井家の『矢嶋分限帳』の寺社料の項目には以下のような記載があり、それぞれが扶持米を拝領していたという。

米六〇俵　福王寺　　御合力初穂米時鐘料共(修験学頭寺)
同　六俵　同寺薬師
同拾壱俵　稲荷堂　(修験南光院)　御祈禱所十社の内
同四俵半　如意輪堂　(同　同)　同
同拾俵　神明堂　(同実相院)　同
同六俵　愛染堂　(同金剛院)　同

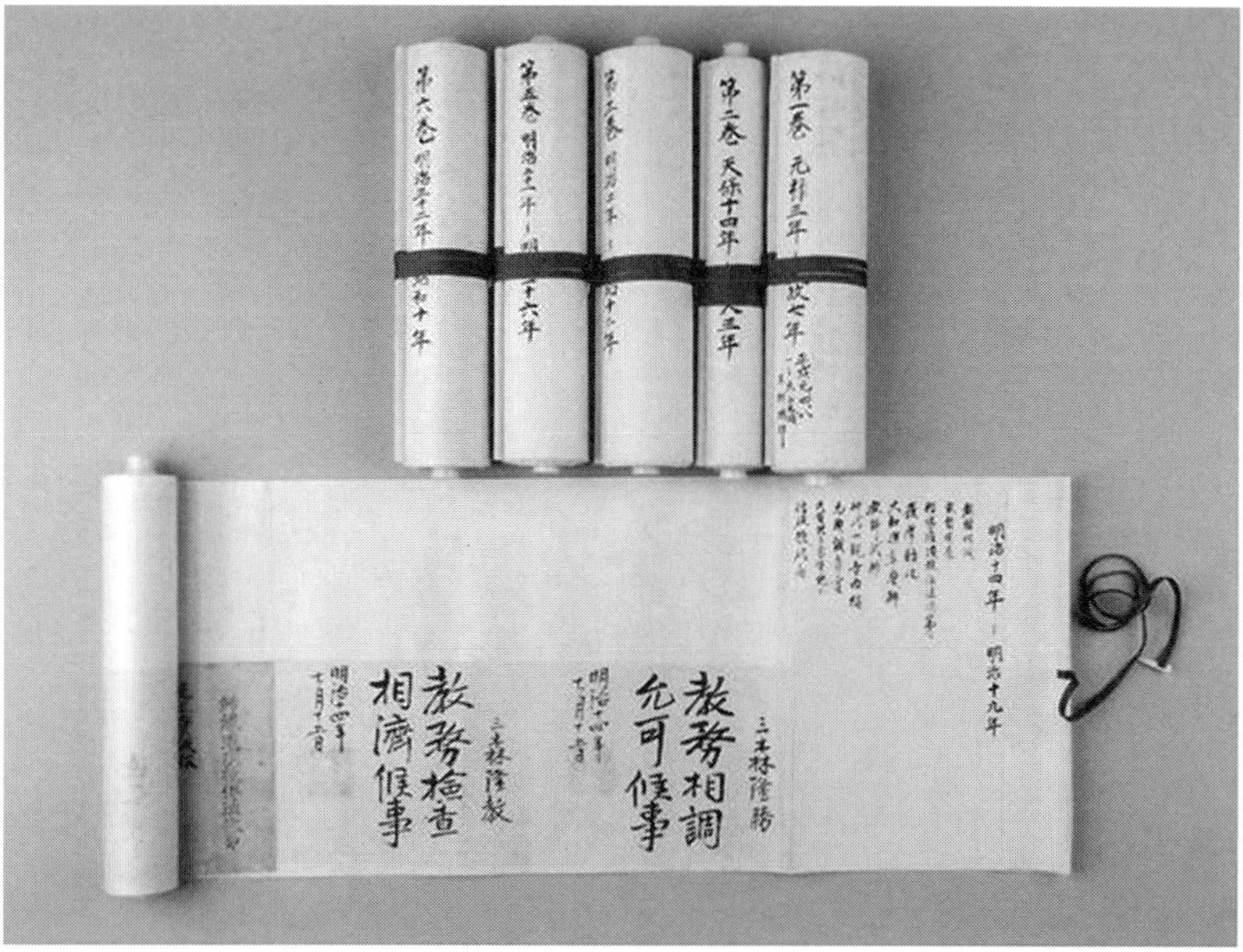

神仏分離令資料(矢島修験　重学院文書　矢島郷土資料館蔵　由利本荘市提供)

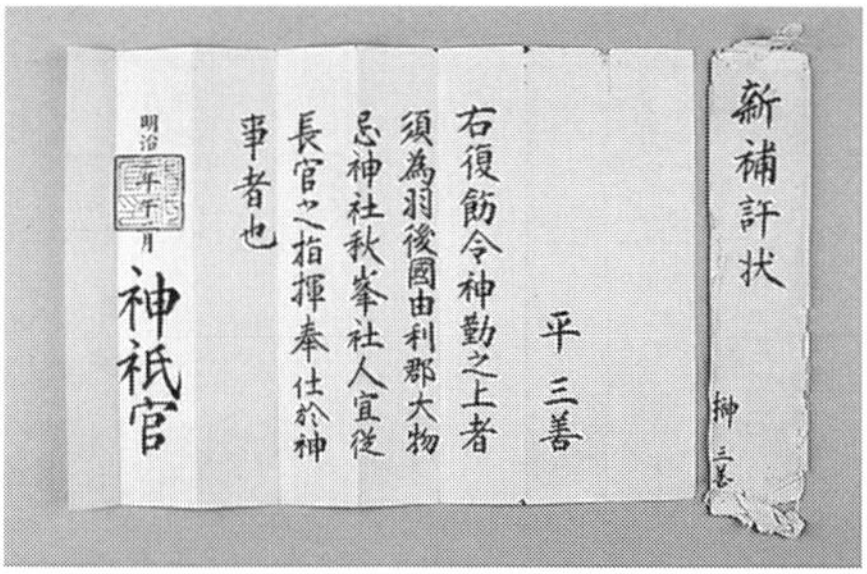

復飾認可状(鳥海町　矢島修験　覚王寺榊家文書　由利本荘市提供)

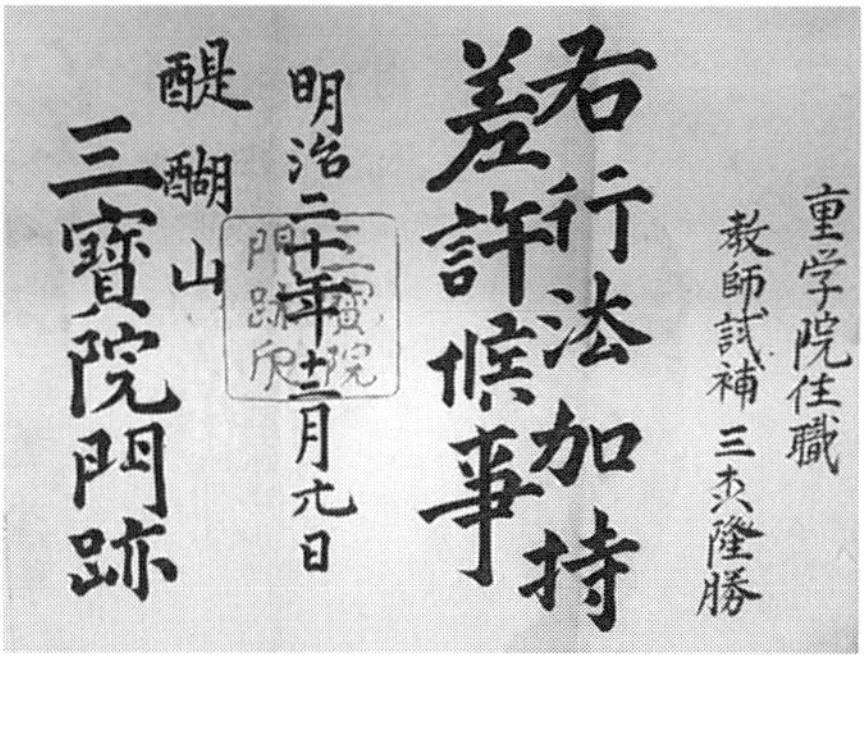

行法加治許可証(矢島町　矢島修験　重学院蔵　由利本荘市提供)

同四俵半　愛宕堂　（同元弘寺）同
同六俵　天神堂　（同徳性院）同
同壱俵半　御岳堂　（同千手院）同
六俵　観音堂　（同明王院）同
拾四俵　八幡堂　（同光明院）同
六俵　若宮　（社人伊勢正）同
壱俵半　虚空蔵堂　（修験大教院）同

明治二年の版籍奉還によって、藩より祭祀料は出なくなり、修験は復飾し、藩主よりの扶持米も頂戴できなくなった。そこで木境大物忌神社維持のために、修験より神職に復飾した有志と農民代表の協議により、「木境大物忌神社講社」が結成されるにいたる。そのため年に米一升の講社米によって維持されたと伝えられている。その後、講社米をお金で米一升分として拠出してきたようである。記録がないので定かではないが、引用した報告書の発行年である平成十一年（一九九九）現在は年五〇〇円の集金となっている。

木境大物忌神社講中社中の数は戦中の昭和一二年（一九三七）と昭和四八年以降の名簿があり、それによると昭和一二年の講社員数は七九三、四八年は八五九、平成一〇年は七五三となっている。

大正三年（一九一四）にまとめられた『神社明細帳』によれば、木境大物忌神社は村社に列せられ、氏子は二四五戸という。講社員数が氏子数を大幅に超えているところから、氏子圏を超えた広範な地域に木境大物忌神社への崇敬者がいたものと想定できる。

平成三年九月版による『秋田県神社名鑑』によれば、明治以降の木境大物忌神社の由緒および年中行事の様子は以下の通りである。

創立は建長六年（一二五四）（本報告書によれば、この創立の明確な資料は披見されていないという）七月八日、旧矢島領一般の鎮守として、また里宮として、女人禁制の中で女性でも参拝の叶えられる所として女人堂ともいわれた。生駒公の崇敬も厚く社殿の新築・修復等は藩において施行、年々祭祀料として米二〇俵を給される。開山より当山派修験十八院の修行地として薬師如来を本地として祀り、新山堂・火宿堂が建立されて逆峰方の本拠となっていた。

毎年旧五月二日に笈渡祭があり、九月八日から一〇月七日まで一八院年次順番の加持祈禱があり、無位に院号・坊号等の位階を授く。また九月より二八日まで各町村が順次新穀の餅を供え参詣する。

明治二年一一月、衆徒の復飾により祭式も改められ、春は七月八日に虫除け祭りを施行、秋は一〇月一九日より七日間、神職一同籠り、各村々順次参拝、諸願成就を祈念する。当社は稲倉魂命を祭神としているが、明治四二年以降、濁川神明社一〇社が合併合祀された[51]。

2　木境大物忌神社の虫除け祭り

現在の虫除け祭りの様子を、前述の報告書から見てみよう。

⑴ 虫除け祭り

田植え後から六月下旬までにお札を作製し、虫送りの舟形を準備する。舟は三尺ほどの大きさで真ん中に御室を乗せる。七月に入ると獅子舞の手配なども行う。

七月一日。各講中の代表者に祭礼の日程と参詣案内を発送する。その範囲は旧矢島町全域と旧鳥海町北側一部で、一つの氏子圏のようになっている。惣代は荒沢の土田八右衛門家、濁川の村上三五郎家、小田の牧富之襄家の三家が代々世襲で勤めている。この日は道者道の草刈りと道の修理をする。

七月五日から七日。五日に清掃をして、その後全神職がお札（「奉斎大物忌神社風雨順時悪虫退散五穀成就就攸」）を奉製する。

七月七日。別当家に神職が集まり、木境大物忌神社に至る登山道を歩いて登る。

七月七日。宵宮祭とお札の祈禱。

七月八日。虫除け祭り祭礼。早朝針ケ岡集落の氏神社である神明社から獅子頭を大物忌神社に遷座させる。この獅子頭は元々は木境大物忌神社の獅子頭とされ、そのため祭礼には遷座をする。九時半頃から各講中の人びとが木境まで登り参詣をする。これを木境詣りという。一〇時に木境大物忌神社の上方にある開山神社の例祭が行われる。この神社は総代の一人土田家の氏神とされ、この家の祖先が鳥海山を開いたという伝承があり、神社には善童、妙童の二童が祭られており、前鬼・後鬼ともみなされる。虫送りの船形を捧持する役目の小板戸集落講中の当番講員三人が到着する。濁川獅子講中の人々も到着する。一〇時三〇分に祭礼行事が始まる。続いて濁川獅子舞が奉納される。この後、参詣者は御神酒をいただき、直会となる。

(2)虫送り神事

一二時三〇分に神事が行われる。舟形の御室の扉が明けられ、祝詞奏上の後、虫封じの儀を行う。神職の一人が舟を正面に向けて呪文を唱え、御室に虫封じの呪符を納める。次にこの呪符に釘七本を打ち込めて封じ、御室を閉める。御室の背後には五代（大カ）尊御幣を立て、舟形の舳と艫には略幣を納める。これに米・鰑・昆布などの供物を供え、神酒をかける。次に九字を切り舟形を正面に向ける。

(3)舟送りと舟流しの神事

舟送り役の小板戸講中の宿当番が白衣を着て、神職が舟を背負う。針ケ岡講中の当番長は神前から獅子頭を下ろして奉持する。一行は御坂を下り、子吉川下流まで歩いて行く。河原に着くと舟流しの神事が行われる。河原での神事の後、小板戸講中の当番が勢いよく舟を川に押し流す。これに合わせて針ケ岡の獅子頭はゆっくり三度歯打ちをする。神職は舟が見えなくなるまで呪言を唱える。以上で虫除け祭りは終了し、夕方、人々はもらってきた御札を田の水口に立てて祀る。

3　木境大物忌神社の秋峰祭り

(1)秋峰祭りと虫除け

秋の祭礼は秋峰祭りとも称している。春の虫除け祭りのお果しといわれ、田畑の害虫除けで収穫ができたことを感謝する祭りとされ、これを秋峰祭りとも称してきた。近世期にはこの時期は秋の峰入りの期間で、旧暦の一〇月中の節句(一九日)から終いの節句(二九日)までの間とされた。昭和三〇年頃から六日間とされ、神職は六日間泊まり七日目に下がる。一〇月一八日　祭りの準備　神職は祭具や食料を持ち、木境大物忌神社に登り、祭礼の準備をする。この日から最終日まで参籠をする。講中の人々に配る御札は以下の二種類ある。

「大物忌神社秋峰祭御祈禱加護攸」

「大物忌神社広前祈禱大麻」

(2)講中の秋峰参詣

それぞれの講中が参詣日を決めている。昔は二一日は天狗の来る日とされ、この日は参詣をしなかった。講中によっては木境神社で祈禱の後、鳥海山へ登拝することもある。

針ケ岡神明社の獅子頭は一八日から祭礼が終わるまで木境大物忌神社に置かれる。

講中で小豆餅を供える。小豆くぐり餅と称し、砂糖ではなく塩を入れる。講中では鏡餅一重ねと、おぶこ餅という小さな丸餅を、おはつ(御櫃)に入れて参詣の日に背負ってきて、神社に三個供え、残りは講員に、おぶことして各二個ずつ配る。おぶこ餅は手で触ることができないとされ、神職が長い箸に刺して三個ずつ三台の折敷と一台の三宝に分けて神前に供える。講中の人たちはそれぞれ持参した供物を神前に供えてもらう。

秋峰祭りは一九日から二三日まで毎日行われる。講中の人たちが供えたものの半分を神前に残し、半分を下げていただく。

(3)天狗神社の祭礼

天狗神社は社殿はなく、祭神は杉の巨木であったが、落雷により途中から折れている。かつてはこの杉の上の方の枝にはしごをかけて、おぶこ餅を供えた。翌日鳥が食べて散らかした様を見て吉凶を占った。鳥がよくついばむと吉とされた(52)。

木境大物忌神社の元宮司の正木勝美(大正一三年生、平成一五年没)は、手書きによる「木境大物忌神社記録帳」第一号(昭和五四年以降)、第二号(平成元年以降)、第三号(平成一一年以降)を残している。この記録によると、当時は一〇月一九日から毎日のように参拝者があった。毎日どこの地域の講中が来ていたのかなど、詳細な記録である。二三日は祭礼の最終日に当たり、当時の神職の一人桂さんが食事をもって天狗様を拝みにいった。

元宮司正木勝美の娘で禰宜の三浦祐子氏(昭和二七年生)によれば、天狗踊りというものがあった。主に神職が踊るもので、長くてごつい鼻のついた赤い面をつけて頬かぶりをし、赤い上下別の着物に白い半纏《はんてん》をその上から着て赤いたすきを着ける。そして手に男根を持ち踊ったという。

以上見てきたように、矢島修験の宗教活動は、春峰と秋峰のそれぞれ三〇日から四〇日にわたる期間に、木境の現大物忌神社の場所で、峰中修行として行われていた。この長期にわたる期間に、多くの崇敬者が多くの地域から訪れていた。春峰と秋峰という本来であれば修験者が自身の出世のために設定した修行の場だが、矢島ではその場に多くの参拝者が集う機会を作り出し、日常とは一段と異なる聖なる場での出会いを作ってきた。ここでは矢島修験の半数が峰入修行を行うが、あとの半数はここに来てくれた参拝者・崇敬者・信者の人たちのもてなしを行うことが可能となる。閉じられた空間で籠りの修行を行っているのは、自分たちの村の法印様なのだ。会うことはかなわなくとも、その聖なる空間を共有できるのは、信者の人たちの信仰の思いを満たす大きな要素となっていたのではないだろうか。

矢島には蕨岡・吹浦・小滝のような、舞楽・延年・田楽といった年齢階梯に伴う儀礼芸能の伝承がない。しかし先に見てきたような「笈取笈渡し式」が、矢島藩の重役をも招いて大規模に行われ、配布する牛王札宝印は二〇〇〇枚近くにも達する。これに続いて春の峰入りの最中には大規模な虫祭りも行われていた。秋の峰入りの期間には、ほぼどの村でもかなりの人数で参詣をしていた。この時には修験者たちによる滑稽な天狗踊りも披露された。明治以降も各村々では講中を組んでの参詣が盛んに行われていた。

4　矢島地域の獅子舞

村における宗教活動として重要なものが獅子舞の廻村であった。これまで見てきたように、上記の蕨岡・吹浦・小滝では獅子頭を擁して、新年や春・秋の行事として周辺の集落を廻っている。この獅子舞は御頭舞・御宝頭舞・十二段の舞などと称し、今も獅子が巡行する地域の人々にとっては祈りの対象となっている。

にかほ市伊勢居地番楽の獅子頭

獅子頭　矢島町　矢島修験正蔵院伝来
（個人蔵　由利本荘市提供）「奉納獅子一頭　矢嶋新庄村　中塗　余市右衛門　有周　作初兵衛　長助　別当正源坊」の銘文あり。

由利本荘市屋敷番楽

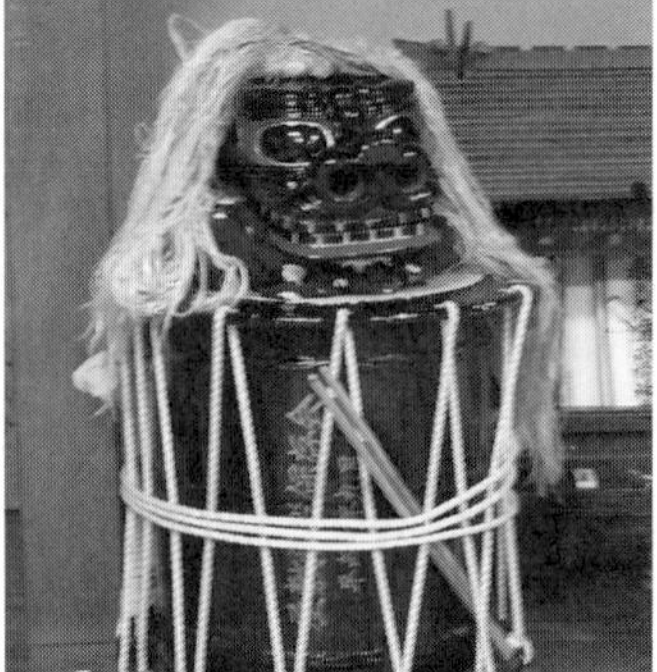

由利本荘市屋敷番楽獅子頭

矢島修験の活動範囲では、本海流獅子舞と称した獅子舞が矢島領内の広い範囲に分布している。これは矢島修験の分布の広さ故に、宗教活動を共同して行う年間の行事が春と秋に集中しており、それ以外は修験者が自身の霞の範囲で活動をしていたからだと考えられる。

　鳥海山麓では、獅子舞や番楽など修験との関わりを持つ芸能が広く分布している。矢島修験が活動した範囲には、醍醐寺三宝院の遊僧本海行人が伝えたとされる本海番楽が、旧鳥海町・旧矢島町一円に分布している。旧鳥海町中直根には「寛永三年七月吉日　獅子頭先達　本海行人（花押）」銘の奥書を持つ獅子舞由来巻物の写本がある。ここには、「理源大師が大峰阿古谷で悪龍退治をした」という伝説の後に獅子舞の由来が語られている(53)。とくに生駒氏の御殿に参向して奉仕したと伝えられる荒沢・興屋・二階集落の三頭の獅子を御用獅子と称し、明治までは毎年盆の一四日に殿中で舞ったのだという。

　本田安次は、番楽ではなく獅子舞を芸能の名称とするのは、獅子舞が儀礼的にも重要な役割を持っていたからだとしている(54)。また修験者のいない集落では、獅子舞をつかさどる獅子別当がいたり、村の中で獅子の行事があると獅子の世話をしたり、獅子宿を勤める家柄もあった(55)。

　獅子舞は鳥海山周辺一帯にも広く分布しており、以下のように、番楽の視点からだけでは理解できない宗教的に重要な役割を担ってきている(56)。そして本海行人が当地方に来るよりももっと早い時代から出羽国には獅子舞があった。出羽の平鹿郡横手郷の熊野新宮では、観応元年（一三五〇）に秋田城之助源泰長が、吉田・飯詰・八幡の三か庄を寄進し、さらに雄勝・平鹿・山乞（本カ）三郡の牛王獅子舞椋領を寄せた(57)。この熊野新宮では「牛王獅子舞椋（霞カ）領」を認められ、牛王宝印を配り、獅子を舞わして歩いていた。そして鳥海山麓すべての修験集落に居住していた修験者も、羽黒山でも、またその山麓で「高寺八講」という修験道系の芸能を残す高寺でも、獅子頭を特別に神聖視して正月や祭礼などの折に獅子舞を舞う習慣がある。こうした歴史的な事柄と呼応するように、この時期以降には、獅子舞の記録が以下のように現れてくる。

①山形県鶴岡市羽前金峰山六所堂（現六所神社）の獅子頭
　正平六年（一三五一）、永享二年（一四三〇）、室町期頃、桃山期頃計六頭
②嘉吉三年（一四四三）　山形県南陽市宮内熊野大社
③永和二年（一三七六）　秋田県湯沢市山田八幡神社の獅子頭(58)

熊野信仰そして修験というキーワードを接点に考えてみると、こうした獅子頭が残されていた地域と鳥海山は無縁ではないであろう。前述のように矢島には近世期以降に醍醐寺三宝院の遊僧本海行人が伝えたとの伝承をもつ獅子舞がある(59)。

上記のように、本海行人が来るよりも遙か以前から出羽国では獅子舞が伝えられていた。醍醐寺三宝院の遊僧というよりも、獅子頭を熊野信仰を介して熊野権現の神霊の表れとして奉じて歩いた修験者が活躍していたということこそ、中世から近世にかけての東北地方の主に北部地域の大きな特色であったと考えられるのではないだろうか。その展型的な事例として矢島修験の活躍していた鳥海山北麓にこの獅子舞が彼らの足跡として残っているのであろう。

註

（1）『史跡鳥海山—国指定史跡鳥海山文化財調査報告書—』秋田県由利本荘市教育委員会・にかほ市教育委員会・山形県遊佐町教育委員会　二〇一四

（2）神田より子『科学研究費補助金研究成果報告書　鳥海山蕨岡修験の宗教民俗学的研究』一九九八、神田より子『科学

研究費補助金研究成果報告書　鳥海山小滝修験の宗教民俗学的研究』二〇〇七

(3) 神田より子『科学研究費補助金研究成果報告書　鳥海山を巡る国境文化の歴史民俗学的研究』二〇一四

(4) 佐藤久治「鳥海山信仰と山麓修験」月光善弘編『山岳宗教史研究叢書七　東北霊山と修験道』名著出版　一九七七

(5) 佐藤久治　前掲(4)に同

(6) 本田安次『本田安次著作集　第五巻　神楽V』錦正社　一九九四

(7) 神田より子　前掲(3)に同

(8) 戸川安章「鳥海山と修験道」月光善弘編『山岳宗教史研究叢書七　東北霊山と修験道』名著出版　一九七七

(9) 姉崎岩蔵『鳥海山史』国書刊行会　一九八三(一九五二)

(10) 神田より子　前掲(3)に同

(11) 姉崎岩蔵　前掲(9)に同

(12) 和歌森太郎『修験道史研究』平凡社　一九七二(一九四二)

(13) 日本大蔵経編纂会『修験道章疏三』名著出版　一九八六復刻版(日本大蔵経編纂会　一九一六)

(14) 鈴木昭英『修験道歴史民俗論集一　修験教団の形成と展開』法蔵館　二〇〇三

(15) 関口真規子『修験道教団成立史—当山派を通して—』勉誠出版　二〇〇九

(16) 秋田県編・発行『秋田県史　第二巻　近世編(上)』一九六四

(17) 前掲(9)に同

(18) 姉崎岩蔵　天保一四年(一八四三)「□□（鳥海カ）山修験人別書帳　羽州由利郡矢島　触頭元弘寺」(榊家蔵書)　神田より子　前掲(3)に所収

（19）神田より子　前掲（3）に所収
（20）明治二年「矢島郷別当復職之写」（姉崎寄贈　現矢島資料館蔵）　神田より子　前掲（3）に所収
（21）以上引用は前掲（3）明治二年「矢島郷別当復職之写」より
（22）佐藤久治　前掲（4）に所収
（23）佐藤久治　前掲（4）に同
（24）鈴木昭英　前掲（14）に同
（25）神田より子『科学研究費補助金研究成果報告書　鳥海山小滝修験の宗教民俗学的研究』前掲（2）に同
（26）神田より子　前掲（3）に同
（27）神田より子　前掲（3）に同
（28）神田より子　前掲（3）に同
（29）矢島町教育委員会編『木境大物忌神社虫除け祭り調査報告書』一九九九
（30）前掲（29）に同
（31）前掲（29）に同
（32）「元禄三年御裁許絵図」矢島郷土資料館所蔵
（33）神田より子　前掲（3）に同
（34）神田より子　前掲（3）に同
（35）遊佐町史編さん委員会編『遊佐町史資料集第一号　鳥海山資料（鳥海山史）』遊佐町　一九七七
（36）山形県史編纂委員会編『山形県史　資料編15下　古代中世史料二』山形県　一九七九

(37) 以上蕨岡に関しては　神田より子『蕨岡延年』遊佐町教育委員会　一九九四
(38) 神田より子　前掲(3)に同
(39) 神田より子　前掲(3)に同
(40) 神田より子　前掲(3)に同
(41) 前掲(1)に同
(42) 鈴木昭英「当山派の官位」宮家準編『修験道辞典』東京堂出版　一九八六
(43) 鳥海町史編纂委員会編『鳥海町史』鳥海町　一九八五
(44) 鈴木昭英　前掲(14)に同
(45) 鈴木昭英　前掲(42)に同
(46) 嘉永三年(一八五〇)「笈取祭礼諸色覚帳　覚王寺住　胎蔵院頼峰　控」(榊家文書)　神田より子　前掲(3)に所収
(47) 神田より子　前掲(3)に同
(48) 「親睦公御入部御納戸日記抄」『郷土史料第二集　御納戸日記・御用部屋日記抄(一)〜(十)』矢島町教育委員会　一九九六、前掲(29)の内容も含む
(49) 前掲(29)に同
(50) 神田より子　前掲(3)に同
(51) 前掲(29)に同
(52) 前掲(29)に同
(53) 前掲(43)に同、秋田県教育委員会編『秋田県の民俗芸能—秋田県文化財調査報告書』第二二七号　秋田県文化財保護

協会　一九九三
(54) 本田安次　前掲(6)に同
(55) 高山茂『本海番楽―鳥海山麓に伝わる修験の舞―』鳥海町教育委員会　二〇〇〇
(56) 神田より子「山伏神楽・番楽から見た獅子舞―鳥海山周辺を中心に―」『民俗芸能研究』第五〇号　民俗芸能学会　二〇一一
(57) 秋田県編・発行『秋田県史資料　古代中世編』一九六一
(58) 神田より子　前掲(3)に同、①は町田市立博物館編集・発行『町田市立博物館図録　第九八集　獅子頭―東日本を中心に―』一九九六
(59) 本田安次　前掲(6)に同

第五章　鳥海山滝沢修験

はじめに

秋田県由利本荘市滝沢に位置する滝洞寺と由利町に散在する一三坊は、承応元年(一六五二)には羽黒山末寺であった[1]。

由利本荘市森子にある八乙女山大物忌神社からは道者道が開かれ、森子も鳥海山登山口の一つである。今は森子大物忌神社と呼ばれているが、かつては大物忌神の本地仏である薬師如来を祭る薬師堂と称していた。その周辺の由利郡滝沢地域には、かつては滝沢院主の滝洞寺をはじめ末派の修験者が居住し、滝沢修験として一派を成していた。

由利本荘市森子　森子大物忌神社本殿

伝承によれば、大物忌神社の草創は養老年中とされる。八乙女山を開いたのは仁賀保から移住した竜洞荒法師で、鳥海山裏口の登山口を開き、遙拝所を設け、寺院の数も三三坊に達したとされる。由理《ママ》氏の後裔滝沢氏の時代になって、三代領主政元の弟意風が竜洞寺に入り寺の跡目を継いだ。この意風は矢島修験を相手に旋風を巻き起こしたという。六代目領主の政道は慶長八年(一六〇三)に滝沢城を前郷に築き、これに伴い竜洞寺も前郷に移り、藩内の触頭として活躍した。一方八乙女の地にあった薬師堂は現地に残り、竜洞寺の娘と婚姻した森子文殊院が別当となった[2]。

由利本荘市森子　森子大物忌神社
木造薬師十二神将像 1

木造十二神将像のうちの
毘羯羅大将（釈迦如来）像
滝沢　森子大物忌神社蔵
（由利本荘市提供）

由利本荘市森子　森子大物忌神社
木造薬師十二神将像 2

木造十二神将像のうちの
招杜羅大将（大日如来）像
滝沢　森子大物忌神社蔵
（由利本荘市提供）

大物忌神社は、かつては八乙女山薬師堂と称し、本地仏薬師如来と脇士の日光菩薩・月光菩薩そして十二神将が安置されている。

明治になって滝沢修験がいつ復飾願いを出したのかに関する記録は管見では不明である。明治二年(一八六九)には「奉差上願書之事」が寺社奉行所宛で出されており(田村家、和合院文書)(3)、動きは遅かったようである。しかし明治五年には「大物忌神社氏子札」「神風講社守札」「神歌」が仮社掌竜洞霞の名前で出されている(文殊院家文書)(4)。こうしたことから、この期間に復飾願いも出されたと推測できよう。

本章では鳥海山北麓の滝沢修験に焦点を当てて、近世期における本末関係、一山組織、修行と位階、そして明治以降の芸能と文化を取り上げてゆきたい。

一　滝沢地区の概要

滝沢修験が本拠地とした由利本荘市森子地区は、合併以前には由利町、それ以前は西滝沢村に属し、森子村とも守子村とも書く。長保年中(九九九〜一〇〇四)より開けたと伝えられ、民家の多くは上の山の御判紙屋敷にあったものを、近年に至り漸次今の地に移った。寛永二一年(一六四四)には百姓三〇戸であったが、享保二年(一七一七)には五四戸に増えた。前郷への渡船場があり、昔村名を守子と書いたところから渡守の守小屋より起因したのではないかとされる。また森子村の一部だったという隣の明法村は、明応年間(一四九二〜一五〇二)に開けたとされ、中世には明法という僧がいて、禁厭祈禱をよくし、その名は四方に聞こえたという。参詣の者が明法に行くというので村の名前になったとされる(5)。この名前こそ修験の住む村にふさわしいのではないかと思ってしまう。

滝沢修験関係森子集落絵図　上：森子周辺詳細　下：八乙女山周辺詳細
寛永21年(1644)～享保10年(1725)までの文書が貼付されている。
森子集落所蔵(由利本荘市提供)

滝沢修験の中心寺院は、山号を八乙女山、寺号を竜洞寺と称し、本来は森子村にあった。(6)別当竜洞寺は八乙女院主法印を名乗り、「八乙女宝印」と印字された牛王札を出していた。八乙女山にあった薬師堂は、明治期になって森子大物忌神社を称するようになった。森子集落が所有している絵図には、「滝沢之内森子村草分百姓」「吉沢村仁右衛門口上書之覚」などの寛永二一年(一六四四)から享保一〇年(一七二五)までの五枚の文書が貼り付けてある。この絵図の下方には子吉川があり、その上に大きく蛇行した滝沢堰という水路が流れ、森子地区はこの水路に沿って集落を形成していた。山麓には「八乙女」の文字と複数の社堂が描かれ、周辺には「念仏田」や「仏供田」の文字も見える。かつては船で子吉川を渡り、八乙女山へ詣でるものであったと伝えられている。

現在の森子大物忌神社の社殿は安政二年(一八五五)に再建されたもので、かつては薬師堂と称し、本地仏の薬師如来座像、脇侍の日光菩薩・月光菩薩、そして薬師十二神将の像が残る。神社は八乙女山の中腹に位置し、約三〇〇段の石段が築かれ、途中には神楽座跡が残り、ここより上は聖地とされ、戦後に女人禁制が解除されるまで、この上に女性は上ることが許されなかった。石段を登りきると社殿があり、その脇から「道者道」と呼ばれる鳥海山登拝道が続き、ここから鳥海山二合目の木境を通り、山頂に至る滝沢登拝道の起点になる。

森子薬師堂は歴代の本荘藩主の崇敬が厚かったとされ、正徳三年(一七一三)には六郷長之助が「金幣束」と絵馬「鷹」を奉納、正徳五年には六郷氏(女)が絵馬「猩々」を奉納、享保三年(一七一八)には四代藩主六郷政晴が「御神鏡」「梵鐘」を奉納、五代藩主六郷政長が絵馬「布袋」を奉納、また元文三年(一七三八)には政長公御武運長久のため八乙女山神輿造立、寛政三年(一七九一)には政武公御武運長久のため八乙女山神輿造立がなされた。(7)

森子集落にあった亀福院(多田千尋家)は田の神神社の別当を勤め、森子大物忌神社の鳥居右側に位置し、冷泉が湧いており、かつては田の神湯という湯治宿もやっていた。亀福院は獅子頭を有し、正月には獅子舞を行い、祈禱をして歩いていたので、田の神獅子とも呼ばれていた。獅子頭の内側には「施主　六郷徳三良　別当什器」との漆書きもある。（8）明治一五年（一八八二）九月二〇日は田之神神社祭典に当たり、「放楽獅子舞」奉納願いを森子村役場戸長に提出した。この頃には祭礼の折には獅子を廻していたことが窺われる。

由利本荘市森子　森子大物忌神社へ上る階段

由利本荘市森子　森子大物忌神社の山号である八乙女山の牛王宝印

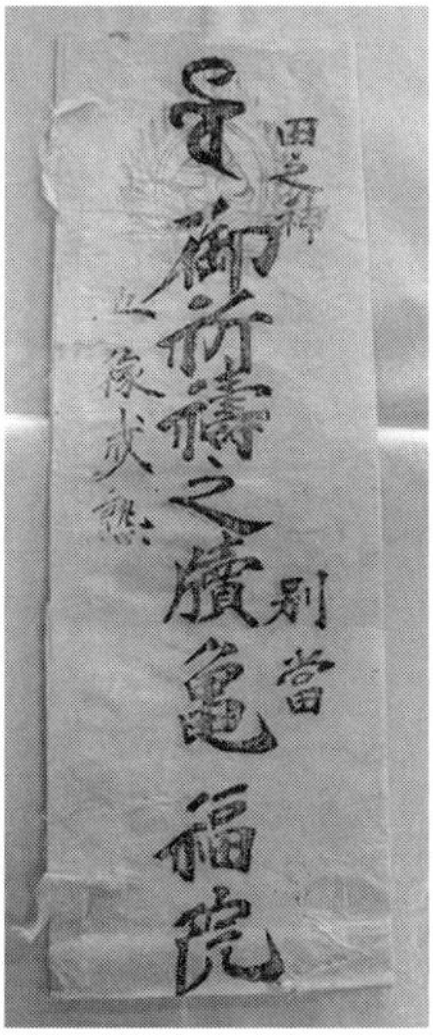

由利本荘市森子　滝沢修験　田之神別当「御祈禱之牘亀福院」亀福院多田家蔵

二　滝沢修験の本末関係

滝沢修験は承応元年（一六五二）には羽黒末であったという。(9)その根拠は以下の文章である。

承応元壬辰年、大猷院殿御一周忌、於日光山御法事有。此山別当為衆徒惣代、時之役人愛染院登勤。並、鳥海山惣代壱人、高寺惣代壱人、由利滝沢竜因寺（ママ）、何茂依為羽黒之末寺、天宥下知にて此山衆徒之内、日光山江登被勤、(10)

（傍線引用者）

この文章では、大猷院殿の御一周忌にあたり、日光山での御法事への出仕が命じられている。この頃の天宥は鳥海山・高寺山、由利滝沢竜因寺は羽黒山の末寺であると認識していたのだ。

続けて戸川安章の論を見てゆこう。これより前の元和四年（一六一八）に鳥海山上の社殿が造立され、蕨岡観音寺の学頭弘学法印の書いた棟札には、小滝院主を松岳山順峰衆徒、矢島を滝沢逆院主の衆徒と記載されていること、また承応三年（一六五四）の山上の社殿建設における棟札には蕨岡学頭である融宗法印を筆頭に、小滝と滝沢の書き方は元和のものと同じであること。このことから戸川は、当時はまだ矢島の勢力が小さかったのではないかと推測している。天和二年（一六八二）の改築の際に山上本殿に打ち付けられた棟札には、次のような順序で名前が書かれており、滝沢は矢島の後塵を拝するに至ったという。

松岳山順峰衆徒中

御入仏導師蕨岡学頭

滝沢院主

（梵字）奉造立鳥海山大権現、、、、、、、

小滝院主

矢島学頭福王寺

矢島逆峰衆徒中(11)

その後、元禄三年（一六九〇）には、滝沢の忠道院頼秀は天台宗羽黒山の末寺であるのに、真言宗の山である鳥海山に道者を先達し、また牛王札や守札を配るのは「宗門之妨ニ罷成候」と、当山方の菩提院に訴えられ、今後はやらない旨の請け書を提出させられたという(12)。

このように滝沢修験は羽黒山の末寺であり、鳥海山の山上社殿の儀礼には参列していた。鳥海山麓に居住し、鳥海山への登山口を有し、収入の主なものは鳥海山への登拝者からのものと考えられるので、これは正当な行動とも思えるが、こうした訴えもあった。

三　滝沢修験の一山組織

滝沢修験の一山組織の全体像はよくわからない。院主竜洞寺と薬師堂別当の文殊院が別格とされている。羽黒山正善院蔵の『延享三年改羽黒派修験連名帳』から滝沢修験のおおよその内容が見えてくる。この文書は延享三年（一七四六）当時の羽黒派修験の全体像とその所在がわかる貴重なもので、滝沢の分は以下の通りである。

由利郡本庄領滝沢

一　拾九石壱斗五升七合　　鳥海山院主　　○竜洞寺

新　七百軒　減弐拾軒
実蔵坊　一　弐十軒　奉行免村　和合院
同　一　十五軒　□郷村　宝光院
同　一　廿六軒　曲沢村　観正院
同　一　百三十軒　山田村　慈宝院
同　一　久保田村　乗正院
実蔵坊　一　五十士村　宝性院
同　一　森子村　文殊院
正善院　一　二十軒　西目郷猪堀村　南光院
実蔵坊　一　拾軒　米山村　大善院
同　一　森子村　円学坊
同　一　小菅野村　宝蔵坊
東林坊　一　十軒　子吉郡藤崎村　大学坊
実蔵坊　一　明法村　慈性院
同　一　亀城村　大光坊
同　一　□沢村　東光坊
正善院　一　十五軒　猪岡村　正乗院
実蔵坊　一　鮎川郷関口村　普賢院

同　一　　　　　　前郷村　　大乗坊
同　一　　　　　　同　村　　重覚坊
同　一　　　　　　吉沢村　　宝性院
同　一　　　　　　小友郷大沢村　善乗坊
　　　合　廿二ケ寺[13]

このように滝沢竜洞寺を院主として、この当時は二二軒の修験が羽黒派の末派修験として登録されていた。上段は羽黒山本寺の霞主であり、下段が滝沢地区の羽黒派修験である。

四　修行と位階

薬師堂別当（現森子大物忌神社宮司）の文殊院（多田家）には、天保一二年（一八四一）に院主竜洞寺が発給した坊号の次の補任状が残るので、坊号までは地元で補任されたとわかる。

坊号之事　天保十二年八月　八乙女山龍洞六十六主覚端　文殊坊[14]

それより上の位階は羽黒山まで行き、峰中修行を経た上で補任を受けたものと思われる。旧宝光院の佐々木家には以下のように八通の補任状[15]が残る。

①　　院号之事

　授与　　　　宝光院

右依先例之法位令免許之訖者守本寺之下知可専修験道之学業者也、仍而如件、

文化二乙丑年七月

羽黒山寂光寺　　権大僧都実蔵院阿闍梨法印　珍興(朱印)

②

白袴之事

授与　　宝光院

右因先規之例令免許之畢者宜着用者也、仍而如件、

文化二乙丑年七月

羽黒山寂光寺　　権大僧都実蔵院阿闍梨珍興(朱印)

③

螺緒之事

授与　　宝光院

右因先例之法規令免許之畢者宜着用者也、仍而如件、

文化二乙丑年七月　日

羽黒山寂光寺　　権大僧都実蔵院阿闍梨法印　珍興(朱印)

④

紫紋白結袈裟之事

授与　　宝光院

右依　輪王寺一品大王御気色令免許訖者弥可専宗門之戒律者也、仍執達如件、

文化二乙丑天八月朔日

羽黒山執行別当代　篤行院法印　義研(朱印)

⑤

権大僧都之事

授与　　　本庄滝沢郷前郷村　宝光院　長祐

右因先例之法位令免許訖者宗派之勤行弥不可有怠懈者也、仍如件、

文久元酉年八月朔日

羽黒山寂光寺　　　大阿闍梨法印　実蔵院　昌芳

（朱印）　（朱印）

⑥

白袴法螺緒等之事

授与　本庄滝沢郷前郷村　　宝光院

右依宗派之法衣令許容訖者宜有着用者也、仍而如件、

文久元酉年八月朔日

羽黒山寂光寺　　　大阿闍梨法印　実蔵院　昌芳

（朱印）　（朱印）

⑦

紫紋白結袈裟之事

授与　　本庄滝沢郷前郷村　　宝光院　長祐

右依輪王寺一品大王御気色任宗派之法衣令免許訖者、修験之勤行宗門之戒律専可有精修者也、仍如件、

文久元酉年八月朔日

羽黒山別当執行　　　海龍王院権僧正　澄海

（朱印）　（朱印）

⑧

入峰之事

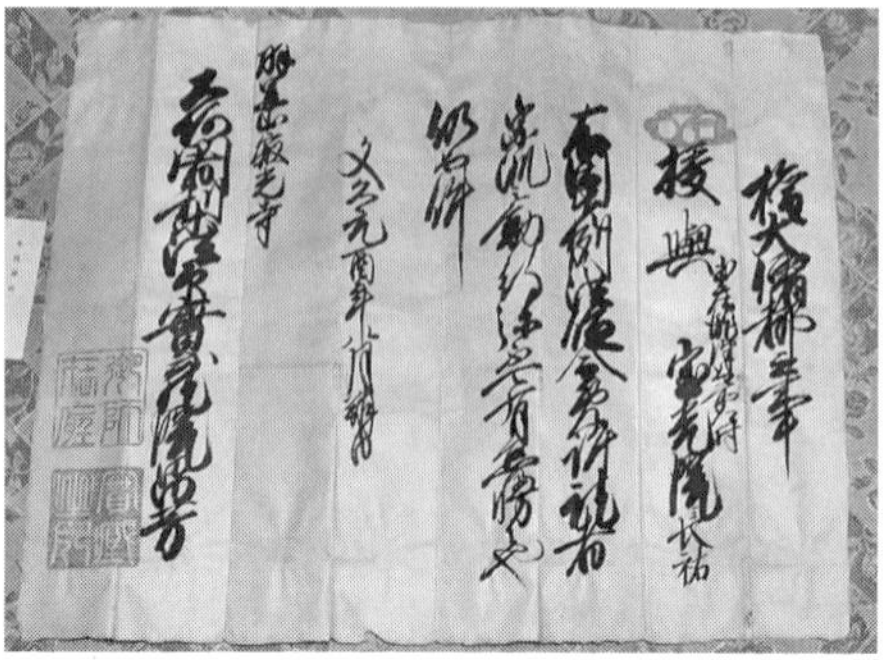

由利本荘市滝沢村宝光院宛　羽黒山寂光寺大阿闍梨法印実蔵院より授与された補任状⑤「権大僧都之事」文久元年（宝光院蔵）

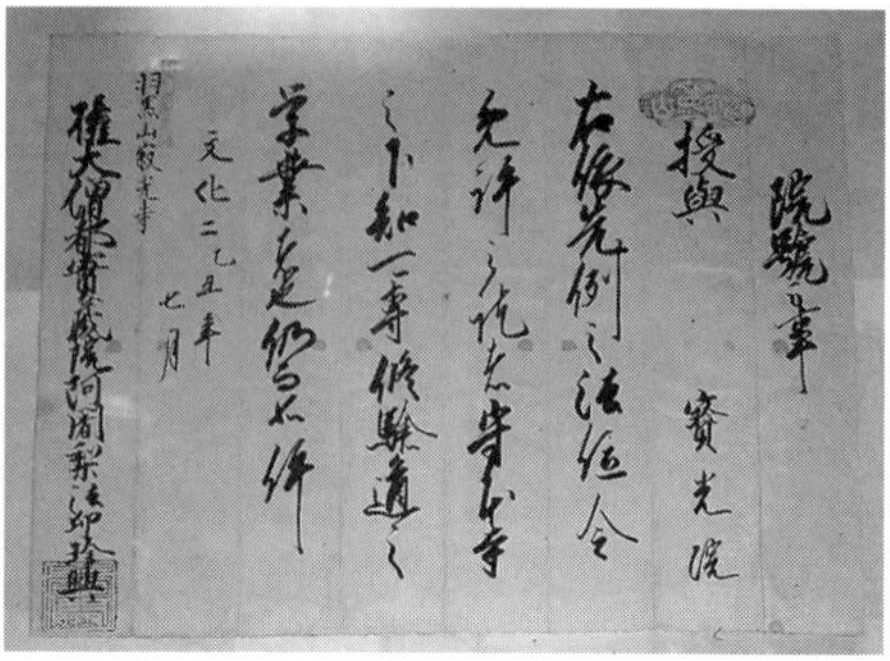

由利本荘市滝沢村宝光院宛　羽黒山寂光寺権大僧都実蔵院阿闍梨法印珍興より授与された補任状①「院号之事」文化二年（宝光院蔵）

由利本荘市滝沢村宝光院宛　羽黒山寂光寺大阿闍梨法印実蔵院昌芳より授与された補任状⑥「白袴法螺緒等之事」文久元年（宝光院蔵）

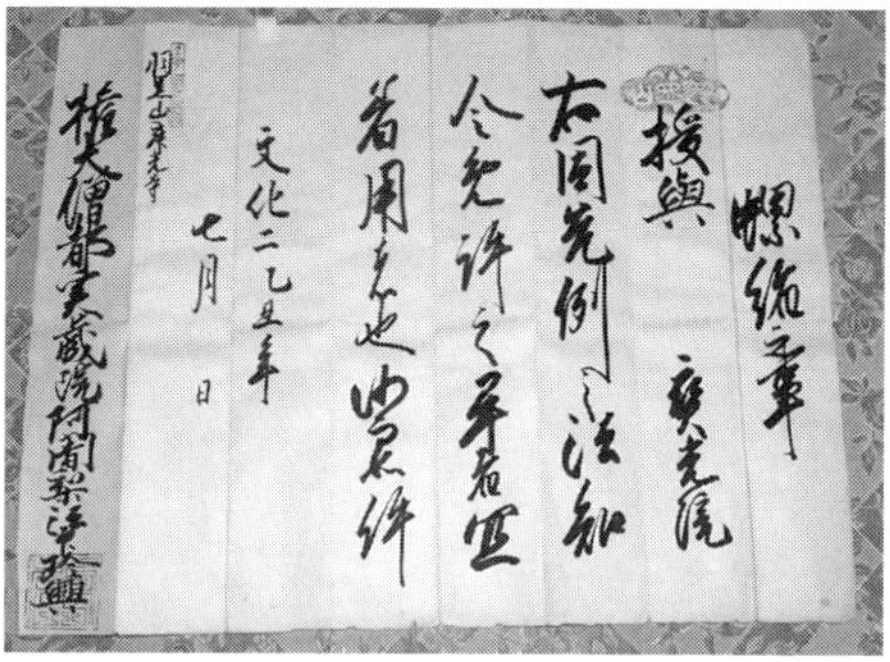

由利本荘市滝沢村宝光院宛　羽黒山寂光寺権大僧都実蔵院阿闍梨法印珍興より授与された補任状③「螺緒之事」文化二年（宝光院蔵）

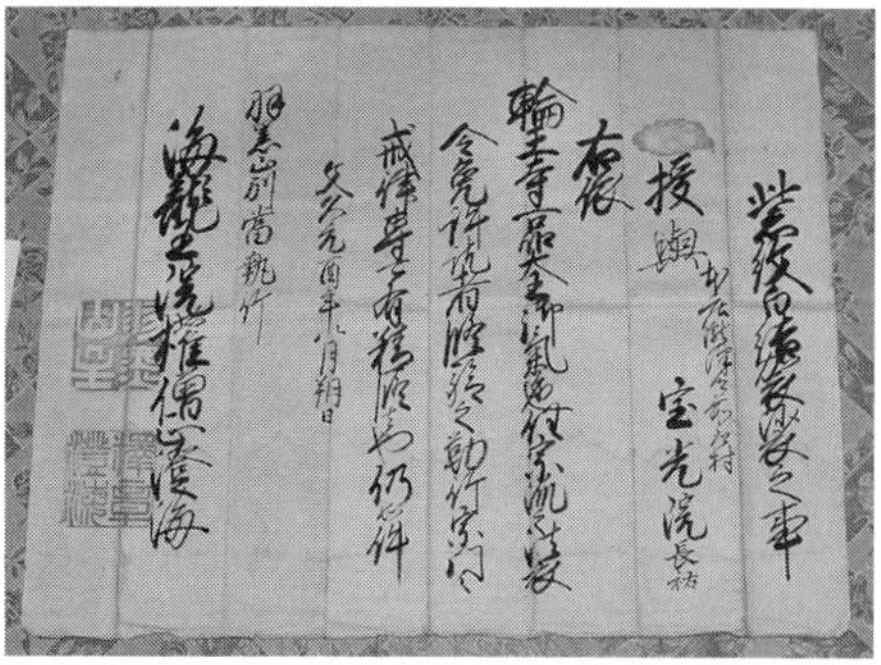

由利本荘市滝沢村宝光院宛　羽黒山別当執行海龍王院権僧正澄海より授与された補任状⑦「紫紋白結袈裟之事」文久元年（宝光院蔵）

由利本荘市滝沢村宝光院宛　羽黒山執行別当代篤行院法印義研より授与された補任状④「紫紋白結袈裟之事」文化二年（宝光院蔵）

佐々木　敬事
敬悠

右信当神社之旨義為峰中初度参勤則認識平素篤行訖者、愈固敬愛真心可抽奉公者也、

平成十一年八月三十一日

出羽　月山　湯殿　三山神社

このように文化二年（一八〇五）七月に補任された①「院号之事」、②「白袴之事」、③「螺緒之事」、同二年八月一日の日付のある④「紫紋白結袈裟之事」の計四通。そして文久元年（一八六一）八月一日の日付のある⑤「権大僧都之事」、⑥「白袴法螺緒等之事」、⑦「紫紋白結袈裟之事」の三通がある。

さらに平成一一年（一九九九）八月三一日には出羽三山神社からも⑧「入峰之事」という神道流による秋峰の初入峰を果たした証状があり、江戸時代から今に続く羽黒派山伏の伝統が窺える。

以下では戸川の記した羽黒山の秋の峰を参考に、滝沢修験の修行と位階について考えてみよう。羽黒山では秋の峰を諸国山伏出世の峰と呼び、末派修験はこの峰修行により位階昇進の許しを受け、権大僧都・法印・大越家といった法位を授けられ、柿色の直綴衣や小五条の着用が認められた。修行期間はいつからか七五日から三〇日に縮められ、寛文九年（一六六九）には一五日間と短縮し、七月二〇日入峰、八月四日か五日に出峰と改めた(16)。

このことから文化二年（一八〇五）に「院号之事」の補任を受けた佐々木家の宝光院は一五日間の修行を重ねたのであろう。佐々木家に残る文化二年の三通の補任状は、どれも七月に出されているが日付がない。一方、八月一日の日付の補任状も五通残る。

秋の峰が一五日間だった頃の修行は、七月一八日に笈緘の行から始まり、一の宿・二の宿の行を勤め、七月二八日

の後夜勤行後、山上の諸堂を巡拝し、二の宿に別当、三大先達を招き、彼らの前に大越家に昇進の修験者が入り、別当に初見参の礼をとり、補任の証状を授けられる。次いで法印官に昇進の者が補任状を受ける。続いてそれ以外の者が受ける。この後、位階相当の装束に着替えて、法印官以上に昇進した者は別当から杯を頂戴する。これら一連の式を及位《のぞき》という。この後、鳴子《なるこ》と称する十界修行の内の第六界の修行に当たる「延年の行」、羽黒では舞を舞い、謡を謡う儀礼が行われる。こうして二九日に密印灌頂を受け、入峰者の住所・坊号・法号・位階・本末関係などを記載した床帳に印判または拇印を押し、八月一日の日中に柴燈護摩を修し、三の宿に駆け入る。三の宿の行が終了すると、産声を上げて宿坊に戻り、帰国となる。[17]

このようなプロセスを経て羽黒修験は位階を上げる。しかし七月に受けた補任状の日付がないのはなぜか不明である。何かの都合で前年に受けた位階の補任を秋の峰の始まる前にもらい受けたのであろうか。

五　霞と牛王宝印

以下の資料（森子大物忌神社蔵書）は、寛延二年（一七四九）に江戸在番の役人も連署で八乙女薬師に子孫繁盛と諸作豊穣の祈禱を依頼したものである。滝沢郷の中の八乙女下の田の一〇石六斗四升の内、三石三斗を年貢として取り立てないという方法で、龍洞寺に寄進をした内容である。

覚

滝沢郷之内八乙女下、田高拾石六斗四升之内三石三斗、無年貢ニて今度八乙女薬師え被成御寄進候、弥以　御子孫繁昌并諸作豊饒之御祈禱可有執行候、以上

寛延二己巳年二月廿九日

鈴木八郎左衛門（判）
伊藤弥左衛門（判）
滝沢　嘉内（判）
井出　半之進（判）
江戸在番　吉岡清左衛門
太田与右衛門（判）
江戸在番　野辺三郎兵衛（判）
野辺浦右衛門（判）
玉米理左衛門（判）

龍洞寺

右之通被成御寄進候間、永旨可相守者也、

六郷　主水（判）
江戸在番　六郷　兵部
玉米源五兵衛（判）
山内次郎兵衛（判）
野崎八左衛門（判）
村岡権右衛門（判）[18]

当時、滝沢および藩内の多くの人々が八乙女薬師への信仰を持っていたことが見えてくる。『由利町史』[19]には滝沢修験三三坊とあるが、前述した延享三年（一七四六）の『延享三年改羽黒派修験連名帳』に記載のあった羽黒派の滝沢修験は二二か寺で、村落と修験者名は次の通りである。

鳥海山院主	竜洞寺
奉行免村	和合院
□（前カ）郷村	宝光院
曲沢村	観正院
山田村	慈宝院
久保田村	乗正院
五十士村	宝性院
森子村	文殊院
西目郷猪堀村	南光院
米山村	大善院
森子村	円学坊
小菅野村	宝蔵坊
子吉郡藤崎村	大学坊
明法村	慈性院
亀城村	大光坊
□沢村	東光坊

猪岡村　　　正乗院
鮎川郷関口村　普賢院
前郷村　　　大乗坊
同村　　　　重覚坊
吉沢村　　　宝性院
小友郷大沢村　善乗坊　　合廿二ケ寺[20]

これが延享三年（一七四六）当時の滝沢竜洞寺以下二二寺の羽黒派修験の名前とその霞となる集落名である。少なくとも、ここに記された村落の範囲は滝沢修験の霞の範囲と考えられよう。

今後、勧化帳などを詳細に分析することで、その範囲もさらに詳しく見えてくるものと期待したい。

六　芸能と文化

森子大物忌神社は鳥海山の遙拝所とされ、かつては子吉川で禊ぎをした後に登拝するものであったという。以下では『史跡鳥海山保存管理計画書』（秋田県版）掲載の「森子大物忌神社の祭礼と修験」からその様子を見てみよう。

大物忌神社の祭礼は、本地仏薬師如来の縁日であった四月八日であった。安政二年（一八五五）の「御祭礼行列役割薬師堂再建御遷宮執行」（文殊院蔵）から行列の全体像が見える。

（表紙）　「安政二乙卯四月八日
　御祭礼行列役割　　薬師堂再建御遷宮執行」

（裏表紙）「御祈禱大護摩並本願経

当村世話方　同　若者世話方」

列覚

一　御先祓　四人　寅之助　丑松　丑之助　定吉

一　山巡し　七右衛門　二代　与助兄　惣郎兄

一　大旗持　籐右衛門　与右衛門

一　弓　長助　間平

一　鉾　五郎兵衛

一　小太刀　金助

一　小太刀　長之助

一　榊　三右衛門　長吉

一　道祖神　孫次郎

一　酒水　文殊院

一　梵天　七左衛門

一　法螺　恵仲　南光院

一　獅子　三九郎　三五郎

一　同　太鼓　惣助

一　禰宜止　並佐

奴コ
一　先箱　三四郎　吉五郎　鉄之助　両治
一　奴子　仙之助
　　下　与四松　鉄五郎
一　大工行列
一　流幡　仁兵衛　喜四郎
一　鉾　重兵衛
一　御輿　三十郎　作兵衛　久太郎　弥平
　　久右衛門　徳兵衛　半平　源五郎
一　鉾　五佐郎
一　別当　宝光院
　　供まわり
一　幣　木　宝蔵院
　　竹　慈正院
一　押し修験
　　供廻り　観正院
一　押御供　金右衛門　吉兵衛
一　押　正乗院

一　長床番　大泉坊
開帳に付き
一　縁記（ママ）　牘　永霊坊　普明院　錦正地　衣
一　御簾上げ　右京坊
一　御万初　源正坊
一　とふ明残（銭カ）
一
一　祓牘
一　焼香　玉蔵院
右之通廻番にて相勤メ被成候

安政二年（一八五五）には「薬師堂再建御遷宮執行」の棟札が残り、それには以下のように記されている。

時維安政二乙卯四月八日
御願主藤原朝臣政殷公御子孫繁盛栄祈処　一天太平
奉再建羽州油理（ママ）郡滝沢郷八乙女山薬師仏御堂一宇　処
別当竜洞寺　四海静謐
八乙女院主　法印覚瑞[21]

八乙女山院主の竜洞寺が記した棟札の日付も、薬師如来の縁日である四月八日で、この日に薬師堂再建の遷宮式が執行されていた。
その伝統が引き継がれていたと考えられるが、それが新暦五月八日に変更となり、今は四月第三土曜・日曜日となっている。氏子の範囲は森子地区と明法地区で、明法には氏神の稲荷神社があり、二重氏子である。

祭礼組織は森子が上・中・下、明法が上・下の計五組からなり、当番は年番制で、当番の組が神宿（今は公民館）を勤める。

宵宮祭の早朝には、神社参道の石段脇に氏子各組で幟立てを行う。神宿前の庭には、山砂を盛り御幣を差し注連縄を張って竹矢来で囲んだお休み場が作られる。巡行の際に御輿はこの上に安置される。午前中は「山廻し」と称する神輿渡御の差配役三人が、羽織を着て着物の裾をたくし上げ、山高帽をかぶり竹の杖をもって氏子各戸に祭礼の口上とともに日時を告げてまわる。この行事を「つげ振り」という。

夕方、当番地区では当番長と神宿主人以外の者が御幣灯籠・幟・太鼓・獅子をもって神社に登り、神輿を迎える。神事の後の御霊遷は神輿を神殿の中に入れ、浄闇の中で行われる。その後神輿渡御となり、神宿まで巡行する祭礼行列は以下の通りである。

1 御幣灯籠　一七　小灯籠
2 細切紙五幣　氏子総代
3 清水三宝
4 先払い　子供二人
5 御紋灯籠
6 御長刀
7 楽隊
8 御白旗　二人
9 御紫旗　二人
10 白張灯籠
11 桃の花　二人
12 榊　二人
13 小灯籠
14 御獅子
15 御獅子太鼓
16 御木槍　二人
17 小灯籠
18 渡太鼓
19 旗行列
20 山の物、海の物三宝　二人
21 赤絹旗　二人
22 白張灯籠　二人
23 御弓　二人
24 御刀　二人

25 金御幣　二人　26 白幣ぼんぼり　受当番　27 御鏡　当番長
28 御紋灯籠　二人　29 宮司　30 五幣灯籠
31 神輿　32 警護

神宿では、合祀された「田の神」の掛け軸にオサシボウ（御差鉾）というご神体に替わる分霊が祭られており、ここで祭式がある。神宿の庭のお休み場に神輿が安置されると、神宿での神事となり、その後神輿は神宿に一晩安置される。

例祭当日は正午から神宿で御旅所祭・発輿祭が挙行され、その後に盛大な直会がある。その際の席順は当番組の総代による配慮をきかせた順序で、召し立てを行って席に着く。その後神輿渡御となり、集落内を神輿が巡り歩く。神社に着くと急な石段を一気に駆け上る。ここが一番の見所で、神輿担ぎの技が披露される。この後還御の式となり、人々は拝殿の板戸を激しくたたき、太鼓を打ち鳴らして乱声を発する。この後は当番渡しの式となり、当年の送り当番と、次年度の受け当番の総代が「大物忌神社」と書かれたオサシボウの授受を行い、受け当番の宿まで巡行する。宿でオサシボウが納められ、ここで次の年まで毎日供物をお供えし、礼拝が行われる。

森子大物忌神社ではかつて秋祭りもあったというが、今では九月七日に青年達が獅子廻しだけをしている。獅子廻しは氏子中の家々を祓いをして廻るが、舞はなく獅子をかついで太鼓を囃して廻るのみである。(22)

註

（1）戸川安章「鳥海山と修験道」月光善弘編『山岳宗教史研究叢書七　東北霊山と修験道』名著出版　一九七七

（2）由利町史編さん委員会編『由利町史』由利町　一九七〇、佐藤久治「鳥海山信仰と山麓修験」月光善弘編『山岳宗教

史研究叢書七　東北霊山と修験道』名著出版　一九七七
（3）神田より子『科学研究費補助金研究成果報告書　鳥海山を巡る国境文化の歴史民俗学的研究』二〇一四
（4）神田より子　前掲（3）に同
（5）前掲（2）『由利町史』に同
（6）前掲（2）に同
（7）前掲（2）に同
（8）『史跡鳥海山―国指定史跡鳥海山文化財調査報告書―』秋田県由利本荘市教育委員会・にかほ市教育委員会・山形県遊佐町教育委員会　二〇一四
（9）戸川安章　前掲（1）に同
（10）『羽州羽黒山中興覚書』神道大系編纂会編『神道大系　神社編三一　出羽三山』神道大系編纂会　一九八二
（11）戸川安章　前掲（1）に同
（12）戸川安章　前掲（1）に同
（13）神田より子　翻刻　岸昌一　前掲（3）に所収
（14）神田より子　前掲（3）に同
（15）神田より子　前掲（3）に同
（16）戸川安章『修験道と民俗』岩崎美術社　一九七二
（17）戸川安章　前掲（16）に同
（18）神田より子　前掲（3）に同

（19）　前掲（2）に同

（20）　神田より子　前掲（3）に同

（21）　秋田県由利本荘市教育委員会・にかほ市教育委員会編・発行『史跡鳥海山保存管理計画書（秋田県版）』二〇一二

（22）　前掲（21）に同

終わりに

鳥海山の調査を始めた頃に気になったのは、この山麓に住む人々から、鳥海山が長い間修験道と深く関わりを持って生活をしてきたことが忘れられていたことだった。倒れたままの墓石とそこに彫られた戒名が修験の位階を表していたことにまったく無頓着だったこと、門柱についている何々坊という修験道における坊号を単なる屋号だと認識していたこと、宗教集落として麓の集落とは生活状況が違うことを、ここに住む人たちは神職だから他の人たちとは違うという意識以外には考えていなかったことなどである。

明治期の神仏分離令、修験道廃止令以降、一部の寺院をのぞいて、多くの鳥海山修験は「神職」という道を選んできた。それが生活を支える手段だったからである。しかしその結果、地域の歴史や文化の「変遷」が思考の外へと追いやられてしまった。

さらに鳥海山では、修験者の年齢階梯の一環として伝えられてきた蕨岡の延年や吹浦の田楽、そして小滝のチョウクライロ舞を、何のためにやっているのか、当事者たちも意識していなかった。その上、他集落の人たちからは、日常の農作業もしないような付き合いづらい人たちが伝えてきた儀礼、というまなざしで見られていた。

そうした中で、旧修験集落の人たちが伝えてきた資料を掘り起こし、それらを紐解くうちに、現在行われている儀礼や芸能、年中行事の一つ一つが、修験道の修行や宗教生活のそれぞれの部分に当てはまっていることが見えてきた。そしてそれらは、地域社会の人々の生活の指針となるような重要な目安となるものであったり、予兆となるものであったりしたことを、地元の人々も少しずつ認識するようになっていった様子が見えてきた。

一方で、鳥海山麓の各修験集落の人々は、歴史的なしがらみや経緯により、争論や衝突を繰り返してきた。その結果、ほぼ同じ修験道教団に所属していたにもかかわらず、反目しあい、最近に至るまでとても同業の宗教者だったといえるような間柄には見えなかった。

とくに近世期の鳥海山周辺の修験集団は相互に衝突を繰り返し、公事に発展することもしばしばだった。同一領内であれば藩の寺社奉行所に、同一宗派内であれば、本寺にもちこまれ、その裁定を仰いだ。しかし領国を越えての揉め事は本寺でも手を焼いたようである。中でも大きな事件は、鳥海山上の遷宮に伴う御堂の修復に端を発した蕨岡と矢島との争いで、農民を巻き込み、山上の境界争いとなった。訴えを受けた醍醐寺三宝院の江戸役所鳳閣寺は、これは宗教上の争いではないと結論をさけたため、幕府の寺社奉行・勘定奉行・町奉行や老中まで巻き込み、大事件となった。結局、山頂を分けていた庄内藩と生駒藩のうち、江戸幕府と近い力を持っていた庄内藩が政治的な力により生駒藩を圧倒し、境界争いは決着した。

こうした軋轢は現代にまで及び、地域の語りの中では、江戸時代さらには明治期の争いがいまだに尾を引いており、それが地元の研究書にも明白に表れていた。このように近世期以降の歴史を振り返ってみると、人為的に区切られた境界は土地を巡る争いや裁判の火種にもなっていた。

このような争いごとばかりが目につく鳥海山麓の各修験集団だが、その歴史と文化を紐解いてゆくと、実は相互に協力し、影響しあって、鳥海山修験道文化を形成していったことが見えてきた。共通点をいくつか挙げてみよう。序章で見たように、二〇年ごとに建てかえられてきた鳥海山頂の遷宮式には、蕨岡・矢島・小滝、そしてある時代までは滝沢が参列していた。この遷宮式では席順が厳格に決められ、それぞれの時代にはどこの地域が鳥海山における優位性を保っていたかを伺うことができる。さらに公事などをおこした後も遷宮式では席を同じくして共に儀礼を遂行してきた。もちろんこれは経済的な理由が大きく、この場にいなければ鳥海山頂における経済的な権利の保障もなかったからである。山頂に道者を導き、そこから得るものが重要な収入源だったからでもある。境界論争は、権力闘争ひいては経済闘争でもあった。その経済の源泉が山頂にあり、彼らは共通の利害関係で結ばれていたともいえよう。

歴史を紐解くと、鳥海山の修験集団の内、蕨岡・吹浦・滝沢の修験者たちは、江戸時代の初期に至るまで羽黒山との結びつきを持ち、羽黒山での重要な儀礼の折には出仕を義務づけられていた。滝沢は現代に至るまで羽黒山との関係を維持している。滝沢以外のこれらの地域では、羽黒山から離れた後も峰中での修行方式や儀礼のあり方に羽黒山の影響が現れてもいた。こうしたことも鳥海山修験を考える際には、その基礎的な共通項として視野に入れておくべき事柄といえよう。

共通項としていえるのは、蕨岡と矢島は醍醐寺三宝院門跡から永免許を得て、独自に配下の修験に補任状を出すことができたことである。当山派の中でも数少ない事例なので、これは特筆すべき事柄といえよう。小滝の修験者は蕨岡で峰中修行をして補任状を得ていた。そして蕨岡や小滝だけではなく、吹浦も、舞楽や田楽などの芸能を自分たちの年齢階梯に取り込んでいた。

一方矢島では、蕨岡・吹浦・小滝のように年齢階梯と結びついた儀礼芸能が行われてこなかった。しかし矢島で毎年五月二日に大掛かりに行われていた「笈取笈渡祭」と呼ばれる祭礼に注目してみると、また様相が変わってくる。

資料では、この行事は蕨岡と相互に行っていたもので、鳥海山を掛越取渡し駆入駆出をするという順逆の祭であった。しかしいつしか蕨岡と矢島の両所で別々に行われるように変わっていったという。ここから読み取れるのは、蕨岡で行われていた峰中修行における「鬼足秘密の灌頂」は、矢島の「笈取笈渡祭」の儀礼の中で演じられていた「三歩シテ必左右足書鬼字」と深い関係があったのではないかと考えられることである。資料に出ていた「相互に」がどういう意味なのか、これだけでははっきりしないが、似たような内容を持つ儀礼がそれぞれの地域で伝えられていたということは、この儀礼がお互いに影響しあって成り立っていたことの証といえよう。

さらに注目すべきは、『羽黒山年代記』(1)で語られていた二匹の鬼を慈覚大師が退治したという伝説である。羽黒山では一二月末に行われる松例祭において、恙虫または悪鬼の形代とされた大松明が焼却される。蕨岡でも矢島でも鬼に託された悪なるものを修行の各場面で退治する様子が象徴的に表現されていた。その意味を端的に示しているのが蕨岡の『峰中修行奉加帳』である。『峰中修行奉加帳』の願文には「悪虫退散・五穀豊穣を祝願す、一山大衆天下太平国家安穏五穀成熟、信心の貴賤男女息災延命子孫繁栄を祝禱す」と記されていた。これは寄付者に対する決意表明であり、先途が修行で得た験力を誇示して、地域社会への還元として表現したものであったといえるだろう。(2)

矢島の大規模な「笈取笈渡祭」に見られるのは、矢島修験による「鬼足秘密の灌頂」であり、年齢階梯に沿った修行によって験力を獲得し、その最終段階でその力を示して牛王札に祈念を込める儀礼だったといえよう。さらに矢島修験として、この大掛かりな儀礼は、鬼に仮託された悪虫を退治できる験力を示す意味も込められてもいたと読みとることが可能となる。

矢島修験が活躍していた地域は広い範囲にわたるため、宗教活動を共同して行う年間の行事が春と秋の峰中修行の時期に集中しており、それ以外は修験者が自身の霞の範囲で活動をしていた。その一端を窺えるのが本海流獅子舞と称した獅子舞である。本田安次は、番楽ではなく獅子舞を芸能の名称とするのは、獅子舞が儀礼的にも重要な役割を持っていたからだとした(3)。修験者のいない集落では、獅子舞をつかさどる獅子別当がいたり、村の中で獅子の行事があると獅子の世話をしたり、獅子宿を勤める家柄もあった(4)。

獅子舞は鳥海山周辺一帯にも広く分布しており、宗教的に重要な役割を担っている(5)。そのことは本海行人が当地方に来るより早い時代から出羽国には獅子舞があったことでも証明できる。出羽の平賀郡横手郷の熊野新宮では、観応元年（一三五〇）に秋田城之助源泰長が、吉田・飯詰・八幡の三か庄を寄進し、さらに雄勝・平鹿・山乏（本カ）三郡の牛王獅子舞椋領を寄せた(6)。鳥海山麓すべての修験集落に居住していた修験者も、羽黒山でも、またその山麓で「高寺八講」という修験道系の儀礼芸能を残す高寺でも、獅子頭を特別に神聖視して正月や祭礼などの折に獅子舞を舞い、廻村する習慣があり、現在も継続している。こうした歴史的な事柄と呼応するように、この時期以降には、北東北各地で獅子舞の記録と銘の入った獅子頭の存在があった。本田の影響下で山伏神楽や番楽とのみ結びつけられて考察されていた獅子舞は、そろそろ本田の呪縛を離れて、地域の文化との関わりの中で考えることが肝要ではないだろうか。

蕨岡・吹浦・小滝は、舞楽・田楽といった芸能を修験道の年齢階梯に組み込んで伝承してきた。これらの儀礼と芸能は鳥海山麓一帯で共通しているだけではなく、鳥海山の信仰圏である平田町の新山でも、羽黒山麓の高寺でも共通の儀礼芸能として伝承している。さらにその南方四キロの所に猿楽能で有名な黒川がある。庄内平野を中心としたこれ等の芸能文化の伝承を見ると、鳥海山における修験者の活動が中核を成していたという見通しがたつ。鳥海山麓を含めた奥羽の芸能について新井恒易は、『続中世芸能の研究』(7)の中で以下のように展望している。毛越寺・中尊寺では修正会の修法が行われ、毛越寺では正月の常行堂会と延年の芸能がある。中尊寺では同じ延年の芸能を卯月の鎮守白山の祭りに行うのは、毛越寺との複合を避けるためかもしれない。このことは秋田の八幡平の大日権現が修正月会の形式を取り、鳥海権現や立石寺が卯月を中心とした形式であることと合わせて興味深い。秋田県象潟町小滝から山形県羽黒町の高寺までの五か所の芸能は、その構成から見て一連のつながりを持ったものである。

こうした記述を踏まえ新井は、さらに山形市山寺の立石寺に伝わる舞楽や田楽に注目する。ここには林氏を名乗るプロの舞楽集団が中世以来法会などに勤仕し、田楽なども行われていた。立石寺では舞楽が演じられる一方で、鎮守の山王権現の四月の祭礼に一山の院坊を上げて神楽・田楽・獅子・猿楽・田打ち舞などが、相撲や流鏑馬とともに行われていた。山寺田楽には高足まであり、鳥海山の蕨岡と同じであるとした。

これら新井が指摘した点を踏まえて、今後は東北地方一帯を視野に入れた修験道を中心にした儀礼と芸能文化を考えてゆきたい。

最後に筆者のこれまでの研究を踏まえて、地域の新しい動きを述べてみたい。山形県遊佐町、秋田県由利本荘市・にかほ市は、平成一八年(二〇〇六)から始まった世界遺産登録を目指した営みや、史跡指定による国からの働きかけを土台にして、県境を越えたまとまりを見せ始めた。筆者はこうしたプロセスを通して、地域住民の営みを分析し、地域研究に多角的な視野を提供したいと考えた。そこで平成二一年に史跡指定を受けた以降の地域住民同士の行動について、彼らがどのように主体的に自己の文化を再発見し、再認識し、再形成していったのかというプロセスを検証し(8)、その結果が以下の成果となった。

第一に、秋田県と山形県の合同史跡調査会では、神社境内地および登山道、そして山頂の神社所有地を史跡指定地として網を掛けた。しかしこれでは修験集落としての地域の歴史も景観も無視されたままになってしまう。修験者の生活と文化は、集落的景観とその生活圏の中にこそ残されているからである。そこで筆者は史跡調査員の立場を踏まえ、鳥海山修験集落の居住空間をも指定の網に掛けるよう提言した。

これらを踏まえ、山形県遊佐町では平成二三年度に、秋田県由利本荘市とにかほ市では平成二四年度に、それぞれ報告書『史跡鳥海山保存管理計画書』『史跡鳥海山保存管理計画書（秋田県版）』(9)を発行した。

第二に、由利本荘市の森子大物忌神社では、明治の神仏分離令以降は隠され続けてきた仏像を再発見し、神社の本殿を改築した。これを手始めに、地域では神社の保存会を発足させ、地域の歴史の検証を始めた。これらの一連の作業プロセスを追跡し、彼らが自分たちの地域の歴史を再認識し、再発見する過程を見届けた。

第三に、由利本荘市を中心とした市民レベルでの「鳥海山の会」が立ち上がり、ほぼ月に一回のペースで会合を開き、様々な提言を行い、また相互の連携を図っている。

第四に、鳥海山周辺地域から、神仏分離令以降、隠されたままになっていた仏像の存在が確認されるようになってきた。これまで隠されたままで忘れ去られていた仏像が、鳥海山が注目されることで、自分たちの地域にもあったことを見直し、再発見される状況になってきた。

山形県・秋田県の両県でも史跡調査を踏まえた『史跡鳥海山―国指定史跡鳥海山文化財調査報告書―』を提出し、両地域合同の鳥海山の文化財の展覧会の企画も可能になった(10)。地域のみならず、広く両県の県民へ新たな知の発見の場を提供してきたし、今後も計画されている。その一つが平成二六年九月に開催された日本山岳修験学会鳥海山学術大会(11)であった。地元の方々に鳥海山研究の成果を再確認し、山岳信仰の専門の研究者に鳥海山の歴史と文化を実感していただけるチャンスとなった。

さらに平成二六年九月には「鳥海山・飛島」地区が、活火山鳥海山と豊富な生態系、山岳信仰と飛島の歴史、湧水とともに生きた人々の歴史と文化を学べるジオパークとして認定されたのも新しい話題となっている(12)。

今後の課題としては、南都における当山正大先達衆や関東真言宗の修験者たちの東北地方での足跡はいつ頃からあったのかの解明がある。小滝にも矢島にもその痕跡は残るが、これらは近世期になってからであり、それ以前の時期は不明である。さらなる資料の発掘が望まれる。

註

(1) 山形県史編纂委員会編『山形県史　資料編15下　古代中世史料二』山形県　一九七九
(2) 以上蕨岡に関しては　神田より子『蕨岡延年』遊佐町教育委員会　一九九四
(3) 本田安次『本田安次著作集　第五巻　神楽Ⅴ』錦正社　一九九四
(4) 高山茂『本海番楽—鳥海山麓に伝わる修験の舞—』鳥海町教育委員会　二〇〇〇
(5) 神田より子「山伏神楽・番楽から見た獅子舞—鳥海山周辺を中心に—」『民俗芸能研究』第五〇号　民俗芸能学会　二〇一一
(6) 秋田県編・発行『秋田県史資料　古代中世編』一九六一
(7) 新井恒易『続中世芸能の研究』新読書社　一九七四
(8) 神田より子『科学研究費補助金研究成果報告書　鳥海山を巡る国境文化の歴史民俗学的研究』二〇一四
(9) 遊佐町教育委員会編・発行『史跡鳥海山保存管理計画書(山形県遊佐町)』遊佐町　二〇一一、秋田県由利本荘市教育

委員会・にかほ市教育委員会編・発行『史跡鳥海山保存管理計画書（秋田県版）』二〇一二

（10）『史跡鳥海山―国指定史跡鳥海山文化財調査報告書―』秋田県由利本荘市教育委員会・にかほ市教育委員会・山形県遊佐町教育委員会　二〇一四

（11）『第三五回　日本山岳修験学会　鳥海山学術大会　資料集―鳥海山の修験―』第三五回日本山岳修験学会　鳥海山学術大会実行委員会　二〇一四、『山岳修験』第五六号「鳥海山特集号」日本山岳修験学会　二〇一五

（12）鳥海山・飛鳥ジオ・パーク推進協議会ホームページより

参考文献

秋田県編・発行『秋田県史資料　古代中世編』一九六一
秋田県編・発行『秋田県史　第一巻　古代中世編』一九六二
秋田県編・発行『秋田県史　第二巻　近世編(上)』一九六四
秋田県編・発行『秋田県史　第三巻　近世編(下)』一九六五
秋田県編・発行『秋田県史　第四巻　維新編』一九六一
秋田県編・発行『秋田県史　第五巻　明治編』一九六四
秋田県教育委員会編『秋田県の民俗芸能―秋田県文化財調査報告書―』第二二七号　秋田県文化財保護協会　一九九三
秋田県神社庁編・発行『秋田県神社名鑑』一九九一
秋田県立博物館『平成一二年度歴史部門展「修験の世界―鳥海山修験を中心に」解説資料―』二〇〇〇
秋田県由利本荘市教育委員会・にかほ市教育委員会編・発行『史跡鳥海山保存管理計画書(秋田県版)』二〇一二
秋田県由利本荘市教育委員会・にかほ市教育委員会・山形県遊佐町教育委員会編・発行『史跡鳥海山―国指定史跡鳥海山文化財調査報告書―』二〇一四
阿部正巳・安斎徹・橋本賢助『山形郷土研究叢書　第七巻　名勝　鳥海山』山形県　一九三二(復刻版は国書刊行会　一九八二)
姉崎岩蔵『鳥海山史』国書刊行会　一九八三(一九五二)
荒井太四郎『出羽国風土記』歴史図書社　一九九七
新井恒易『続中世芸能の研究』新読書社　一九七四

伊藤清郎『霊山と信仰の世界―奥羽の民衆と信仰―』吉川弘文館　一九九七
小野泰博他編『日本宗教事典』弘文堂　一九八五
月光善弘「東北霊山と修験道」月光善弘編『山岳宗教史研究叢書七　東北霊山と修験道』名著出版　一九七七
神田より子『蕨岡延年』遊佐町教育委員会　一九九四
神田より子「吹浦の五日堂祭」『山形県の民俗芸能―山形県民俗芸能緊急調査報告書―』山形県教育委員会　一九九五
神田より子『吹浦田楽』遊佐町教育委員会　一九九六
神田より子「鳥海山蕨岡修験の祭りと芸能」『民俗芸能研究』第二三号　民俗芸能学会　一九九六
神田より子「鳥海山蕨岡修験の胎内修行」『山岳修験』第一七号　日本山岳修験学会　一九九六
神田より子『科学研究費補助金研究成果報告書　鳥海山蕨岡修験の宗教民俗学的研究』一九九八
神田より子『科学研究費補助金研究成果報告書　鳥海山吹浦修験の宗教民俗学的研究』二〇〇三
神田より子「羽黒修験の儀礼と芸能」島津弘海・北村皆雄編『千年の修験　羽黒山伏の世界』新宿書房　二〇〇五
神田より子編『鳥海山麓遊佐の民俗（上・下巻）』遊佐町教育委員会　二〇〇六
神田より子『科学研究費補助金研究成果報告書　鳥海山小滝修験の宗教民俗学的研究』二〇〇七
神田より子「東北地方における修験者と権現舞」『国立歴史民俗博物館研究報告　宗教者の身体と社会』第一四二集　国立歴史民俗博物館　二〇〇八
神田より子「山伏神楽・番楽から見た獅子舞―鳥海山周辺を中心に―」『民俗芸能研究』第五〇号　民俗芸能学会　二〇一一
神田より子『科学研究費補助金研究成果報告書　鳥海山を巡る国境文化の歴史民俗学的研究』二〇一四
神田より子「鳥海山の修験と文化」『史跡鳥海山―国指定史跡鳥海山文化財調査報告書―』秋田県由利本荘市教育委員会・にかほ市教育委員会・山形県遊佐町教育委員会　二〇一四

神田より子「鳥海山の修験」『山岳修験』第五六号　日本山岳修験学会　二〇一五
神田より子「鳥海山修験の芸能」『山岳修験』第五六号　日本山岳修験学会　二〇一五
岸　昌一「鳥海山と地域信仰」神田より子編『鳥海山麓遊佐の民俗（上巻）』遊佐町教育委員会　二〇〇六
岸　昌一「鳥海山信仰史」神田より子監修『鳥海山　自然・歴史・文化』鳥海山大物忌神社　一九九七
象潟《きさかた》町教育委員会編・発行『延年チョウクライロ舞』一九八三
象潟町編・発行『象潟町史　資料編Ⅰ』一九九八
象潟町編・発行『象潟町史　通史編上』象潟町　二〇〇二
「熊野信仰と東北展」実行委員会編・発行『熊野信仰と東北―名宝でたどる祈りの歴史―』二〇〇六
国書刊行会編『続々群書類従　第一二』一九〇七
斎藤美澄『飽海郡誌』上巻　名著出版復刻　一九九三（飽海郡役所　一九二二）
佐藤久治『秋田の山伏修験』秋田真宗研究会　一九七三
佐藤久治「鳥海山信仰と山麓修験」月光善弘編『山岳宗教史研究叢書七　東北霊山と修験道』名著出版　一九七七
神宮司庁『故事類苑』一九一三
新城美恵子『本山派修験と熊野先達』岩田書院　一九九九
進藤重記『出羽国風土略記』歴史図書社　一九七四（一七六二）
鈴木昭英『修験道歴史民俗叢書一　修験教団の形成と展開』法蔵館　二〇〇三
鈴木正崇「山岳信仰の展開と変容―鳥海山の歴史民俗学的考察―」『哲学』第一二八号　三田哲学会　二〇一二
須藤儀門『鳥海考』光印刷　一九八八
須藤儀門『続鳥海考』光印刷　一九八九

関口真規子『修験道教団成立史―当山派を通して―』勉誠出版　二〇〇九
遷宮記念誌刊行会編『鳥海山―自然・歴史・文化―』鳥海山大物忌神社　一九九七
高橋　正「熊野信仰の東北への伝播―北部出羽国を中心として―」『熊野信仰と東北―名宝でたどる祈りの歴史―』「熊野信仰と東北展」実行委員会事務局　二〇〇六
高山　茂『本海番楽―鳥海山麓に伝わる修験の舞―』鳥海町教育委員会　二〇〇〇
鳥海町史編纂委員会編『鳥海町史』鳥海町　一九八五
筒井　裕「山岳崇敬者の参拝活動にみられる地域的差異とその形成要因―鳥海山大物忌神社の信仰圏と講中に注目して―」原淳一郎・中山和久・筒井裕・西海賢二『寺社参詣と庶民文化』岩田書院　二〇〇九
土田誠一『矢島史談』矢島郷土史研究会　一九三〇
戸川安章「羽黒山修験の入峰修行における鎮魂思想について」『宗教研究』第一三八号　日本宗教学会　一九五二
戸川安章『修験道と民俗』岩崎美術社　一九七二
戸川安章「鳥海山と修験道」月光善弘編『山岳宗教史研究叢書七　東北霊山と修験道』名著出版　一九七七
戸川安章校注『神道大系　神社編三二　出羽三山』神道大系編纂会　一九八二
戸川安章『戸川安章著作集Ⅰ　出羽三山と修験道』岩田書院　二〇〇五
戸川安章『戸川安章著作集Ⅱ　修験道と民俗宗教』岩田書院　二〇〇五
豊田　武「東北中世の修験道とその史料」戸川安章編『山岳宗教史研究叢書五　出羽三山と東北修験の研究』名著出版　一九七五
永島福太郎他校訂『熊野那智大社文書』（第一～第六）所収　続群書類従完成会　一九九一（一九七一）
にかほ市教育委員会編・発行『鳥海山の信仰文化』二〇〇九

日本大蔵経編纂会『修験道章疏三』名著出版　一九八六復刻版（日本大蔵経編纂会　一九一六）
野田成亮『泉光院江戸旅日記』『日本庶民生活資料集成』第二巻　三一書房　一九六六
東由利町史編纂委員会編『東由利町史』東由利町　一九八九
本田安次『本田安次著作集　第五巻　神楽Ⅴ』錦正社　一九九四
本田安次『本田安次著作集　第一六巻　舞楽・延年Ⅱ』錦正社　一九九四
政次　浩「東北地方の熊野信仰と出羽三山信仰についての覚え書」『熊野信仰と東北―名宝でたどる祈りの歴史―』「熊野信仰と東北展」実行委員会事務局　二〇〇六
松本良一「酒田の修験道」『酒田市史　資料編七』酒田市　一九七七
松本良一『鳥海山信仰史』本の会　一九八四
三浦良隆「鳥海山信仰の概要―鳥海山修験を中心に―」『鶴舞』第九七号　本庄地域文化財保護協会　二〇一〇
宮家　準『山伏―その行動と組織―』評論社　一九七三
宮家　準『修験道儀礼の研究（増補版）』春秋社　一九八五
宮家　準編『修験道辞典』東京堂出版　一九八六
宮家　準『熊野修験』吉川弘文館　一九九二
宮家　準『修験道組織の研究』春秋社　一九九九
宮家　準『羽黒修験―その歴史と峰入―』岩田書院　二〇〇〇
宮家　準編『修験道章疏　解題』国書刊行会　二〇〇〇
森　　毅『修験道霞職の史的研究』名著出版　一九八九
望月信亨『望月仏教大辞典』世界聖典刊行協会　一九五四

山形県史編纂委員会編『山形県史　資料編15上　古代中世史料一』山形県　一九七七
山形県史編纂委員会編『山形県史　資料編15下　古代中世史料二』山形県　一九七九
矢島町教育委員会編『矢島町史(上巻)』矢島町　一九七九
矢島町教育委員会編『矢島町史(下巻)』矢島町　一九七九
矢島町教育委員会編『続矢島町史(上巻)』矢島町　一九八三
矢島町教育委員会編『続矢島町史(下巻)』矢島町　一九八三
矢島町教育委員会編『木境大物忌神社虫除け祭り調査報告書』一九九九
遊佐町史編さん委員会編『遊佐町史資料集　第一号　鳥海山資料(鳥海山史)』遊佐町　一九七七
遊佐町史編さん委員会編『改訂遊佐町史年表』遊佐町　一九九四
遊佐町教育委員会編・発行『史跡鳥海山保存管理計画書』二〇一一
由利町史編さん委員会編『由利町史』由利町　一九七〇
和歌森太郎『修験道史研究』平凡社　一九七二(一九四二)

あとがき

筆者は学生時代から取り組んできた東北地方の山岳信仰と芸能の研究が縁となり、一九九四年に山形県遊佐町教育委員会の依頼で『蕨岡延年』を、同じく一九九六年に『吹浦田楽』の報告書を書いた。この両報告書は、岸昌一氏の協力で遊佐町蕨岡・吹浦両地区の鳥海山修験関連の古文書を収集し、調査研究の成果を分析したものであった。これ以降は鳥海山が重要な研究テーマとなり、調査と資料収集を行い、様々な場面で発表させていただいた。それらが一九九八年には遊佐町蕨岡、二〇〇三年には同吹浦、二〇〇七年には にかほ市小滝、二〇一四年には由利本荘市矢島および滝沢の四地区について、鳥海山麓の修験集落に関する宗教民俗をテーマにした『科学研究費補助金研究成果報告書』を提出した。また二〇〇六年には慶應義塾大学大学院の仲間たちと『鳥海山麓遊佐の民俗（上・下巻）』（遊佐町教育委員会）を出させていただいた。

こうしたご縁で、鳥海山が国の史跡指定を受ける際には調査員として参加する機会に恵まれ、『史跡鳥海山—国指定史跡鳥海山文化財調査報告書—』（秋田県由利本荘市教育委員会・にかほ市教育委員会、山形県遊佐町教育委員会編・発行、二〇一四）が世に出た。これは二〇〇八年から二〇一二年にかけて、山形県遊佐町と、秋田県由利本荘市・にかほ市が協力して、史跡鳥海山の保存管理計画書をそれぞれの県別に策定し、最後に両地区を合わせて、歴史、植生、建造物、そして修験と文化を記載した総合調査報告書となった。これまで歴史的に山頂の境界を巡るなど様々な問題があり、協力して調査・研究することのなかった山麓の市と町が会議の席で議論を交わし、相互の理解を深めてきた。その成果が上記の報告書であった。さらに二〇一四年にはこの三市町が第三五回日本山岳修験学会鳥海山学術大会を誘致し、「鳥海山の修験」という大会テーマの下で鳥海山学術大会を由利本荘市で開催（二〇一四年九月一三日～一五日）、それにあわせて、『鳥海山学術大会資料集』を発行し、その成果を雑誌『山岳修験』第五六号（二〇一五年九月）に「鳥海山特集号」として刊行した。

ここまで長い期間にわたり研究を続けることができたのは、ひとえに地元の皆様のご協力とご支援のたまものであり、その成果の一端を本書に記すことができた。そしてこれら研究を通して、学術的な成果だけではなく、鳥海山麓で多くの知人・友人を得たことは、なにものにも代え難い一生の宝物となり、感謝に堪えない。

なお本書の出版に当たり、敬和学園大学出版助成金を受けることができた。大学当局には、このご支援に対して心よりの謝意を表したい。またこの場を借りて、長年、研究・教育をともにしてきた仲間たちにも、心より感謝の意を表したい。

二〇一八年二月

神田 より子

著者紹介

神田 より子（かんだ・よりこ）

1947年　埼玉県生まれ
慶應義塾大学文学部卒
慶應義塾大学大学院社会学研究科博士課程単位取得満期退学（社会学博士）
敬和学園大学人文学部教授

研究業績
『神子と修験の宗教民俗学的研究』岩田書院　2001
『史跡鳥海山―国指定史跡鳥海山文化財調査報告書―』（共著）　秋田県にかほ市教育委員会・由利本荘市教育委員会・山形県遊佐町教育委員会　2014
『東日本大震災宮古市の記録―第２巻（下）記録伝承編』（編著）　宮古市　2016

鳥海山修験《ちょうかいさんしゅげん》　―山麓の生活と信仰―

2018年（平成30年）３月31日　第１刷　300部発行　　**定価［本体7200円＋税］**
著　者　神田 より子

発行所　有限会社岩田書院　代表：岩田　博　　http://www.iwata-shoin.co.jp
〒157-0062　東京都世田谷区南烏山4-25-6-103　電話03-3326-3757　FAX03-3326-6788
組版・印刷・製本：藤原印刷　　Printed in Japan

ISBN978-4-86602-034-1　C3039　￥7200E

岩田書院 刊行案内（24）

			本体価	刊行年月
934	長谷川ほか	修験道史入門	2800	2015.09
935	加賀藩ネットワーク	加賀藩武家社会と学問・情報	9800	2015.10
936	橋本　裕之	儀礼と芸能の民俗誌	8400	2015.10
937	飯澤　文夫	地方史文献年鑑2014	25800	2015.10
938	首藤　善樹	修験道聖護院史要覧	11800	2015.10
939	横山　昭男	明治前期の地域経済と社会＜近代史22＞	7800	2015.10
940	柴辻　俊六	真田幸綱・昌幸・信幸・信繁	2800	2015.10
941	斉藤　　司	田中休愚「民間省要」の基礎的研究＜近世史43＞	11800	2015.10
942	黒田　基樹	北条氏房＜国衆19＞	4600	2015.11
943	鈴木　将典	戦国大名武田氏の領国支配＜戦国史14＞	8000	2015.12
944	加増　啓二	東京北東地域の中世的空間＜地域の中世16＞	3000	2015.12
945	板谷　　徹	近世琉球の王府芸能と唐・大和	9900	2016.01
946	長谷川裕子	戦国期の地域権力と惣国一揆＜中世史28＞	7900	2016.01
947	月井　　剛	戦国期地域権力と起請文＜地域の中世17＞	2200	2016.01
948	菅原　壽清	シャーマニズムとはなにか	11800	2016.02
950	荒武賢一朗	東北からみえる近世・近現代	6000	2016.02
951	佐々木美智子	「産む性」と現代社会	9500	2016.02
952	同編集委員会	幕末佐賀藩の科学技術　上	8500	2016.02
953	同編集委員会	幕末佐賀藩の科学技術　下	8500	2016.02
954	長谷川賢二	修験道組織の形成と地域社会	7000	2016.03
955	木野　主計	近代日本の歴史認識再考	7000	2016.03
956	五十川伸矢	東アジア梵鐘生産史の研究	6800	2016.03
957	神崎　直美	幕末大名夫人の知的好奇心	2700	2016.03
958	岩下　哲典	城下町と日本人の心性	7000	2016.03
959	福原・西岡他	一式造り物の民俗行事	6000	2016.04
960	福嶋・後藤他	廣澤寺伝来　小笠原流弓馬故実書＜史料叢刊10＞	14800	2016.04
961	糸賀　茂男	常陸中世武士団の史的考察	7400	2016.05
962	川勝　守生	近世日本石灰史料研究IX	7900	2016.05
963	所　理喜夫	徳川権力と中近世の地域社会	11000	2016.05
964	大豆生田稔	近江商人の酒造経営と北関東の地域社会	5800	2016.05
000	史料研究会	日本史のまめまめしい知識１＜ぶい＆ぶい新書＞	1000	2016.05
965	上原　兼善	近世琉球貿易史の研究＜近世史44＞	12800	2016.06
967	佐藤　久光	四国遍路の社会学	6800	2016.06
968	浜口　　尚	先住民生存捕鯨の文化人類学的研究	3000	2016.07
969	裏　　直記	農山漁村の生業環境と祭祀習俗・他界観	12800	2016.07
971	橋本　　章	戦国武将英雄譚の誕生	2800	2016.07
973	市村・ほか	中世港町論の射程＜港町の原像・下＞	5600	2016.08
974	小川　　雄	徳川権力と海上軍事＜戦国史15＞	8000	2016.09

岩田書院 刊行案内（25）

			本体価	刊行年月
975	福原・植木	山・鉾・屋台行事	3000	2016.09
976	小田　悦代	呪縛・護法・阿尾奢法＜宗教民俗９＞	6000	2016.10
977	清水　邦彦	中世曹洞宗における地蔵信仰の受容	7400	2016.10
978	飯澤　文夫	地方史文献年鑑2015＜郷土史総覧19＞	25800	2016.10
979	関口　功一	東国の古代地域史	6400	2016.10
980	柴　　裕之	織田氏一門＜国衆20＞	5000	2016.11
981	松崎　憲三	民俗信仰の位相	6200	2016.11
982	久下　正史	寺社縁起の形成と展開＜御影民俗22＞	8000	2016.12
983	佐藤　博信	中世東国の政治と経済＜中世東国論６＞	7400	2016.12
984	佐藤　博信	中世東国の社会と文化＜中世東国論７＞	7400	2016.12
985	大島　幸雄	平安後期散逸日記の研究＜古代史12＞	6800	2016.12
986	渡辺　尚志	藩地域の村社会と藩政＜松代藩５＞	8400	2017.11
987	小豆畑　毅	陸奥国の中世石川氏＜地域の中世18＞	3200	2017.02
988	高久　　舞	芸能伝承論	8000	2017.02
989	斉藤　　司	横浜吉田新田と吉田勘兵衛	3200	2017.02
990	吉岡　　孝	八王子千人同心における身分越境＜近世史45＞	7200	2017.03
991	鈴木　哲雄	社会科歴史教育論	8900	2017.04
992	丹治　健蔵	近世関東の水運と商品取引 続々	3000	2017.04
993	西海　賢二	旅する民間宗教者	2600	2017.04
994	同編集委員会	近代日本製鉄･電信の起源	7400	2017.04
995	川勝　守生	近世日本石灰史料研究10	7200	2017.05
996	那須　義定	中世の下野那須氏＜地域の中世19＞	3200	2017.05
997	織豊期研究会	織豊期研究の現在	6900	2017.05
000	史料研究会	日本史のまめまめしい知識２＜ぶい＆ぶい新書＞	1000	2017.05
998	千野原靖方	出典明記 中世房総史年表	5900	2017.05
999	植木・樋口	民俗文化の伝播と変容	14800	2017.06
000	小林　清治	戦国大名伊達氏の領国支配＜著作集１＞	8800	2017.06
001	河野　昭昌	南北朝期法隆寺雑記＜史料選書５＞	3200	2017.07
002	野本　寛一	民俗誌・海山の間＜著作集５＞	19800	2017.07
003	植松　明石	沖縄新城島民俗誌	6900	2017.07
004	田中　宣一	柳田国男・伝承の「発見」	2600	2017.09
005	横山　住雄	中世美濃遠山氏とその一族＜地域の中世20＞	2800	2017.09
006	中野　達哉	鎌倉寺社の近世	2800	2017.09
007	飯澤　文夫	地方史文献年鑑2016＜郷土史総覧19＞	25800	2017.09
008	関口　　健	法印様の民俗誌	8900	2017.10
009	由谷　裕哉	郷土の記憶・モニュメント＜ブックレットH22＞	1800	2017.10
010	茨城地域史	近世近代移行期の歴史意識・思想・由緒	5600	2017.10
011	斉藤　　司	煙管亭喜荘と「神奈川砂子」＜近世史46＞	6400	2017.10

岩田書院 刊行案内（26）

			本体価	刊行年月
012	四国地域史	四国の近世城郭＜ブックレットH23＞	1700	2017.10
014	時代考証学会	時代劇メディアが語る歴史	3200	2017.11
015	川村由紀子	江戸・日光の建築職人集団＜近世史47＞	9900	2017.11
016	岸川　雅範	江戸天下祭の研究	8900	2017.11
017	福江　　充	立山信仰と三禅定	8800	2017.11
018	鳥越　皓之	自然の神と環境民俗学	2200	2017.11
019	遠藤ゆり子	中近世の家と村落	8800	2017.12
020	戦国史研究会	戦国期政治史論集　東国編	7400	2017.12
021	戦国史研究会	戦国期政治史論集　西国編	7400	2017.12
022	同文書研究会	誓願寺文書の研究（全２冊）	揃8400	2017.12
024	上野川　勝	古代中世 山寺の考古学	8600	2018.01
025	曽根原　理	徳川時代の異端的宗教	2600	2018.01
026	北村　行遠	近世の宗教と地域社会	8900	2018.02
027	森屋　雅幸	地域文化財の保存・活用とコミュニティ	7200	2018.02
028	松崎・山田	霊山信仰の地域的展開	7000	2018.02
029	谷戸　佑紀	近世前期神宮御師の基礎的研究＜近世史48＞	7400	2018.02
030	秋野　淳一	神田祭の都市祝祭論	13800	2018.02
031	松野　聡子	近世在地修験と地域社会＜近世史48＞	7900	2018.02
032	伊能　秀明	近世法制実務史料 官中秘策＜史料叢刊11＞	8800	2018.03
033	須藤　茂樹	武田親類衆と武田氏権力＜戦国史叢書16＞	8600	2018.03
179	福原　敏男	江戸山王祭礼絵巻	9000	2018.03
034	馬場　憲一	武州御嶽山の史的研究	5400	2018.03
035	松尾　正人	近代日本成立期の研究　政治・外交編	7800	2018.03
036	松尾　正人	近代日本成立期の研究　地域編	6000	2018.03
037	小畑　紘一	祭礼行事「柱松」の民俗学的研究	12800	2018.04
038	由谷　裕哉	近世修験の宗教民俗学的研究	7000	2018.04
039	佐藤　久光	四国猿と蟹蜘蛛の明治大正四国霊場巡拝記	5400	2018.04
040	川勝　守生	近世日本石灰史料研究11	8200	2018.06
041	小林　清治	戦国期奥羽の地域と大名・郡主＜著作集２＞	8800	2018.06
042	福井郷土誌	越前・若狭の戦国＜ブックレットH24＞	1500	2018.06
043	青木・ﾐﾋｪﾙ他	天然痘との闘い：九州の種痘	7200	2018.06
044	丹治　健蔵	近世東国の人馬継立と休泊負担＜近世史50＞	7000	2018.06
045	佐々木美智子	「俗信」と生活の知恵	9200	2018.06
046	下野近世史	近世下野の生業・文化と領主支配	9000	2018.07
047	福江　　充	立山曼荼羅の成立と縁起・登山案内図	8600	2018.07
048	神田より子	鳥海山修験	7200	2018.07
049	伊藤　邦彦	「建久四年曾我事件」と初期鎌倉幕府	16800	2018.07
050	斉藤　　司	福原高峰と「相中留恩記略」＜近世史51＞	6800	2018.07